Jutta Hoffritz

TOTEN-
TANZ

1923 und seine Folgen

HarperCollins

1. Auflage 2022
Originalausgabe

Gesetzt aus der Garamond Premier
von GGP Media GmbH, Pößneck
Druck und Bindung von CPI books GmbH, Leck
Printed in Germany
ISBN 978-3-365-00130-1
www.harpercollins.de

Klimaneutral
Druckprodukt
ClimatePartner.com/15109-2009-1001

FSC
MIX
Papier
FSC® C083411

INHALT

JANUAR 1923 – DAS RUHRGEBIET WIRD BESETZT

Warum Ruhrbaron Hugo Stinnes an die Alster umzieht, weshalb das Berliner Glamourgirl Anita Berber in Wien nicht mehr willkommen ist. Wie die Künstlerin Käthe Kollwitz eine Schaffenskrise überwindet und die NSDAP in München ihren ersten Parteitag abhält.

Das Jahr 1923 hätte gut anfangen können für **Anita Berber**.

Sie ist Berlins begehrteste Tänzerin. Auch in Hamburg hat sie Furore gemacht: Sie hat den Nackttanz auf die Reeperbahn gebracht.

Huren sah man dort, seit es den Hafen gibt, auch nackte Damen gab es zu bestaunen – aber eine, die barbusig tanzt wie Anita Berber, das war selbst in St. Pauli eine Sensation.[1]

Jetzt Wien! Bei der Premiere im Konzerthaus tanzt sie Ende 1922 vor ausverkauftem Haus. »Tänze des Lasters« – hüllenlos! Den ganzen Dezember über stehen die Wiener Schlange, um die zarte Gestalt mit den kleinen festen Brüsten zu bewundern.

Ist es die Nacktheit selbst, die die Blicke auf sich zieht? Oder ist es der Gegensatz zwischen dem mädchenhaften Körper und der Morbidität der Darbietung?

Die »Tänze des Lasters« basieren auf Gedichten ihres Partners Sebastian Droste – expressionistische Gedichte. Sie tragen Titel wie »Morphium« und »Kokain« und beschreiben den Kampf mit der Sucht.

»Tanzender Schatten
Kleiner Schatten
Großer Schatten
Der Schatten
Oh – der Sprung über den Schatten
Er quält dieser Schatten
Er martert dieser Schatten
Er frisst mich dieser Schatten
Was will dieser Schatten?
Kokain«[2]

So heißt es in dem Gedicht »Kokain« von Droste.

Als sich der Vorhang öffnet, sieht das Publikum den halb entblößten Körper Berbers am Boden liegen. Totenstille. Gerade scheint das Gift ihre bleichen Gliedmaßen zu durchdringen. Dann Zuckungen, Konvulsionen.[3]

Langsam kehrt Leben in den mageren Leib zurück.

Zum »Danse Macabre« von Camille Saint-Saëns erhebt sich Anita Berber, die Arme noch hinterm Kopf verschränkt. Ihre Brüste beben. Mit angstgeweiteten Augen blickt sie in die Ferne. Der Rhythmus erfasst sie, trägt die schlanken Glieder mit sich fort. Sie bewegen sich immer schneller, zucken wie bei einer Marionette. Eine Marionette der Sucht.

Anita Berber – Berlins begehrteste Tänzerin.
Und ein Leben zwischen Glamour und Abgrund.

»Der gesunde Körper kämpft gegen den vergifteten Körper«, notiert der tschechische Tänzer Josef Jenčík. Er ist Choreograf am Prager Nationaltheater.[4] Nun sitzt er im Publikum und wird jeden einzelnen Schritt und jeden Sprung mitstenografieren. So etwas hat er noch nicht gesehen.

»Die Drehungen des Körpers um die eigene Achse unerhört langsam wie in Zeitlupe. Die stoßartigen Sprünge – wie Peitschenhiebe – enden immer in einem plastischen von Bildhauern erträumten Port de bras.«[5]

Er kommt kaum hinterher mit dem Schreiben, auf der Bühne ist einfach zu viel los. Und als schließlich der Körper der Tänzerin »in einer riesigen Kaskade« zu Boden stürzt, sich dort zuckend bewegt, bis er schließlich in einen süßen Schlaf zu fallen scheint, ist der schreibende Choreograf vermutlich fast so erschöpft wie die Tänzerin selbst.

Für Anita Berber aber geht es am nächsten Morgen direkt weiter – im Fotoatelier von Dora Kallmus, besser bekannt unter ihrem Künstlernamen Madame d'Ora.[6] Die berühmte Fotografin hat schon alle Blaublüter der Donaumonarchie für die Ewigkeit festgehalten und die gesamte Wiener Kunstszene.[7] Auch von Anita Berber hat sie schon Aufnahmen gemacht. Jetzt plant sie ein Buch mit ihr.

Die Fotografin weiß natürlich, dass die großen Kinderaugen der Tänzerin geschminkt sind, genau wie ihre herzförmigen Lippen. Sie weiß, dass Berber sich die Achseln rasiert und die Schamhaare mit hautfarbenem Tuch abklebt, um ihr jungmädchenhaftes Aussehen zu unterstreichen. Und sie weiß, dass Anita Berbers Make-up – wenn die Beleuchtung nicht hundertprozentig stimmt – wie eine Maske wirkt. Dann sieht die verführte Unschuld aus wie ein billiges Flittchen.

Doch Madame d'Ora beleuchtet gut – und sie ist diskret. Sie ist ein Profi, *die* Gesellschaftsfotografin dieser Zeit.

Die Wiener Zeitungen berichten fleißig[8]: über die ausverkauften Vorstellungen, aber auch darüber, wie sich die dreiundzwanzigjährige Anita Berber im Kaffeehaus eine Kokainspritze in den Oberschenkel jagt.[9]

Und über die Verhaftung ihres Partners, Sebastian Droste. Man verdächtigt ihn, zwei deutsche Gräfinnen um Schmuck und Geld bestohlen zu haben. Das sorgt aber nur kurz für Ärger, denn ganz Wien verzehrt sich nach dem Duo.

Dass die beiden daraufhin Engagements mit drei Theatern gleichzeitig eingehen, bleibt dann aber doch nicht folgenlos. Man will die Tänzer ausweisen. Sie werden vor das Schiedsgericht der Internationalen Artistenorganisation zitiert. Anita Berber und Sebastian Droste geloben Besserung. Sie treten aber doch in allen drei Etablissements auf – und obendrein noch in einem vierten!

Dann werden sie erneut des Diebstahls verdächtigt – diesmal geht es um eine verschwundene Handtasche –, und so wird ihre Aufenthaltserlaubnis tatsächlich nicht verlängert. Am 5. Januar 1923 wird Sebastian Droste aus Österreich ausgewiesen und acht Tage später auch Anita Berber.

Als die Polizei kommt, tritt sie den Beamten nackt entgegen. Doch das nützt nichts. Sie wird abgeschoben.

Es ist keine gute Zukunft, die in Deutschland wartet: Die Mark verliert ständig an Wert. Die wachsende Anzahl der Nullen auf den Preisschildern wird die Deutschen zu der Einsicht zwingen, dass sie der Krieg, den sie mit einem Sieg beschließen und von den Verlierern finanzieren lassen wollten, nun selbst teuer zu stehen kommt.

Lange hat die Republik taktiert, hat darüber gestritten, ob und wie der Vertrag von Versailles zu erfüllen sei. Nun verlieren die Sieger die Geduld.

Im Jahr fünf nach Kriegsende wird Deutschland sich beugen müssen. In Berlin werden sich in diesem Jahr drei Kabinette verschleißen.

Die junge Republik radikalisiert sich.

Angehörige der Sturmabteilung (SA) mit Standarten auf dem Marsfeld. Erster Parteitag der NSDAP in München, 27.–29. Januar 1923.

Ende Januar 1923 hält die NSDAP in München ihren ersten Parteitag ab,[10] im November wird Adolf Hitler dort erstmals nach der Macht greifen – noch ohne Erfolg. Und doch wird dies das Jahr der Wende werden: Ab 1923 ist Deutschland eine Demokratie auf Abruf.

******

Das Jahr 1923 beginnt schlecht, auch für **Hugo Stinnes** – aber der Mann weiß sich zu helfen.

Der Ruhrindustrielle ist zweiundfünfzig Jahre alt und auf dem Zenit seiner Macht. Er beschäftigt insgesamt 600 000 Menschen in einem Mischkonzern, der weit über Deutschlands Grenzen hinausreicht. Stinnes ist zu dieser Zeit der größte Arbeitgeber der Welt – und definitiv der mächtigste Unternehmer Deutschlands.[11]

Ansehen lässt er sich das nicht. Der kleine Mann mit dem stechenden Blick und dem dichten dunklen Bart kleidet sich stets korrekt. Doch seine Anzüge sind so gewählt, dass sie ihm weder eine Inspektion seiner Bergwerke, Hochöfen und Schiffswerften übel nehmen noch seine vielen Reisen nach Berlin.[12]

In Berlin-Mitte allerdings fallen Hosen ohne Bügelfalten auf. Einmal, als Stinnes das Hotel Esplanade am Potsdamer Platz betritt, will man ihn am Empfang abweisen. Solche Personen wie er seien hier nicht willkommen, bescheidet man ihm, worauf Stinnes ungerührt entgegnet: »Darüber entscheide ich, das Hotel gehört mir.«[13]

Die typische Hemdsärmeligkeit eines Mannes, der sich alles selbst aufgebaut hat. Zwar hat schon sein Großvater mit Kohle gehandelt und der Vater in großem Stil Kohle gefördert. Es war eine familieneigene Grube, in der der junge Hugo das Kohlehauen lernte. Das anschließende Bergbaustudium in Berlin aber fiel kurz aus.

Hugo Stinnes ist erst siebzehn Jahre alt, als sein Vater stirbt. Er ist früh auf sich gestellt – und wenig angetan von der Vorstellung, die Firma mit seinem Vetter fortzuführen. Daher kauft er der Familie eine Zeche ab und zieht sein eigenes Geschäft auf.

Hugo Stinnes – größter Arbeitgeber der Welt und mächtigster Unternehmer Deutschlands. Auch in die Politik hatte der Ruhrbaron einen guten Draht.

Bald schon kommen neue Kohlefelder dazu. Er expandiert. Investiert in Stahl und in andere kohlenahe Branchen, hilft den Stromkonzern RWE aufzubauen – und lässt dessen Kraftwerk direkt über einer seiner Zechen errichten.[14]

Nützlich bei alldem ist das Rheinisch-Westfälische Kohlen-Syndikat, dem außer Stinnes auch all die anderen Ruhrbarone angehören.[15] Ein Rohstoffkartell, das – ähnlich wie später die OPEC – dazu dient, die Konkurrenz einzudämmen, Macht und Profite zu mehren.

Stinnes hat auch gute Drähte in die Politik. Die nutzt er ab 1914. Wie die meisten Großindustriellen ist er erst gegen den Krieg – man hat schließlich Geschäft im Ausland zu verlieren. Aber das ändert sich.[16]

Wenn schon Krieg, dann muss er sich auch lohnen, findet die Wirtschaft – und diktiert der Politik einen Wunschzettel mit Regionen, von deren Eroberung sie sich geschäftliche Vorteile verspricht.

Den Annexionisten – allen voran Hugo Stinnes – geht es um Rohstoffe. Dass die erzreiche französisch-belgische Montanregion mit auf der Wunschliste steht, ist daher kein Zufall, denn Stinnes betreibt ja Stahlwerke auf der anderen Seite des Rheins. Stinnes fordert auch Zwangsarbeiter, schließlich sind viele seiner Bergleute an der Front. Er bekommt seine Wünsche erfüllt – natürlich nur so lange, bis die deutschen Soldaten die Waffen strecken.

Nach dem verlorenen Krieg redet Stinnes trotzdem wieder mit. Überall.

Im November 1918, als die Zeichen auf Revolution stehen, wird einer gebraucht, der die Sprache der Arbeiter spricht. Als Sozialdemokraten und Kommunisten im Reichstag darum wetteifern, wer das Ende der Monarchie zuerst verkündet, als sich republikweit Arbeiter- und Soldatenräte bilden, da geht bei den Arbeitgebern die Angst um. Die Angst vor der Vergesellschaftung des Kapitals. Die Angst ums Eigentum. Die Arbeitgeber schicken Stinnes vor.

Hugo Stinnes, der Großindustrielle mit seinem grubentauglichen Anzug, setzt sich mit Carl Legien an einen Tisch. Legien ist Deutschlands oberster Gewerkschafter. Stinnes, der Arbeitgeber, versucht herauszufinden, womit die Arbeiter zu besänftigen seien. Er bietet eine Arbeitszeitverkürzung; einen Acht-Stunden-Tag, wie ihn die Gewerkschaften seit Langem fordern. Und er verspricht, die Gewerkschaften bei Tarifverhandlungen als Gesprächspartner anzuerkennen.

Die Arbeiter lassen daraufhin ab von ihrer Forderung nach der Vergesellschaftung des Kapitals. Die Revolution ist abgesagt.

Der Deal der beiden so unterschiedlichen Männer wird als Stinnes-Legien-Abkommen in die Geschichte eingehen.[17]

Und auch als Deutschland wenig später mit den Alliierten verhandelt, sitzt Stinnes wieder mit am Tisch.[18] Selbst in Berliner Regierungskreisen finden das einige komisch. Doch es geht um Reparationen, da wird Wirtschaftskompetenz gebraucht – besonders als das Gold in Deutschland knapp wird und die Reparationen ab 1922 in Kohle und anderen Naturalien beglichen werden müssen.

Allerdings bleibt Deutschland dann gleich hinter seinen Verpflichtungen zurück. 1922 werden statt 13,8 Millionen Tonnen Kohle nur 11,7 Millionen geliefert und nur 65 000 statt 200 000 Telegrafenmasten.[19]

Ob das an der Entkräftung der Arbeiter liegt – wie Hugo Stinnes argumentiert, als er größere Butter- und Kartoffelrationen für seine Bergleute fordert – oder daran, so die Alliierten, dass die Deutschen ihre Rohstoffe lieber selbst weiterverarbeiten? In diesem Fall kommt es zu keiner Einigung.

Am 11. Januar 1923 machen die Alliierten ihre Drohung wahr. 60 000 französische und belgische Soldaten marschieren ins Ruhrgebiet ein, um sich die Kohle zu holen.

Rhein-Ruhr-Besetzung: Französische Soldaten rücken mit Panzern in Essen (Bahnhof) ein.

Aber Stinnes hat rechtzeitig Wind davon bekommen.

Als die fremden Soldaten anrücken, ist das Kohlesyndikat verschwunden – und mit ihm alle Akten der Schlüsselindustrie. Stinnes hat sie in Waggons verpacken und abtransportieren lassen. Schließlich verfügt er auch über beste Kontakte zur Reichsbahn.[20]

Das Kontor der Kohleindustrie, das seit der Jahrhundertwende im Herzen des deutschen Bergbaus beheimatet war – in Essen, schräg gegenüber dem Hauptbahnhof –, residiert nun in der Hansestadt Hamburg, weit weg von den Bergwerksschächten, direkt an der Außenalster, im vornehmen Hotel Atlantic. Auch dieses Hotel gehört Hugo Stinnes.[21]

Es ist ein milder Januar, die Alster ist nicht zugefroren.[22] Der blaue Himmel spiegelt sich auf der Wasserfläche. Möwen kreisen vor den weißen Fassaden der Stadt. Die Alsterdampfer lassen kleine Wölkchen aufsteigen, bevor sie am Jungfernstieg anlegen.

Kein Vergleich zum Ruhrgebiet mit seinen rauchenden Schloten, dieser Tag und Nacht wummernden und schmauchenden Industrieregion, in der selbst die Pfützen schwarz sind und jeder Atemzug nach Ruß und Kohle schmeckt.

Doch natürlich geschieht der Umzug des Kontors nicht der guten Luft wegen.

Es geht um Politik, wie sich einem Brief entnehmen lässt, den Stinnes eine Woche später an seinen Vertrauten Emil Kirdorf schreibt: »Ohne Sie und mich wäre das Kohlesyndikat nicht verlegt, und ohne die Verlegung wäre die Abwehr nicht so gegen den äußeren Feind in Gang gekommen, als es nun geschehen ist.«[23]

Eine entscheidende Weichenstellung im Reparationskonflikt, wird später der amerikanische Historiker und Stinnes-Biograf Gerald D. Feldman urteilen, denn auf diese Weise sind »den Franzosen das Personal und die Informationen entzogen, die sie benötigten, um an die Kohle heranzukommen, deretwegen sie in das Ruhrgebiet einmarschiert« sind.[24]

Die Aussicht, die Franzosen auszumanövrieren, versetzt Stinnes in Euphorie. Die Euphorie geht sogar so weit, dass er die Situation nach dem *verlorenen* Ersten Weltkrieg mit den Befreiungskriegen vergleicht, als die Deutschen über Napoleon *siegten*:

»Es ist das ein Glück für unser Land, denn wie vor hundert Jahren beginnt sich nunmehr das Volk zusammenzuschließen im gemeinsamen Leid und im gemeinsamen Hass.«[25]

Glaubt Hugo Stinnes wirklich, durch diesen Kniff die verlorenen Schlachten ungeschehen machen zu können?

Wohl nicht. »Selbstverständlich«, so Stinnes, werde die Großindustrie »eines Tages« zu Verhandlungen mit Frankreich kommen, weil ja Verständigung »so oder so« erfolgen müsse.[26]

Weil er aber weiß, dass die Franzosen dringend auf deutschen Koks angewiesen sind, um das Eisenerz aus Lothringen zu Stahl zu verarbeiten, will er diesen Umstand nutzen, die Position der Deutschen zu stärken. In Stinnes' Augen ist das die ideale Vorbereitung der anstehenden Verhandlungen.

Ein französischer Soldat bewacht Kohlebriketts.

Er will die Besatzer boykottieren. Und er ist nicht der Einzige. Es gibt viele, die den Versailler Vertrag von Anfang an ablehnten oder die Geldforderungen der Alliierten als zu hoch empfanden. Und seit Neuestem sind da auch noch diejenigen, die glauben, dass die Franzosen die Reparationen nur vorschieben, aber in Wirklichkeit die Grenze über den Rhein hinweg verschieben wollen.

Nichtstun ist verpönt in Deutschland, doch im Jahr 1923 werden die Industrie, die Verwaltung und die Infrastruktur zwischen Rhein und Ruhr über Monate lahmliegen. Selbst die sonst so braven Reichsbahner werden mitmachen, sie werden die Führerhäuser und Fahrkartenschalter verlassen, sie werden Schilder abmontieren, Stellwerke sabotieren und Loks und ganze Züge in unbesetzte Gebiete entführen.

Viele Bahnangestellte und andere Beamte werden später dafür ins Gefängnis gesteckt oder aus dem besetzten Gebiet ausgewiesen. Und wer auf frischer Tat ertappt wird, riskiert nicht nur seine Heimat, sondern sein Leben. 150 000 Strafen werden die Besatzer verhängen. 137 Menschen sterben bei Streikscharmützeln – und werden wie Helden gefeiert.[27]

Die Regierung in Berlin tut derweil alles, um den Boykott zu unterstützen. Sie bezahlt ihre Beamten im Ruhrgebiet fürs Nichtstun, und auch bei den streikenden Arbeitern subventioniert sie den Lohn. Kistenweise geben die Reichsbankfilialen in Essen und Umgebung frisches Geld heraus. Seit 1914 läuft die Notenpresse in Deutschland schneller als sonst, und nun läuft sie auf Hochtouren.

1923 – das fünfte Jahr des Friedens wird sich wie Krieg anfühlen, nur dass der diesmal nicht in fernen Schützengräben stattfindet, sondern in deutschen Fabriken, Kohlegruben, Banken und Bahnwärterhäuschen.

******

Auch für **Käthe Kollwitz** beginnt das Jahr 1923 düster.

Sie blickt hinaus auf den Platz vor ihrer Berliner Wohnung. Später einmal, nach ihrem Tod, wird der Ort ihren Namen tragen. Aber 1923 heißt er noch Wörther Platz.[28] Eigentlich ist es eine schöne Ecke mitten im kleinbürgerlich-proletarischen Prenzlauer Berg mit seinen Pferdewagen und rumpelnden Straßenbahnen, den vielen Brauereien und Ausflugslokalen. Sogar eine grüne Wiese mit Bäumen gibt es unmittelbar gegenüber von ihrem Haus. Doch jetzt im Januar ist alles kahl da draußen.

Nur selten hört man rund ums Haus noch Kinderstimmen, manchmal im Treppenhaus oder vor dem Kohlenkeller: lachende Kinder, spielende Kinder, zahnende Kinder und zankende Kinder. Meist gefolgt von den Stimmen der Mütter oder denen der Nachbarinnen, die brüllen, dass die Kinder Ruhe halten sollen.

Dann wird es wieder still. Zu still.

Früher ist immer viel los gewesen, auch in der Kollwitz'schen Wohnung im zweiten Stock. Ganz am Anfang, als ihr Mann, Karl Kollwitz, von Königsberg nach Berlin kam, um hier als junger Mediziner Kassenarzt zu werden, hat alles in diesen vier Zimmern stattgefunden.[29]

In einem Raum warteten seine Patienten, in einem zweiten behandelte er sie. Im dritten Zimmer schliefen Herr Doktor und seine junge Frau, und im vierten hatten sie ihre gute Stube.

Hier lagen ihre beiden Jungs im Stubenwagen, hier hat sie sie gestillt, mit ihnen am großen Tisch gesessen, gespielt oder Hausaufgaben gemacht, hier hat sie der Familie Suppe aufgetan. Und wenn es mal ruhig war, wenn alle Pflichten erledigt waren, packte sie auf diesem Tisch auch ihren Skizzenblock, Kohlestifte oder die Radiernadeln aus. Ein ständiger Kampf um Zeit und um den Platz auf dem Tisch.

Doch die Leute mögen das, was sie dort zu Papier bringt: Sie zeichnet die abgekämpften Arbeiter aus der Nachbarschaft, die ausgemergelten Mütter, die Schwangeren, die mit bangen Augen im Wartezimmer sitzen, die rosigen Kindergesichter, wenn alles gut ging. Und die hohlwangigen kleinen Gestalten, die durch ihren Hausflur getragen werden, wenn die Medizin nichts hat ausrichten können.

Als Käthe Kollwitz anfing mit der Kunst, da durften Frauen bestenfalls Blumen und Landschaften malen.[30] Sie aber malte Bilder vom Weberaufstand. Und als Max Liebermann sie 1899 in Berlin ausstellen ließ und sogar für eine Medaille vorschlug, da lachte der Kaiser nur. Ein abenteuerliches Ansinnen, das Wilhelm II. sogleich abschmetterte: »Ich bitte Sie, meine Herren, eine Medaille für eine Frau, das ginge denn doch zu weit.«[31]

Aber Wilhelm II. hat abgedankt. Er geht im Exil in Holland jetzt einem anderen Zeitvertreib nach: Holz hacken.[32] Seit November 1918 ist Deutschland eine Republik, und auch kulturell weht ein neuer Wind.

Max Liebermann hat sich mit fortschrittlichen Künstlern zusammengeschlossen. Die Berliner Secession veranstaltet Ausstellungen in der Kantstraße. Käthe Kollwitz ist mit ihren Bildern von Anfang an dabei. Sie darf junge Malerinnen unterrichten, und seit

1919 darf sie sich sogar Frau Professor nennen. Sie ist jetzt auch Mitglied der Preußischen Akademie der Künste.[33]

Mit ihren fünfundfünfzig Jahren hat Käthe Kollwitz mehr erreicht, als sie je zu träumen wagte.

Käthe Kollwitz – Selbstbildnis, um 1922.

Ihr Vater hatte ja von Anfang an große Pläne für sie. Schon als sie ein Kind war, hat er ihre Kritzeleien aufmerksam betrachtet. Er hat sie ermutigt und ihr Zeichenstunden geben lassen, schon zu Hause in Königsberg. Später hat er sie nach Berlin gehen lassen, wo es eine Malschule für Frauen gab – sogar mit Anatomiekurs![34]

Als sie sich mit Karl verlobte, war der Vater bitter enttäuscht von ihr, seiner Tochter.

War er wirklich davon ausgegangen, dass sie ihr Leben allein der Kunst widmen würde? Dass sie die Liebe ganz außen vor lassen würde? Dass ihr dies vielleicht sogar vorbestimmt sei, weil ihr das

Kokette nicht lag, weil die Natur ihr statt Liebreiz wache Augen und kräftige Hände mitgab?

»Er rechnete damit, dass, da ich kein hübsches Mädchen war, mir Liebessachen nicht sehr hinderlich in den Weg kommen würden; und darum war er wohl auch so enttäuscht und aufgebracht, als ich mich bereits mit siebzehn Jahren an Kollwitz band«, wird Käthe Kollwitz im Jahr 1923 in ihren Erinnerungen schreiben.[35]

Sie denkt daran zurück, wie ungläubig der Vater reagierte, als er erfuhr, dass sie malen wollte *und* den Mann. Er sprach dann von den Mühen der Mutterschaft, die ihr die Kraft für die Kunst rauben würden. Sie solle sich das gründlich überlegen, hat er gesagt und sie für ein weiteres Jahr weggeschickt. Noch weiter weg, diesmal an die Malerinnenschule nach München. Kinder und Kunst, beides könne sie nicht haben, hat er gesagt.[36]

Dass sie am Ende doch beides bekommen hat, hat er nicht mehr erlebt.

Inzwischen haben sie und ihr Mann im Haus in der Weißenburger Straße 25 noch Räume dazugemietet und sind aus der Arztpraxis im zweiten Stock nach oben ins dritte Obergeschoss gezogen.[37] In einem der frei gewordenen Zimmer wohnt jetzt noch Käthes alte Mutter, die sie zu sich geholt haben, und auch die Krankenschwester, die sich um sie kümmert.

Außerdem gibt es noch die treue Lina, die Käthe Kollwitz im Haushalt unterstützt.

Die Kunst hätte jetzt also Platz und die Künstlerin die nötige Ruhe zum Arbeiten. Die Ruhe, die sie lange vermisst hat. Es ist ja etwas Wahres dran gewesen an den Warnungen des Vaters.

Aber jetzt schreit die Stille sie an – zumindest, wenn draußen gerade keine Pferdebahn vorbeirumpelt.[38] Am liebsten möchte sie morgens gar nicht aufstehen, sich Tag und Nacht die Decke über den Kopf ziehen. Nur um diese Stille nicht zu hören. Nur um das Grau nicht zu sehen, da draußen, wo es früher grün war.

Sie leidet unter Depressionen. Sie leidet, seit ihr Sohn in Belgien gefallen ist.

1914 war das, nur wenige Wochen nach Kriegsbeginn. Ihr älterer Sohn, Hans, Medizinstudent, meldete sich als Freiwilliger, und sein jüngerer Bruder, Peter, noch nicht einmal volljährig, wollte es ihm nachtun.[39]

Hans, der bei den Sanitätern Dienst tat, kehrte aus dem Krieg zurück, Peter nicht. Noch bevor die Familie die erste Feldpost erreichte, bekamen sie Nachricht vom Tod ihres Jüngsten.

Die dunklen Monate des Jahres, zwischen Peters Tod Ende Oktober und seinem Geburtstag Anfang Februar, sind seither die schwerste Zeit für Käthe Kollwitz.[40] Das Weihnachtsfest, der Jahreswechsel und die Aussicht auf ein neues Jahr ohne ihr Kind rauben ihr den Lebensmut.

Sie fühlt sich mitschuldig an seinem Tod, weil sie – anders als ihr Mann Karl – nicht versucht hat, dem Sohn den kindlichen Heldenmut auszureden.

Wie oft schon hat sie seither nachgelesen, was sie zu Kriegsanfang in ihr Tagebuch eintrug:

»An diesem Tage war es wohl auch, an dem Peter abends Karl bittet, ihn vor Aufgebot des Landsturms mitgehen zu lassen. Karl spricht mit allem dagegen, was er kann. Ich habe das Gefühl des Dankes, dass er so um ihn kämpft, aber ich weiß, es ändert nichts mehr.

Karl: ›Das Vaterland braucht dich noch nicht, sonst hätte es dich schon gerufen.‹

Peter leiser, aber fest: ›Das Vaterland braucht meinen Jahrgang noch nicht, aber *mich* braucht es.‹

Ich stehe auf, Peter folgt mir, wir stehen an der Türe und umarmen uns und küssen uns, und ich bitte den Karl für Peter. Dieses Opfer – zu dem er mich hinriss und zu dem wir Karl hinrissen.«[41]

Sie und ihr Mann sind Christen, Mitglieder der Freien Gemeinde. Er ist immer schon Pazifist. Sie wird es – mit jedem Jahr des Krieges mehr. Und mit jeder Todesnachricht. Fast alle von Peters Freunden sterben an der Schwelle zur Volljährigkeit.

»Peter, Erich, Richard, alle stellten ihr Leben unter die Idee der Vaterlandsliebe. Dasselbe taten die englischen, die russischen, die französischen Jünglinge. Die Folge war das Rasen gegeneinander, die Verarmung Europas am Allerschönsten.

Ist also die Jugend in all diesen Jahren betrogen worden? Hat man ihre Fähigkeit der Hingabe benutzt, um den Krieg zustande zu bringen? Wo sind die Schuldigen? Sind alles Betrogene?«, fragt sie 1916 in ihrem Tagebuch.[42]

Der Tod des Sohnes hat Wunden hinterlassen. Wunden, an deren Heilung sie nicht mehr glaubt, wie sich einer Notiz vom 12. Oktober 1917 entnehmen lässt. Auch drei Jahre nach Peters Tod kreisen ihre Gedanken beständig um den Verlust des Kindes.

»Von da an datiert für mich das Altsein. Das dem Grabzugehn. Das war der Bruch. Das Beugen bis zu einem Grade, dass es nie mehr ein ganzes Aufrichten gibt«, schreibt sie.[43]

Aber sie war immer eine Kämpferin. Jetzt kämpft sie gegen den Krieg. Für die Künstlerin Käthe Kollwitz wird der Krieg zum wichtigsten Thema.

Sie plant ein Denkmal für ihren Sohn – und ist doch wie gelähmt. Erst Jahre später wird das Denkmal fertig werden. Aber das Thema lässt sie nicht los.[44]

1918 beginnt Kollwitz mit einer Serie von Holzschnitten, die sie »Der Krieg« nennt. Ein Blatt des Motivs »Die Freiwilligen« kennzeichnet sie mit den Initialen von Peter und seinen Freunden. Man sieht darauf den Tod, wie er die Trommel schlägt und die jungen Männer mit sich reißt. Bis Ende 1922 ist sie damit beschäftigt.[45]

»In solchen Augenblicken, wenn ich mich mitarbeiten weiß in einer internationalen Gemeinschaft gegen den Krieg, hab ich ein warmes durchströmtes und befriedigtes Gefühl. Ich will wirken in dieser Zeit, in der die Menschen so ratlos und hilfsbedürftig sind«[46], schreibt sie am 4. Dezember 1922 in ihr Tagebuch.

Unmittelbar nach diesen Grafiken beginnt sie ein Anti-Kriegs-Plakat für den Internationalen Gewerkschaftsbund zu entwerfen.

»Jetzt, wenn möglich, lauter solche Arbeiten, die eine Wirkung in sich schließen«[47], notiert sie am 30. Dezember 1922.

Arbeit ist das Einzige, was sie aus der Depression reißt. Das ruhelose Agitieren gegen den Krieg wirkt wie eine Therapie.

Holzschnitt »Die Freiwilligen«, mit dem Käthe Kollwitz den Tod ihres zweiten Sohnes Peter (2. v. links) verarbeitet.

Als die Tage länger werden, als das Licht zurückkehrt und draußen die ersten Schneeglöckchen ihre Köpfe aus der kahlen Erde recken, scheint es ihr besser zu gehen. »Ich bin dankbar, mich künstlerisch wieder lebendig zu fühlen.«[48]

******

Das Jahr 1923 beginnt feierlich für **Rudolf Havenstein**: Am 6. Januar begeht er ein Jubiläum – genau fünfzehn Jahre steht er nun an der Spitze der deutschen Notenbank.[49]

Mit seiner hohen Stirn und den gezwirbelten Schnurrbartspitzen sieht der Reichsbankpräsident ein bisschen aus wie Wilhelm II., der letzte deutsche Kaiser. Was wenig verwunderlich ist, denn die beiden sind fast derselbe Jahrgang: Wilhelm II. erblickte 1859 das Licht der Welt, der Jubilar im Jahr 1857.[50]

Fünfundsechzig Jahre ist Havenstein alt und als preußischer Beamter seinem Kaiser ein Leben lang aufs Engste verbunden. Eigentlich, ja eigentlich begann die Verbundenheit sogar schon vor seiner Geburt, denn schon sein Vater, ein Jurist wie er selbst und Landgerichtsdirektor in Pommern, war ein kaisertreuer Patriot.

Doch nach dem verlorenen Krieg hatte man den Kaiser pensioniert, wohingegen der Reichsbankpräsident sein Amt getreulich weiter versieht.

Und gerade jetzt ist er im Begriff, eine der schwersten Aufgaben zu schultern, die Deutschland nach dem Ersten Weltkrieg zu vergeben hat: Havenstein soll Geld schaffen, Geld für die Reparationen, die die Sieger dieses Krieges fordern. Geld für das vom Kämpfen erschöpfte Land, das sich nun gegen Besatzer wehren muss.

Es ist keine leichte Aufgabe, in dieser Zeit Zentralbanker zu sein.

Man hat Rudolf Havenstein über die Jahre viele Ehrungen zuteilwerden lassen. Etwa die Anrede »Exzellenz« – und damit einhergehend den Titel des »Wirklichen Geheimen Rates«, mit dem Preußens Monarchen einst ihre engsten Berater auszeichneten.[51] (Die junge Republik nutzte die Titel weiter, bis alle Briefköpfe und Bartträger aufgebraucht waren.)

Während des Ersten Weltkrieges kamen noch andere Ehrentitel hinzu – und Eiserne Kreuze der verschiedensten Klassen. Der Kaiser nannte ihn seinen »Generalfeldmarschall«, wissend, dass der Waffengang ohne Havenstein nicht möglich gewesen wäre![52] Im Volk hieß man ihn den »Geldmarschall«.[53]

Rudolf Havenstein – Reichbankpräsident und Vater der Hyperinflation.

Getrieben von der Sorge, dass Deutschlands militärische Ambitionen an monetäre Grenzen stoßen könnten, hatte er 1914 die Golddeckung der Mark aufgehoben. Am Tag bevor Deutschland in den Krieg eintrat, erklärte der Zentralbankchef Deutschlands den Abschied aus dem Goldstandard. Sein Beitrag zur Mobilmachung. Jetzt konnte Deutschland so viel Geld drucken, wie es brauchte.

Havenstein sagte die Banken los aus der Verpflichtung, Papiergeld in Gold tauschen zu müssen. Und er schob dem unpatriotischen Kleingeist einen Riegel vor, den er bei den deutschen Sparern hatte beobachten müssen: Direkt nach dem Attentat auf den österreichischen Thronfolger in Sarajevo stürmten diese nämlich in Berlin und anderswo die Banken, um sich ihr Geld in Gold auszahlen zu lassen.

Wo käme man da hin, wenn jeder nach Belieben Gold hamstern könnte – in Zeiten nationaler Bewährung? Er wartete nicht mal die Zustimmung des Parlaments ab – denn die war ihm sowieso sicher.

Er, Rudolf Havenstein, würde den deutschen Sparer Vaterlandsliebe lehren!

Und tatsächlich schaffte er es, selbst denen, die schon Gold besaßen, ihre Schätze abzuluchsen. Zu Tausenden tauschten die Frauen zu Beginn des Krieges Ketten, Armbänder und sogar Eheringe gegen Eisenschmuck ein; die Männer ihre Uhren und Ehrenpokale.

»Gold gab ich für Eisen hin.« Diese Parole hatte schon einmal geholfen, den Krieg gegen die Franzosen zu finanzieren – damals, zu Napoleons Zeiten.

1914 war der Slogan wieder so populär, dass Emmerich Kálmán sogar eine Operette daraus machte.[54] Eigentlich saß der Komponist ja gerade an der »Csárdásfürstin«. Doch er legte die verwickelte Liebeskomödie beiseite, um schnell ein Stück zur Mobilmachung zu komponieren: »Östreich, Deutschland sind ein Paar, wie noch auf der Welt keins war! Kommen wir und kommen die, fallt Europa auf die Knie! Östreich hier und Deutschland da, allweil heißt's Viktoria!«[55], tönte es da im Dreivierteltakt. Premiere im Theater an der Wien, danach wurde das Stück auch in Deutschland rauf und runter gespielt.

Derweilen gab Reichsbankpräsident Havenstein neun Kriegsanleihen aus. In kleiner Stückelung, ab einem Monatslohn war man als Arbeiter dabei. Und damit auch wirklich alle zeichneten, spannte Havenstein neben den Banken auch die vielen Sparkassen ein. Er bewarb das Investment in den Krieg mit unzähligen Plakaten.[56]

Auch als er 1916 eine Müdigkeit bei den Anlegern bemerkt, als sich die Anleihen plötzlich schlechter verkaufen, ließ er nicht locker.

Havenstein verdoppelte seine Anstrengungen.

Er reiste durchs Land und warb persönlich: »Kriegsanleihe zeichnen ist die allgemeine Wehrpflicht der Daheimgebliebenen«, predigte er 1917 in Frankfurt. »Wie unsere Söhne und Brüder draußen an der Front und auf der See dem wildesten Ansturm Halt gebieten und ihn niederringen, muss sich jeder auch in der Heimat bewusst sein, dass auch an ihn die Aufgabe gestellt ist, Treue zu halten dem großen herrlichen Vaterlande.«[57]

Im August 1916 war sein Sohn Leutold gefallen.[58]

Doch Havenstein arbeitete unermüdlich weiter.

Als ihm der Bürgermeister seines Geburtsortes Meseritz kondolierte, dauerte es Monate, bis er antwortete:

»... sehr herzlichen Dank für die gütige Teilnahme, die Sie mir beim Tode meines Sohnes bezeugt haben.«[59]

Bei der Gelegenheit ging er auch auf die Ehrung ein, die ihm die Stadt Meseritz seiner beruflichen Verdienste wegen in Aussicht gestellt hat. Der vielbeschäftigte Havenstein erledigte im November 1916 beide Angelegenheiten in einem Aufwasch:

»... beehre ich mich ergebenst zu erwidern, dass es mir eine besondere Ehre und Freude sein wird, den Ehrenbürgerbrief meiner Vaterstadt entgegenzunehmen. Da ich an den Werktagen über meine Zeit nicht mit Sicherheit zu verfügen vermag, gestatte ich mir hierfür Sonntagmittag vorzuschlagen.«[60]

Das Städtchen Meseritz, das heute zu Polen gehört, zur damaligen Zeit aber Teil des Deutschen Reiches war, liegt knapp 200 Kilometer von Berlin entfernt. Gerade mal einen Sonntag erübrigte der vielbeschäftigte und vielfach geehrte Mann für den Besuch dort.

Der Arbeitseifer des Reichsbankpräsidenten scheint durch nichts beeinträchtigt.

Im Gegenteil: Mit den vier Anleihen, die nun folgten, nahm er mehr Geld ein als mit den fünf davor.[61]

Männer wie er formen den Ruf des preußischen Berufsbeamtentums.

Und doch wird später einmal vom Ruhm dieses eifrigen Beamten wenig bleiben.

Und das liegt unter anderem am Schwarzbrot.

Bei Kriegseintritt, im August 1914, kostete ein zwei Pfund schwerer Laib Brot 32 Pfennig. Nach Kriegsende, im November 1918, zahlte man schon 53 Pfennig dafür.[62]

Seither sind die Preise weiter gestiegen – besonders seit dem Streit mit den Franzosen: Im Januar 1923 kostet ein Laib Brot 250 Mark. Und alles andere ist auch teurer geworden in Deutschland.

Keine leichte Aufgabe, in dieser Zeit Zentralbanker zu sein!

FEBRUAR 1923 – DIE INFLATION NIMMT AN FAHRT AUF

Warum Hugo Stinnes zur Kur fährt und Käthe Kollwitz ins Krankenhaus muss. Wieso Anita Berber nach Budapest reist. Weshalb der Dresdner Semperoper die Sänger weglaufen und die Regierung eine Verordnung gegen Wucher verabschiedet.

Die Anstrengungen zu Anfang des Jahres sind nicht spurlos an Hugo Stinnes vorübergegangen. Vor allem die Zuspitzung an der Ruhr. Stinnes ist nicht der Gesündeste. Er hat Probleme mit dem Magen und der Galle. Die große Verantwortung, die vielen Reisen, auch das ständige Auswärtsessen – all das fordert seinen Tribut.

Der Arzt mahnt zur Ruhe – und zwar schon lange.

Diesmal fügt sich Stinnes, wenn auch nicht gleich.

Erst als er das Kohlekartell mit all seinen Akten an der Alster in Sicherheit weiß und nachdem er in Berlin war, um sich mit dem Kanzler und dem Reichspräsidenten abzustimmen, zieht Stinnes sich zurück. Er fährt nach Oberhof in Thüringen.[1]

Oberhof wollte er längst mal wieder einen Besuch abstatten. Im Sommer lockt dort ein Golfplatz, einer der ersten in ganz

Deutschland. Und jetzt im Winter gibt es feinsten Pulverschnee und die Skischanze, die fast zeitgleich mit dem Golfplatz entstand.[2]

Nun ist Hugo Stinnes jemand, den es selbst nicht nach Golf oder Alpin-Sport verlangt. Sehr zum Leidwesen seiner Frau hat er selbst das Tennisspielen aufgegeben.[3] Aber Oberhof ist ein aufstrebender Kurort, deshalb hat er dort ein Hotel gekauft.[4] Und wenn der Arzt schon eine Kur fordert, was läge näher, als dort mal nach dem Rechten zu sehen.

Cläre, seine Frau, wird sich über die Luftveränderung freuen. Sie ist die Mutter seiner sieben Kinder[5] und seine Gesprächspartnerin in allen Fragen – auch den geschäftlichen.

Cläre Stinnes, geborene Wagenknecht, stammt selbst aus einer Unternehmerfamilie. Ihr Vater, Edmund Karl Wagenknecht, ein Überseehändler, hat in Uruguay viel Geld verdient, bevor er sich mit seiner Familie in Wiesbaden niederließ.[6]

Die Familien Wagenknecht und Stinnes sind weitläufig verwandt. Und als sie sich im Sommer 1894 auf Norderney trafen, sollte Cläre eigentlich mit Hugos älterem Bruder Hermann bekannt gemacht werden. Doch dann verliebt sich Hugo in sie. Die beiden durchkreuzen die Pläne der Mütter und verloben sich heimlich.

Hugo ist in dieser Zeit dabei, sich aus der Familienfirma zu verabschieden und sein eigenes Unternehmen aufzuziehen.

»Du glaubst nicht, was es mir für eine Freude sein wird, wenn wir immer mehr selbstständig werden«, schreibt er seiner Verlobten kurze Zeit später von unterwegs.[7]

»Ich möchte Dich so gerne recht verwöhnen, damit Du es gleich so reichlich hast, wie jetzt zu Hause. Nun komme ich Dir vielleicht ganz geldgierig vor. Du weißt aber, für meine Bedürfnisse ist's nicht. Nur vorwärtskommen wollen wir und beide zusammen uns des Lebens freuen, so viel es nur geht«, schreibt er.[8]

Und von da an wird er sie über alle Geschäfte auf dem Laufenden halten.

Ein Jahr später heiraten die beiden. Sie werden auch in ihrer Ehe noch viele Briefe schreiben, denn Hugo ist ja ständig unterwegs.

Fast zwei Jahrzehnte später, auf dieser Reise nach Thüringen nun, Anfang 1923, begleitet Cläre ihren Mann. Gemeinsam unternehmen sie Schlittenfahrten durch den verschneiten Thüringer Wald.

Man sieht den Atem der Pferde in der kalten Luft, die Fahrgäste machen es sich unter den Fellen im Schlitten gemütlich. Und wenn die Sonne herauskommt und der Schnee glitzert, ist es zauberhaft in Oberhof.

So richtig zur Ruhe kommen die Eheleute jedoch nicht. Zu sehr beschäftigt sie die Besetzung der Ruhr – und auch die Gegenwehr, die sich nun formiert.

»Das wird die Wende von Deutschlands Schicksal werden, wenn Berlin festhält«, schreibt Cläre in ihr Tagebuch.[9]

Es muss eine Strategie zur Verteidigung gegen die Franzosen her.

Hugo Stinnes hat die Ruhrindustrie in Stellung gebracht. Nun ist es an Präsident Friedrich Ebert, die Politik einzuschwören. Die

Regierung muss er nicht überzeugen. Reichskanzler Wilhelm Cuno gehört keiner Partei an, aber er ist ein Mann aus der Wirtschaft und denkt konservativ.

Skeptisch ist Stinnes, was die SPD anbetrifft.[10] In der Arbeiterbewegung ist man von dieser Regierung so wenig angetan wie von der französischen Besatzung.

Hugo Stinnes – immer noch in Thüringen – verfolgt das nun aus der Ferne.

»Wie lange ich hierbleiben kann, ist unbestimmt, der Arzt verlangt Wochen, die Verhältnisse werden wohl nur Tage zulassen; denn wenn es noch ernster wird, kann man nicht kneifen«, schreibt Stinnes dem Berliner Publizisten Maximilian Harden.[11]

Viel Vertrauen hat Stinnes nicht in die Politik. Ihm schwebt eine Verständigung auf industrieller Ebene vor. Hier geht es um Geld. Und es geht um Bodenschätze.

Die Deutschen haben Kohle, die Franzosen haben Erz. Beides braucht man, um Stahl zu erzeugen.

Herrgott noch mal! Da wird doch wohl eine Einigung möglich sein!

Natürlich keine Einigung um jeden Preis. Schließlich ist die französische Stahlindustrie zur Gänze von deutscher Kokskohle abhängig,[12] wohingegen die Deutschen längst Alternativen zum Eisenerz aus Lothringen gefunden und Verträge mit schwedischen Minen geschlossen haben. Äußerst günstige Verträge übrigens!

Sinnvoller als die kraftlosen Versuche der offiziellen Berliner Diplomaten wäre es, wenn ein Mann aus dem Ruhrgebiet mal Tacheles mit den Franzosen reden würde, findet Stinnes.

Er selbst kommt dafür leider erst einmal nicht infrage. Aus genannten gesundheitlichen Gründen – aber auch, weil man fürchten muss, dass die Franzosen ihn bei dieser Gelegenheit in Haft nehmen könnten.

Aus Kreisen der Alliierten – Stinnes pflegt gute Kontakte zu den Briten – hat man ihm zugetragen, die Franzosen seien *not amused* über den Umzug des Kohlesyndikats nach Hamburg, weshalb er und alle andere Boykotteure gut beraten wären, das französisch besetzte Gebiet zu meiden.[13]

Tatsächlich werden in seiner Abwesenheit sechs Ruhrindustrielle festgenommen, darunter sein Nachbar aus Mülheim, der Montanunternehmer Fritz Thyssen.[14]

Wenig später werden die Franzosen noch den Krupp-Chef verhaften, weil dessen Leute bei der Beschlagnahme von Lastwagen Widerstand leisten. Bei dem Zusammenstoß in Essen sterben ein Dutzend Stahlwerker – und anschließend muss Gustav Krupp für ein halbes Jahr ins Gefängnis.[15]

Hugo Stinnes tut also gut daran, sich weiterhin Luftveränderung zu gönnen.

Sein gesundheitlicher Zustand bessert sich übrigens deutlich, als ihn von französischer Seite die Zusicherung erreicht, man werde ihn, Stinnes, in Ruhe lassen.

So kehrt er aus den Thüringer Bergen zurück. Und direkt nach seiner Ankunft in Mülheim an der Ruhr führt er das erste Gespräch. Am 4. Februar 1923 steht ein Franzose vor der Tür, der mit ihm über Politik reden will. Es ist ein Journalist, der für einen Fachverlag der französischen Schwerindustrie arbeitet. Die Franzosen seien zur Verständigung bereit, behauptet er.[16]

Das ist nicht die Art von Industrievertreter, die Stinnes als Verhandlungspartner vorschwebt. Aber er bittet den Mann in sein Haus, und in den Wochen darauf wird er noch zahlreiche hochkarätige Gespräche führen.

Hugo Stinnes ist wieder wohlauf!

******

Später einmal wird **Konrad Adenauer** als der erste Kanzler der Bundesrepublik Deutschland in die Geschichte eingehen. Man wird ihn »den Alten« nennen.[17]

Doch 1923 ist Adenauer noch Oberbürgermeister der Stadt Köln – der jüngste Bürgermeister aller Großstädte im Deutschen Reich.

Außerdem ist er Ehrenmitglied der Roten Funken.[18]

Doch diesmal kann der Karneval ihn nur wenig erheitern.

Kölns älteste Karnevalsgesellschaft würde 1923 eigentlich ihren 100. Geburtstag feiern. Genau wie der berühmte Rosenmontagszug. Doch die Zeiten sind nicht danach. Der Zug entfällt. Schon seit 1915 müssen die Narren auf die Lustbarkeit zwischen Dom und Neumarkt verzichten.

Konrad Adenauer – zu seiner Zeit als Oberbürgermeister von Köln.

In Düsseldorf und Mainz das gleiche Elend.

Erst war Krieg, und jetzt sind da die Alliierten.[19] Die befürchten, dass sich zwischen all den Roten Funken mit ihren Uniformröcken und Karnevalsflinten Aufrührer mit echten Waffen verstecken könnten.

Am meisten fürchten sich wohl die Franzosen. Viele Male haben sie sich in den vergangenen hundert Jahren mit den Deutschen geschlagen.

Besonders das Jahr 1871 ist ihnen unliebsam in Erinnerung, als die Deutschen nach ihrem Sieg nicht nur jede Menge Gold in Form von Reparationen und die Herrschaft über Lothringen forderten, sondern auch noch ihr Kaiserreich in Frankreich ausriefen. Ein preußischer Wilhelm, gekrönt im Spiegelsaal des Schlosses von Versailles!

Welche Schmach!

Kein Wunder also, dass die Franzosen wenig Spaß verstehen. Der Friedensvertrag, der 1919 im Schloss von Versailles unterzeichnet wird, bürdet den Deutschen nicht nur reichlich Reparationen und die Übertragung von Lothringen an Frankreich auf, er sieht zusätzlich auf der anderen Rheinseite eine demilitarisierte Zone vor: Auf 50 Kilometern entlang des Rheins darf sich kein Deutscher in Militäruniform zeigen – und sei es auch nur ein Karnevalskostüm. Man weiß ja nie!

Die Alliierten überwachen die Umsetzung der Verträge gemeinsam. Belgier, Briten, Amerikaner und Franzosen teilen sich die Aufgaben, sie errichten Brückenköpfe in Köln, Koblenz, Mainz und Kehl.

Doch die Franzosen finden ihre Mit-Alliierten viel zu milde. Besonders die Briten, die im Streit um die Reparationen immer ein gutes Wort für Deutschland einlegen, und die Amerikaner, die nicht mehr länger Polizei spielen wollen und 1921 einen eigenen Frieden mit den Verlierern schlossen, statt den Versailler Vertrag durchzusetzen.

Daher übernehmen die Franzosen den Posten der Amerikaner in Koblenz. Sie stationieren ihre Soldaten an allen Lücken entlang des Rheins. Und sie schicken nun mehr und mehr Militär ins Ruhrgebiet.

Köln, die Stadt, die eigentlich den Briten untersteht, ist nun von französischen Kanonen umgeben.

Französische Truppen an Rhein und Ruhr. Das heißt Krise!

Der Wechselkurs der Mark fällt so schnell wie nie zuvor.

Der Wechselkurs ist wichtig, denn das rohstoffarme Deutschland ist abhängig von Importen. Und deshalb werden Devisen gebraucht – oder Gold. Am besten beides. Denn ohne Erz, Erdöl oder Chilesalpeter läuft wenig in der Industrie und Landwirtschaft.

Viele Waren sind knapp. Die Preise steigen. Oft reicht das offizielle Geld gar nicht aus, um den wachsenden Bedarf an Zahlungsmitteln zu decken, dann drucken die Städte »Notgeld«.

In Köln etwa sind das Scheine, auf denen ein Mann in der Uniform der Roten Funken zu sehen ist.[20] Der Karnevalist marschiert nicht, er sitzt frustriert auf einer Bank und starrt vor sich hin. Statt der Trommelschlägel hält er ein Strickzeug in der Hand. Er strickt Socken, wie das einst auch die Stadtsoldaten in Waffenpausen taten, um ihren mageren Sold aufzubessern.

Von den Stadtsoldaten haben die Roten Funken einst die Uniform übernommen und jetzt auch deren Strickstrumpf. Kann man sich etwas Elenderes vorstellen als Karnevalisten, die Strümpfe stricken, statt Mädchen zu bützen?

Kölner Notgeld, auf dem ein frustrierter Karnevalist Socken strickt.

Goldmünzen hat man seit Kriegsbeginn nicht mehr gesehen.[21] Ab 1916 werden auch die Silbermünzen aus dem Verkehr gezogen, um Rohstoffe für die Rüstung importieren zu können. Und als auch das nicht mehr reicht, schmilzt man die kleinen Münzen aus Kupfer und Nickel ein und verarbeitet sie direkt zu Geschosshülsen.

So füllen sich die Portemonnaies der Deutschen mit immer mehr Scheinen, für die sie immer weniger kaufen können.

Das Ende des Krieges brachte nur wenig Besserung.

Schon 1922 bereitete Konrad Adenauer seine Stadtverordneten darauf vor, dass sich bei einer Verschärfung der politischen Situation auch die Inflation verstärken könnte:

»Wir haben kein Anzeichen dafür, dass die Geldentwertung nunmehr haltmachen wird; im Gegenteil, wir müssen uns mit dem Gedanken vertraut machen, dass sie noch weiter, vielleicht sogar in noch beschleunigtem Tempo fortschreiten wird.«[22]

Die Karnevalisten versuchten da noch, der Tristesse eine heitere Seite abzugewinnen.[23]

In Ermangelung eines echten Rosenmontagszuges lassen die Jecken in ihrer Festschrift eine imaginäre Karnevalsparade zum Thema Inflation aufmarschieren: Angeführt wird der Zug von »Lachenden Griesgrämlern« im ersten Wagen, gefolgt von den »neuen Reichen im Gehpelz – Brillianten beladen« sowie dem »triumphierenden Wucher, den Devisenschiebern und Falschmünzern«.

Fast zum Schluss tritt der scheintote Prinz Karneval auf (»in starken Fesseln«) und dann im Wagen 32: die Hoffnung. Die Hoffnung auf den Karneval 1923!

Nun also, im Februar 1923, hat sich diese Hoffnung zerschlagen. Es gibt wieder keinen Umzug, und aus der Inflation ist eine Hyperinflation geworden – wie Konrad Adenauer es befürchtet hat.

Der Oberbürgermeister überlegt händeringend, was er für seine Kölner tun könnte.

Schon als er mitten im Krieg sein Amt übernahm, herrschte in der Stadt Hunger. Bäcker-Enkel Adenauer dachte sich ein Brotrezept aus.[24] Ein Rezept ohne Weizenmehl – denn Weizen war rationiert. Stattdessen ließ er Mais-, Gersten- und Reismehl verbacken. Und Kleie – denn die macht satt.

Adenauer ließ sich auch eine Wurst patentieren, aus Soja und anderen pflanzlichen Zutaten – Graupen statt Grieben. Hauptsache satt.[25]

Doch nun, im fünften Jahr nach Kriegsende, beginnen die Kölner zu murren. Sie nennen ihren Oberbürgermeister inzwischen

»Graupenauer«. Sie finden, es wäre an der Zeit für etwas Richtiges auf dem Teller. Aber das Essen wird jeden Monat teurer.

Im Februar 1923 kostet ein Schwarzbrot 389 Mark.[26] Das sind 778 Scheine mit dem traurigen Karnevalisten drauf.

Jeder dieser Geldscheine trägt die Unterschrift von Konrad Adenauer.

Adenauer ist am Ende seiner Weisheit. Es fällt ihm nichts mehr ein. Außer Beten.

»Wenn es uns einigermaßen gelingt, die Stadt Köln vor dem Zusammenbruch zu retten, dann will ich meinem Schöpfer auf Knien danken«, sagt er.[27]

Und offenbar ist Adenauer nicht der einzige ratlose Politiker.

******

Am 23. Februar 1923 verabschiedet der Reichstag ein »Notgesetz«. In wirtschaftlichen Fragen muss die Regierung nun nicht auf die Zustimmung des Parlaments warten, sondern darf selbst Vorschriften erlassen.

Die Zeit drängt, denn die Preise steigen jeden Tag weiter. Die Regierung formuliert daher demonstrativ eine »Wucherverordnung«. Schwarzhändler, Schmuggler und Spekulanten sollen von nun an hart bestraft werden.[28]

Aber sind wirklich die Schwarzhändler schuld daran, dass die Preise steigen?

Was ist mit denen, die 1914 die jungen Männer in den Krieg schickten, statt sie Kohle fördern, Brot backen und Schweine mästen zu lassen? Und mit denen, die jetzt, da der Krieg verloren ist, den politischen Streik gutheißen, die die Notenpresse anwerfen, um Arbeiter fürs patriotische Nichtarbeiten zu bezahlen?

Die Geschichte vom gierigen Händler ist fast so alt wie die Menschheit selbst. Immer wieder haben Herrscher sie erzählt, wenn sie Sündenböcke suchten für eine Teuerung, die sie selbst verursacht haben.

In der Krise sind die Menschen empfänglich für Demagogie. Auch jetzt.

Es wird nach Sündenböcken gesucht.

Davon zeugen die Notgeldscheine, die nicht nur Behelfszahlungsmittel sind, sondern auch Botschaften transportieren. Es handelt sich um sprechendes Geld.

Auf einem Geldschein der münsterländischen Gemeinde Gronau etwa sieht man drei Männer, die bei Nacht und Nebel einen vollbeladenen Karren am Gefängnis vorbeischieben. Viele Bürger nutzen die Nähe zu Holland, um sich hinter der Grenze mit (Über-)Lebensmitteln zu versorgen. Vermutlich fällt der Kommentar deshalb vergleichsweise milde aus: »Schieber, lass das Schieben sein, sonst schieb'ste in den Kasten rein.«[29]

Aggressiver ist der Ton in Verden an der Aller: »Wie ehedem zu Verden die Wucherer und Schieber bestrafet wurden«, liest man da und sieht auf dem Notgeldschein zwei Delinquenten, die eingesperrt in einen eisernen Käfig in den Fluss getunkt werden. Eine Strafe aus dem Mittelalter, die häufig tödlich endete.[30]

Auch auf dem Notgeldschein aus Brakel, einer kleinen Stadt im Teutoburger Wald, sieht man einen solchen Schandkorb, versehen ist er mit dem Kommentar: »Solche Wippe, stark von Eisen, taucht man kurzer Hand ins Wasser. Auch für heute wär sie praktisch für die Schieber, Wucherer, Prasser.«[31]

Brutaler noch ist die Botschaft in Tostedt am Rande der Lüneburger Heide. Auf deren Notgeldscheinen sieht man einen Baum, an dem zwei beleibte Männer an Stricken aufgeknüpft sind. »So muess dat all de Schiebers gahn, dann künnt um Deutschland baeter stahn«, steht am Rande geschrieben.[32]

Der Grafiker hat die beiden Männer, die da am Galgenstrick baumeln, mit Gehrock und Hakennase ausgestattet. Offenbar sollen es Juden sein – antisemitische Hetze auf Plattdeutsch.

Noch bleibt es bei den Hassreimen. Erst später werden den Worten Taten folgen.

******

Doch der Duktus der Demagogen ist schon weit verbreitet – selbst unter Intellektuellen wie **Käthe Kollwitz**.

Auch unter ihren Arbeiten gibt es »Flugblätter gegen den Wucher«[33].

Die dreiteilige Bilderserie, die Käthe Kollwitz 1920 im Auftrag des Staatskommissars für Volksernährung anfertigte[34], wird so zur Anklage.

Hat sie den Titel selbst gewählt?

Dabei beobachtet die Künstlerin das Geschehen um sie herum durchaus aufmerksam – und voller Sorge. Sie zeichnet drei Mütter mit hohläugigen Kindern auf dem Schoß im Wartezimmer sitzend, eine sterbende Frau auf dem Totenbett, umgeben von ihren kleinen Kindern sowie einen ausgezehrten kleinen Jungen, der vom Arzt abgehört wird.

Ist es Tbc, und wird der Arzt helfen können?

1882 hatte der Berliner Seuchenhygieniker Robert Koch einen Bazillus als Ursache der Tuberkulose ausgemacht. Es vermehrt sich überall, wo Menschen in Enge und Elend leben. Koch hat sich deshalb für bessere Lebensverhältnisse eingesetzt, für Aufklärung und für die Isolierung der Kranken.[35]

Im Ersten Weltkrieg jedoch verbreitet sich die Tuberkulose wieder so stark, als hätte es Kochs Initiative nie gegeben. Nach 1918 fällt die Zahl der Schwindsüchtigen zunächst – nur um ab 1920 erneut zu steigen. Und im Jahr 1923 werden die Sterberaten so hoch sein wie mitten im Krieg.[36]

Käthe Kollwitz blickt voller Empathie auf die Opfer der Not. Was die Ursachen anbetrifft, benutzt auch sie die offiziellen Parolen.

»Was wird aus ihren Kindern?«, steht unter dem Bild der moribunden Frau. »Der Hunger untergräbt täglich die Kraft zahlloser Menschen – und bereitet ihnen ein frühes Grab. Drum weg mit dem Wucher!«[37]

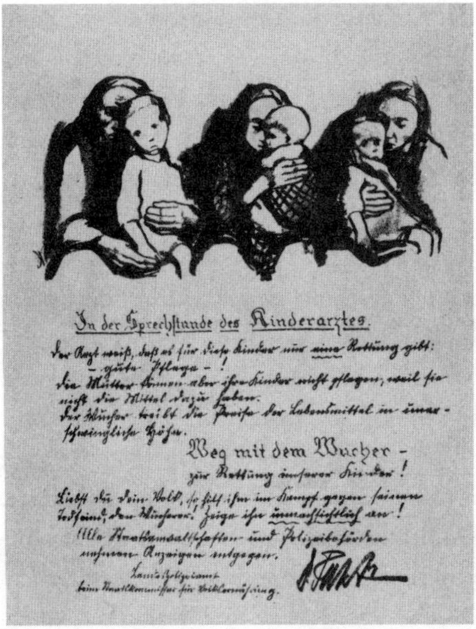

Eins von Käthe Kollwitz' Flugblättern gegen den Wucher.

Die mageren Kinder, die sie auf ihrem Skizzenblock festhält, stammen aus ihrem Kiez. Wer aber ist der Wucherer? Ist es der Krämer um die Ecke? Oder der Kartoffelhändler? Stößt er sich an der Not der Nachbarn gesund? Oder ist vielleicht der Arzt der, der Kasse macht mit Hunger und Not?

Doch der Arzt, in dessen Wartezimmer sie ihre Modelle findet, ist Käthes Ehemann. Ein Sozialdemokrat und Christ, hochbesorgt um seine kleinen Patienten.

»Die Steigerung der Lebensmittelnot ist gar nicht abzusehen. Karl ist ganz verzweifelt, was das unter den Kindern anrichten soll«,[38] schreibt sie am 20. März 1920 in ihr Tagebuch.

Als Kassenarzt trifft Karl Kollwitz die Not fast so hart wie seine Patienten.

Reichtümer kann er jedenfalls nicht anhäufen. Die Praxis kommt gerade so über die Runden. Sohn Hans, der gerade sein Medizinstudium abgeschlossen hat, wird dort kein Auskommen finden.

»Hans kommt niedergeschlagen aus der Sprechstunde herauf. Er meint, es lohnt nicht, Karl helfen zu wollen. Es ginge schlecht! Es tut mir leid.«[39] So schrieb Käthe Kollwitz im März 1920, dem Monat, in dem der Kapp-Putsch stattfand.[40]

Seit das besiegte Deutschland seine Truppen reduzieren musste, hatten sich frustrierte Militärs zu Freicorps, wie etwa der Marinebrigade Ehrhardt, zusammengerottet. Als diese aufgelöst werden sollten, kam es zum Putsch. Am 13. März 1920 marschierten die Soldaten in Berlin ein, um die Regierung zu stürzen und den rechtsradikalen Beamten Wolfgang Kapp zum Kanzler zu machen. Die SPD rief zum Generalstreik auf. Der Streik erzielte seine Wirkung. Es dauerte nicht einmal zehn Tage, bis die Putschisten aufgaben.

Und doch sorgten schon diese zehn Tage für große Not.

»*Generalstreik.* Das bedeutet für die ganzen Arbeitergegenden kein Licht, kein Wasser (außer den allmählich versagenden Pumpen), keine Kohlen, keine Fahrgelegenheit, keine Gemüsezufuhr. Wie es mit Milch steht, weiß ich nicht. Brot wird einstweilen noch gebacken. Gemüse hat man zwar kein frisches mehr, aber noch Salzgemüse. Als ich heute lang nach Brot anstand, hörte ich die Frauen untereinander sprechen. Eine kam vorüber und rief: ›Ihr habt es gut, Ihr steht in der Sonne!‹ Worauf eine Frau neben mir antwortete: ›Das ist aber auch alles, was wir haben.‹«[41]

Doch kurz darauf wurde die Arbeit wieder aufgenommen.

Jetzt, im Februar 1923, also wieder Stillstand. Seit Wochen schon ruhen die Maschinen in Deutschlands wichtigstem Industrierevier – die Auswirkungen sind in der ganzen Republik zu spüren.

Wieder wird Käthe Kollwitz ausgezehrte Gesichter sehen, und wieder wird sie die Kinder in ihrer Nachbarschaft malen. Der Hunger wird ihr zweites großes Thema werden.

Krieg und Hunger, Ursache und Wirkung.

Sie wird das Bild zeichnen, mit dem das Jahr 1923 in die deutschen Geschichtsbücher eingeht.

Aber jetzt kann sie sich weder in Schlangen einreihen noch um die Nachbarn sorgen oder gar Skizzen anfertigen.

Am 24. Februar, ausgerechnet an einem Samstag, spürt sie einen Druck im Oberbauch. Das Unwohlsein verstärkt sich, abends schläft sie mit Schmerzen ein und wird gleich wieder wach. Sie hat schlimme Koliken, kann nicht mehr liegen, nur noch kauern oder gekrümmt stehen. Ihr Mann untersucht sie und ist äußerst beunruhigt.

Er bringt sie noch in der Nacht zu Adolf Brentano ins Krankenhaus Am Urban.[42] Brentano arbeitet seit dreißig Jahren in dieser Klinik und operiert fast nur Gallen. Er ist der führende Arzt in diesem Fachgebiet.[43]

Er entscheidet: Die Gallensteine, die die Entzündung verursachen, müssen raus. Sofort. Und mit ihnen die Gallenblase.

Am frühen Sonntagmorgen rollt man sie in den OP.

»Am 25. Februar wurde ich an der Gallenblase operiert. Es war gut, denn ein paar Tage danach und ich wäre tot gewesen«[44], wird sie einige Wochen später in ihr Tagebuch schreiben.

******

Am anderen Ende der Republik, in Dresden an der Semperoper, versucht man in dieser Zeit ein neues Stück einzustudieren. Modest Mussorgskis Zaren-Oper *Boris Godunow*. Es geht um ein verarmtes Volk und seine untauglichen Herrscher.

Für den 28. Februar 1923 ist die deutsche Erstaufführung geplant.[45]

Eigentlich ein Kinderspiel für Generalmusikdirektor Fritz Busch. Später in seinem Leben wird er in New York an der Metropolitan Opera Karriere machen.[46]

1923 ist er noch ein junger Mann. Er hat sich in Stuttgart die ersten Sporen verdient. Gerade ist er nach Sachsen umgezogen. Er freut sich, die »schwäbische Landstadt« gegen das »weit prunkvollere Dresden« einzutauschen.[47] Und vom Staatsorchester war er schon beim ersten Hören hingerissen.

Wäre da nur nicht die Geldentwertung. Eigentlich wollte er sich darüber keine Sorgen mehr machen. Man hat ihn mit einem Jahresgehalt von beeindruckenden 200 000 Mark nach Dresden geholt. Der Vertrag lautet »auf Lebenszeit« – den Passus hatte Richard Wagner so ausgehandelt, sein Vorgänger an der Semperoper. Auch Busch ist nun Beamter, und deshalb bekommt er sogar Inflationsausgleich.

Das gilt aber leider nicht für seine Sänger und Sängerinnen, weswegen diese dauernd Urlaub haben wollen.

Die Solisten der Semperoper singen lieber gegen harte Währung in Prag.

Ein paar Auftritte in der benachbarten Tschechoslowakei bringen ihnen mehr ein als die Arbeit in Deutschland im ganzen Jahr.

******

Auch **Anita Berber** hätte vermutlich gerne weiter in Wien getanzt. Sie hat die Stadt ins Herz geschlossen, seit sie zum ersten Mal zu Dreharbeiten da war. Außerdem haben es die Österreicher mithilfe eines Kredits vom Völkerbund geschafft, die Inflation in den Griff zu bekommen[48] – was den Aufenthalt dort noch attraktiver macht. Aber nun hat man sie des Landes verwiesen. Was nun? Sie setzt sich in den Zug nach Budapest und reist ihrem Partner hinterher.

Die beiden fliehen vor der Inflation und vor der Presse. Die Journalisten, die vor Kurzem noch voll des Lobes für ihr Programm waren, werfen ihnen nun Schmutz hinterher.

»Anita Berber, die ihre Rolle als Nackttänzerin in Wien jetzt ausgespielt hat und in den nächsten fünf Jahren in Österreich nicht mehr auftreten darf, hat bei ihrem Abschied von dort noch als Faustkämpferin debütiert«, schreibt etwa der Korrespondent der BZ am Mittag.[49]

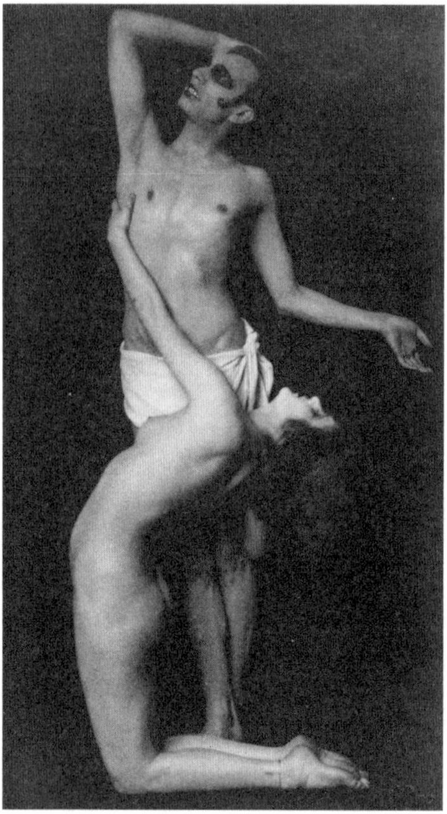

Anita Berber mit ihrem Partner Sebastian Droste im Tanzstück »Märtyrer«. Fotografiert von Madame D'Ora.

»Bei ihrem letzten Auftreten hat sie versucht, verschiedene Kleider und Wertgegenstände, die als Pfand von ihr hinterlegt worden waren, aus dem Etablissement hinauszuschmuggeln. Sie bediente sich dazu zweier Bekannter, die wurden aber vom Portier angehalten. Die Tänzerin hat als Antwort dem Portier einen Faustschlag ins Gesicht versetzt. Es kam zu einer Raufszene.«[50]

In Budapest haben Berber und Droste Ruhe.

Eine Zeitungsnotiz aus dieser Zeit gibt es allerdings doch: Das holländische Bühnen-Fachblatt *Cinema & Theater* schreibt, die beiden Tänzer hätten sich in Ungarn verheiratet.[51]

Für Anita Berber ist das die zweite Ehe in ihrem erst 23-jährigen Leben. Nicht mal volljährig, hat sie 1919 Eberhard von Nathusius geheiratet, einen schneidigen Sportwagenfahrer, der im Ersten Weltkrieg fünf Verwundungen überstand und aus einer im Jahrhundert zuvor geadelten Berliner Familie stammt.[52] Eine Familie, in der es seit Generationen der Brauch ist, dass die Männer in den Krieg ziehen, während die Frauen sich der Dichtung hingeben.

Die Ehe hält gerade einmal drei Jahre – bis 1922. Und sie scheitert nicht etwa am mangelnden literarischen Interesse der jugendlichen Ehefrau, Anita Berber schreibt durchaus gelegentlich Gedichte, sondern daran, dass sie sich anderweitig verliebt. Und zwar in eine Frau: Susi Wanowski.[53]

Vermutlich haben sich die beiden in der Bar kennengelernt, die Susi Wanowski in Berlin betreibt. Ein angesagtes Nachtlokal, in dem ausschließlich Damen verkehren. Es ist noch brandneu und heißt *La Garçonne*, wie der Roman des Franzosen Victor Margueritte, in dem eine junge Frau allen bürgerlichen Idealen von Ehe und Familie Adieu sagt und beschließt, sich künftig nach Kräften zu vergnügen – und zwar mit Männern und mit Frauen.[54]

Der Roman sorgt 1922 in Frankreich für einen Skandal und wird in Windeseile zum Welterfolg. Er rüttelt am traditionellen Frauenbild.

Die Damen lassen sich nun das Haar kurz schneiden wie die Heldin des Buchs.

Auch Anita Berber trägt den neuen Kurzhaarschnitt, der als Bubikopf in die Modegeschichte eingehen wird.

Und Jahre bevor Marlene Dietrich sich in Hollywood im Smoking ablichten lässt, tritt Anita Berber in Fritz Langs Film »Dr. Mabuse« im schmal geschnittenen Herrenanzug auf. Sie macht darin offenbar eine ebenso gute Figur wie in den Kleidern mit den tief sitzenden Taillen, die sie vorher als Model in den Frauenzeitschriften vorgeführt hat.[55]

Auch das ist die Berber. Lange, bevor Marlene Dietrich auf den Hosenanzug kam.

Vermutlich halten auch alle das Monokel, das sich die kurzsichtige Anita gelegentlich in ihre Augenhöhle klemmt, für ein modisches Accessoire.

In jedem Fall gibt es reichlich Nachahmerinnen. Inzwischen gilt es in Berlin als der letzte Schrei, sich »à la Berber« zu kleiden – und dabei die Grenzen zwischen den Geschlechterrollen zu verwischen.

Alle Augen richten sich auf sie, etwa wenn sie abends in der Garçonne-Bar auftaucht.

Ihre Liaison mit Susi Wanowski hindert Anita Berber nicht daran, mit anderen Frauen zu flirten.

Parallel zu alledem unterhält sie eine Beziehung mit ihrem Bühnenpartner, dem Tänzer Sebastian Droste, der seinerseits schwul ist oder bisexuell.

Sie schreibt sogar Gedichte für Droste:

»Ich sehne mich nach dir,
Mein schöner brauner Knabe
Nach deinen Augen die mich töten könnten«

Ihre »Sehnsucht«-Verse sind ebenso atem- wie interpunktionslos. Sie klingen nach leidenschaftlicher Beziehung, aber auch nach einer Beziehung, die Leiden schafft.

»Ich will zu dir zu dir ich könnte sterben
Für einen Blick aus deiner Augen Tiefe
Für einen Kuss für einen Biss von dir«[56]

Während Freundin Susi in liebevoller Strenge über die Gefährtin wacht und ihr schon mal die Flasche wegnimmt, wenn sie es mit dem Trinken übertreibt, ermutigt Droste sie noch. Er ist es auch, der Anita mit dem Kokain bekannt gemacht hat.

Über all das spricht Anita Berber nicht – schon gar nicht mit Journalisten, was sie natürlich umso interessanter macht.

So erscheint in *Cinema & Theater* eine Story über das Glamourpaar der deutschen Tanzbühne, ein Duo, das seine laszive Nackttanzbeziehung nun durch eine Hochzeit krönt.[57]

Bessere Werbung kann man sich nicht wünschen, wenn man die gemeinsamen Auftritte als Buch und Film vermarkten will.

MÄRZ 1923 – ÜBERLEBEN. ABER WIE?

Wie Anita Berber einen neuen Nacktfilm herausbringt. Warum das amerikanische Time Magazine Hugo Stinnes eine Titelgeschichte widmet, weshalb der Reichsbankchef den Ankauf eines neuen Anzugs verschiebt und Kurt Tucholsky Bankbeamter wird.

Am 1. März 1923 beschließt der Dichter **Kurt Tucholsky**, mit dem Dichten aufzuhören.[1]

Tucholsky? Aufhören? Nicht möglich!

Er ist ein noch nicht mal mittelalter Mann und einer, der mit seinen dreiunddreißig Jahren mehr Erfolge vorweisen kann als manch anderer in seinem ganzen Leben.

Bekannt gemacht hatte er sich ein Jahrzehnt zuvor mit »Rheinsberg. Ein Bilderbuch für Verliebte«, einem Mini-Roman über den Ausflug eines Berliner Paares in die Mark Brandenburg. Und weil das Liebesgeflüster der beiden gleich so typisch tucholskyhaft war – und das Paar unverheiratet –, wurde das Buch erst Salongespräch, dann ein Bestseller.[2]

Er schreibt sehr viel – so viel, dass er sich Pseudonyme wie Peter Panter, Kaspar Hauser und Theobald Tiger zulegt, damit nicht auffällt, dass er ein Blatt wie *Die Weltbühne* fast alleine füllt.

Es fällt natürlich doch auf.

Denn egal, über welches Thema und unter welchem Pseudonym Kurt Tucholsky schreibt, immer hat er diesen besonderen, fein ironischen Ton.

Er ist gefragt, auch anderswo, aber trotz der vielen Schreiberei, so findet er, kommt er auf keinen grünen Zweig.

Bei der *Weltbühne* zeigte man für seine Nöte wenig Verständnis.

Und so hatte Tucholsky im Herbst 1922 begonnen, sich nach einem anderen Broterwerb umzusehen.[3]

Kurt Tucholsky – Ironie als Waffe. Leben kann er davon nicht. Mit dreiunddreißig Jahren beginnt er als Volontär in einer Bank.

Tucholskys Biograf, Michael Hepp, wird später sagen, dass es nicht allein finanzielle Not war, die ihn zu diesem Schritt trieb, dass er außer Geldmangel noch andere Probleme hatte.[4]

In der jungen Weimarer Republik kommt es zum Konflikt – zwischen rechts und links, zwischen den Erneuerern und denen, die dem Kaiserreich hinterhertrauern.

Kritische Geister werden angefeindet, insbesondere wenn sie Juden sind. Den vom Kriegsbefürworter zum Kriegsgegner gewordenen Publizisten Maximilian Harden etwa hatten Freikorps-Soldaten im Sommer 1922 halb totgeprügelt.[5]

Und auch Tucholsky, der in der *Weltbühne* für Harden Partei ergriff[6], bekam darauf anonyme Anrufe und Drohbriefe: »Du dreckiger Judenjunge«, hieß es da, »Pass mal auf, wenn Du mal aus Deiner Redaktion kommst.«[7]

Tucholsky dichtet zunächst tapfer weiter. Es gibt ja viel zu kritisieren – gerade jetzt:

»Eine ganze Industrie
schluckt die dicken Gelder,
treibt die Preise hoch – denn sie
hat die Kohlefelder.
Sie kann schröpfen und sie schröpft,
euch, die Konsumenten;
von dem Geld, euch abgeknöpft,
zahlt sie die Agenten …
Presse, Kinos, süss gemischt
– Merkt ihr nischt?«[8]

Diese Verse schrieb er 1922 gemünzt auf Ruhrbarone wie Hugo Stinnes, die auf Pump investieren und in der Inflation immer (einfluss-)reicher werden, während andere unter der Geldentwertung leiden.

Aber während er all die Missstände anprangert, hat er mehr und mehr das Gefühl, dass er die Welt nicht besser machen kann.

»Ich habe Erfolg, aber ich habe keinerlei Wirkung«, konstatiert er in einem Brief an den Regisseur Hans Schönlank.[9]

»Kunst ist Überschuss – die Leute haben sich hier eigentlich immer nur aus Übermut mit geistigen Dingen beschäftigt. Das ist vorbei. Sie haben keine Butter, sie haben keine Zeit, sie haben keinen Kopf für unsereinen.«[10]

Dann sind da noch die persönlichen Nöte. 1920 hatte er sich mit Else Weil verheiratet, seiner Jugendliebe, dem Vorbild der kecken Medizinstudentin Claire aus »Rheinsberg«.[11]

Aber dann gab es auch noch Mary Gerold, eine blutjunge, blonde Baltin, die er im Krieg kennenlernte, in der Fliegerschule in Lettland, wo er als Schreiber eingesetzt war und sie als Ortskraft an der Kasse Dienst tat.[12]

Ein poetisches Techtelmechtel, das hauptsächlich in Briefen stattfindet, in denen sich die beiden Schreibenden – das Du oder Sie vermeidend – nur mit »Er« ansprechen. Ein Flirt, den er, wie es seine Art ist, zunächst neben ein oder zwei anderen Beziehungen unterhält – auch wenn er Mary Gerold die wunderbarsten Reime reimt.

Bis sich Mary in den Wirren der Nachkriegszeit nach Berlin durchschlägt, haben sich die beiden einander entfremdet, das findet zumindest Tucholsky.

Mary ist bitter enttäuscht.[13]

Doch schon nach kurzer Zeit bereut er die Ehe mit der anderen.

»Als Er von mir weggegangen war, heiratete ich nach einigen Umwegen. Lass Er mich darüber schweigen. Wie es geworden wäre, wenn Er bei mir gewesen wäre, weiß ich nicht«, schreibt er Mary im Juni 1922, die vertraute Anrede »Er« wieder aufnehmend.[14]

Tucholsky selbst ist zwar nicht halb so elegant wie seine Gedichte. Er ist ein untersetzter Mann mit leichtem Hang zum Doppelkinn – aber ein unverbesserlicher Schwerenöter.

Nun also beginnt er erneut, um Mary zu werben und sie mit Briefen, Blumen und Geschenken zu überhäufen.

Als er seinen Herausgeber, Siegfried Jacobsohn, im Herbst 1922 wieder einmal um mehr Geld bittet, erhöht dieser Tucholskys Autorenpauschale. Aber er erhöht sie nur ein wenig und findet, dieser solle sich damit zufriedengeben.

»Denn so, wie Sie die Dinge schildern, gibt's nur eine von zwei Lösungen: entweder Selbstmörder werden oder Schieber. Sie haben weder hierzu noch dazu Talent, und somit wird alles weitergehen. Je schwerer es wird, desto mehr wird man eben arbeiten«, so Siegfried Jacobsohn zu seinem Autor.[15]

Die Reaktion ist wenig sensibel, besonders der Hinweis auf Tucholsky fehlendes Talent als Selbstmörder. Später wird dessen Biograf herausfinden, dass Tucholsky zu dieser Zeit wohl gerade einen Suizidversuch hinter sich hat.[16]

Und mitnichten wird alles weitergehen wie bisher, denn das Geld verliert ja immer mehr an Wert.

Im März 1923 zahlt man für einen Laib Schwarzbrot 463 Mark und 50 Pfennige.[17]

Tucholsky hat schon Teile seiner Bibliothek bei einem Antiquariat in Kommission gegeben.[18]

Er braucht Geld!

Und so beschließt er, das Angebot eines befreundeten Bankiers anzunehmen.

Der heißt Hugo Simon.[19] Er ist Sozialdemokrat wie Tucholsky und war 1918 nach der Revolution für kurze Zeit preußischer Finanzminister.[20]

Inzwischen ist Hugo Simon wieder ins Bankgeschäft zurückgekehrt. Und so beginnt Tucholsky am 1. März 1923 als Volontär im Bankhaus Bett, Simon & Co.

»Ich gebe jene kümmerliche ›Freiheit‹ auf, die mir nichts mehr trägt – und ich fange noch ein Mal ganz von vorne an, in einem Leben, wo nichts gilt, was ich zehn Jahre hindurch exerziert habe«[21], schreibt er Mary.

Und wenn er sich bei Freunden ins Poesiealbum einträgt, dann unterschreibt er mit »kleiner aufgehörter Dichter«.[22]

******

Am 9. März 1923 kommt **Anita Berbers** Film ins Kino.[23] »Tänze des Lasters, des Grauens und der Extase« heißt er – wie das Buch, das sie in Wien mit der Fotografin Dora Kallmus gemacht hat.[24] Dummerweise ist auch der Film eine österreichische Produktion. Der Uraufführung in Wien kann die Hauptdarstellerin nicht beiwohnen, sie hat ja Einreiseverbot.[25]

Aber davon lässt sich Anita Berber die Laune nicht verderben. Unter dem Titel »Moderne Tänze« wird der Film schließlich auch in Berlin gezeigt, wo sie mit ihren Fans feiern kann.[26]

Sie ist so stolz: ein Film mit künstlerischem Anspruch – und mit ihr in der Hauptrolle!

Natürlich hat sie vorher schon vor der Kamera gestanden, ziemlich oft sogar.

Meist in Produktionen von Richard Oswald, einem österreichischen Regisseur und Drehbuchautor. Allesamt Aufklärungsstreifen und echte Publikumsmagnete, die ihren Kinostart im Ufa-Palast am Zoo feierten oder gegenüber im eleganten Marmorhaus am Kurfürstendamm.

Die Zensur hat dabei immer ein bisschen Ärger gemacht – zu viel Haut. Den zweiten Teil des »Tagebuchs einer Verlorenen« etwa hatte die Behörde 1918 erst mal verboten, sie nahm Anstoß an der Nähe zu Marquis de Sade.[27] Kurz darauf war der Krieg vorbei, alles wurde ein wenig lockerer, und so ist der Film dann schließlich doch noch gelaufen.[28]

Ufa-Palast am Zoo. Publikumsmagnet und bedeutendstes Uraufführungs-Filmtheater in Berlin.

Genau wie ein Jahr später »Die Prostitution«. Interessanterweise störten sich die Herren von der Zensur hauptsächlich am Titel. Anita Berber hat das gefallene Mädchen dann unter anderer Überschrift gemimt. »Das gelbe Haus« hat Oswald den Streifen schließlich genannt, das klang unverfänglicher.[29]

Im vergangenen Jahr lief nun Fritz Langs Film »Dr. Mabuse, der Spieler« an – in dem sie ebenfalls zu sehen ist. Leider nur in einigen Tanzszenen![30]

Eigentlich hatte sie sich mehr erhofft, wo der Film doch nicht nur die Geschichte des sinistren Seelendoktors und -verführers Mabuse erzählt, sondern auch der Verführung als solcher ein Denkmal setzt.

Doch Lang hat die Hauptrolle mit einer anderen besetzt: mit der blonden Norwegerin Aud Egede-Nissen, die sich mit jedem Hüftschwung schwertut.

So musste Lang alle Tanzszenen doubeln lassen – und landete bei keiner anderen als ihr, Anita Berber.[31] Hätte er einfacher haben können!

Ihre Fans sind nur der Tänze wegen ins Kino gegangen!

Natürlich waren einige von ihnen dann ein wenig enttäuscht, weil man nur einmal ihre Brüste sieht – als ihr nämlich beim Tanzen das schwarze Kleid wegweht.

******

Vom Wirken des **Rudolf Havenstein** wird der Nachwelt ein knapper Meter Akten erhalten bleiben und eine Anekdote aus der Zeit der Inflation, in der man den Reichsbankpräsidenten mit den Worten zitiert: »Ich wollte mir eigentlich einen neuen Anzug machen lassen, aber jetzt werde ich doch warten, bis die Teuerung vorbei ist.«[32]

Die Geschichte, wenn sie denn wahr ist, zeugt von zweierlei: von der guten Qualität der Havensteinschen Garderobe, die trotz anhaltender Teuerung Ersatz offenbar nicht vermissen lässt. Und von der Naivität eines Notenbankpräsidenten, der die Inflation »abwarten« will, obwohl doch er es in der Hand hat, sie abzustellen.

Vielleicht wurden ihm diese Worte aber auch nur in den Mund gelegt.

Von Menschen, die meinten, als Juristen fehle ihm der ökonomische Sachverstand, um die Währung stabil zu halten.

Es gibt allerdings auch solche, die weniger am Können als am Wollen Havensteins zweifeln.

Vielleicht ist es ja ein bisschen von beidem.

Fakt ist, dass Havenstein sich unter Hinweis auf die begrenzten Reserven der Reichsbank das ganze Jahr 1922 über geweigert hatte, diese einzusetzen, um den fallenden Kurs der Mark zu stützen, und dass er es im Frühjahr 1923 dann doch tut.[33]

Er verkauft Gold und Devisen aus den Tresoren der Reichsbank. Und schafft es, den Wechselkurs in die richtige Richtung zu bewegen: von 41 500 Mark für einen Dollar am 1. Februar auf 21 000 Mark am 7. März.

Der Außenwert der Mark steigt. Dadurch werden die Importe billiger.

Auch im Inneren zieht Havenstein die Zügel an:

»Wünschen bis auf Weiteres äußerste Zurückhaltung bei Kreditgewähr«, ließ Havenstein am 10. Februar an alle Reichsbankfilialen telegrafieren. »Ablehnt tunlichst Kredite für Devisenbeschaffung. Neue Diskontkunden abweisen. Alten Diskontkredit möglichst nicht erhöhen.«[34]

Seither gibt die Reichsbank weniger Kredite an die Banken. Und die geben weniger Kredite an die Kunden.

Wenn die Geldmenge in einem Land schneller wächst als die Menge der Güter, dann steigen die Preise. Eine ausufernde Geldmenge durch Kreditbeschränkungen zu begrenzen, gehört daher zu den Klassikern der Inflationsbekämpfung.

Ebenso ist es die klassische Aufgabe einer Zentralbank, an den Devisenmärkten zu intervenieren.

Der Jurist Rudolf Havenstein kennt die Instrumente aus dem Werkzeugkasten der Ökonomie. Und er setzt sie ein.

Doch das reicht nicht aus. Die Preise steigen weiter.

******

Am 17. März 1923 erscheint das amerikanische *Time Magazine* mit einem bärtigen Mann auf dem Titel. Der Mann schaut äußerst entschlossen unter den dunklen Brauen hervor, seine Augen scheinen den Betrachter fast zu durchbohren.

Der Mann ist **Hugo Stinnes.**[35]

Ein Kaufmann aus Mülheim an der Ruhr auf dem Titel eines New Yorker Nachrichtenmagazins?

Das Heft ist erst seit Kurzem auf dem Markt, seit drei Ausgaben, um genau zu sein. Und in einer davon hatte es den amerikanischen Präsidenten auf dem Cover. Eigentlich könnte Stinnes sich also geschmeichelt fühlen.

Allerdings ist der Artikel ziemlich kritisch. Nicht nur, weil er das finstere Titelbild mit dem Satz kommentiert: »Hugo Stinnes, so lange schon Herr über den Koks, dass er selbst dessen Aussehen angenommen hat.«[36] Die amerikanischen Journalisten schreiben auch, Stinnes sei ein »Kohle-König«, der nun nach der »Kaiserkrone« strebe: nach noch größerer Macht beim Stahl.

Man bezichtigt Stinnes des doppelten Spiels.

Unter der Maske des Patriotismus, so schreibt das Magazin, wiegele er die Deutschen gegen Frankreich auf. Und während das Volk im Boykott gegen die Soldaten Hunger litte, so der Vorwurf, verhandele er in eigener Sache mit der französischen Stahlindustrie.

»Der Patriotismus ist nur ein Vorwand für seine persönlichen Ambitionen.«[37]

Stinnes strebe »durch die Hintertür ein Abkommen mit dem französischen Hüttenverband« an, heißt es da. Er bewege sich im »Niemandsland der internationalen Politik«.[38]

Dieser Artikel kommt Hugo Stinnes natürlich denkbar ungelegen.

Ja, er hat den einen oder anderen Kontakt nach Frankreich. Aber woher, um Himmels willen, wissen das die Schreiberlinge auf der anderen Seite des Atlantiks?

Eigentlich sollte Stinnes mehr Zutrauen zu journalistischer Arbeit haben. Schließlich ist er selbst Verleger.[39]

1920 hat er die konservative *Deutsche Allgemeine Zeitung* gekauft. Die *DAZ* war einst Bismarcks Hauspostille und wurde zu einem der führenden konservativen Blätter der Republik. Staatstragend, aber defizitär. Daher sicherte Stinnes' Einstieg in Zeiten der Papier- und sonstigen Knappheit das Überleben der Zeitung.

Im Sommer 1922 übernahm Stinnes dann noch die protestantische *Tägliche Rundschau*. Die beiden konservativen Blätter ergänzen sich gut: Die *Rundschau* hat ihren Schwerpunkt in der Innenpolitik, die *Deutsche Allgemeine Zeitung* in der Außenpolitik.[40]

So ergeben sich natürlich auch immer mal wieder Kontakte.

Am 26. März etwa bekommt der Pariser Korrespondent der *DAZ*, Werner Sinn, das Angebot, ein Interview mit einem Mitglied des Auswärtigen Ausschusses der französischen Abgeordnetenkammer zu führen, mit einem Mann namens Lazare Weiller. Es stellt sich heraus, dass das Gespräch gar nicht zur Veröffentlichung gedacht ist, sondern als Botschaft an den Ruhrbaron. Der Franzose lässt ausrichten, man wolle die Gegensätze zwischen den beiden Ländern überbrücken – und zwar mit Hilfe von Hugo Stinnes.[41]

Man wolle das »Ruhrabenteuer liquidieren«, sagt der französische Außenpolitiker und nennt auch die Voraussetzungen dafür:

»Deutschland zahlt 25 Milliarden Goldmark Reparationen an Frankreich und ferner fünf Milliarden an Belgien und Italien«, so der Außenpolitiker.[42]

Gedacht sei an einen Schatzwechsel des Deutschen Reiches, der – um der Sache Glaubwürdigkeit zu verleihen – »die Unterschrift des Herrn Stinnes und eventuell auch noch die einer dritten Seite aufweisen soll«.

Danach werde man das Ruhrgebiet räumen.

Der Paris-Korrespondent fährt nach Berlin, um seinem Verleger all das getreulich zu übermitteln. Kaum ist er in der Redaktion angekommen, klingelt dort schon das Telefon. Am anderen Ende der Leitung ist die französische Botschaft. Ein ungeduldiger Diplomat will wissen, wann man eine Antwort auf das Angebot erwarten dürfe.[43]

Doch Stinnes muss ja erst mal eine Chance haben, darüber nachzudenken.

Immerhin, die Sache klingt schon mal besser als der Vorschlag, den die französische Industrie jüngst gemacht hat. Die knüpfte den Frieden an eine sechzigprozentige Beteiligung an der deutschen Schwerindustrie.[44]

Das wäre natürlich völlig inakzeptabel, wenn sich die Deutschen nicht umgekehrt an den französischen Montankonzernen beteiligen dürften – das hat Stinnes gleich klargestellt.

Von diesem neuen Vorschlag der Franzosen dagegen fühlt er sich geschmeichelt, wenngleich ihm die Rolle als Garant des Friedensschlusses nicht ganz geheuer ist.

Er lässt seinen Paris-Korrespondenten ausrichten, er halte die Vorschläge für interessant, »obschon ich zu einem Teil die Projekte, so wie vorgesehen, nicht für durchführbar halte. Die mir persönlich zugewiesene Rolle erscheint mir reichlich phantasievoll und müsste der Wirklichkeit entsprechend reduziert werden«, so Stinnes ganz bescheiden.[45]

Wie gesagt, er braucht Bedenkzeit.

Denn während sein Paris-Korrespondent den Kontakt zu den Herren vom Auswärtigen Ausschuss hält, erwartet Stinnes den Besuch eines anderen Franzosen.

Ein Mitglied der Reparationskommission hat sich bei ihm angesagt: Émile Haguenin.

Hugo Stinnes will erst einmal hören, was der zu sagen hat.[46]

Und bevor Stinnes als Privatdiplomat tätig wird, muss er herausfinden, wer von all den selbst ernannten Außenpolitikern in Paris überhaupt Prokura hat.

Er selbst macht auch Meldung in Berlin.[47]

Schon des guten Tons wegen hält er das Kabinett auf dem Laufenden über all die Avancen, die man ihm macht. Schließlich will sich Hugo Stinnes nicht nachsagen lassen, er bewege sich »im Niemandsland der internationalen Politik«, wie das diese amerikanischen Journalisten in der Titelgeschichte des *Time Magazine* so frech formulierten.[48]

APRIL 1923 – DIE LAGE AN RHEIN UND RUHR SPITZT SICH ZU

Wie Käthe Kollwitz einen Ausflug macht und ein Deutscher in Paris der Londoner Times ein Interview gibt. Wie Anita Berber im Berliner Hotel Esplanade alle Blicke auf sich lenkt, während der Hotelbesitzer, Hugo Stinnes, dort seine Geschäfte anbahnt – und was Rudolf Havenstein über diese Geschäfte denkt.

Im April 1923 tanzt **Anita Berber** in Berlin.[1]

Sie gibt die Astarte, die Kriegs- und Liebesgöttin des antiken Morgenlandes. Krieg und Liebe, das trifft die Gemütsverfassung von Anita Berber.

Sie sieht verführerisch aus.

Sie trägt einen Paillettenumhang und auf dem Kopf eine eng anliegende Glitzerkappe, die mit wippenden Federn und Perlenschnüren verziert ist.[2]

Und wenn sie im Takt der Musik von Peter Tschaikowski dem Publikum entgegenschreitet, wenn sie langsam den Umhang über ihre Schultern gleiten lässt, sieht man, dass sie – außer Pailletten, Perlen und Schmuck – wenig am Leibe trägt.

Drei glitzernde Dreiecke bedecken ihre Brust und die Scham – abgesehen davon ist sie nackt. Denn auch die Astarte, die im antiken Syrien für Fruchtbarkeit sorgen sollte, war zumeist unbekleidet.

Ob die Göttin dabei einen Smaragd in ihrem Nabel trug – wie Anita bei ihren Auftritten[3] –, lässt sich aufgrund des schlechten Zustands der alten Statuen nicht mehr zweifelsfrei feststellen.

Aber für die Perlen, die sich in schimmernden Spiralen an ihren Oberarmen hochwinden, gibt es eine Entsprechung: Astarte war Himmels- und Liebesgöttin, Herrin über Tod und Wiedergeburt – und über die Schlangen.

So gleichen auch die Blicke, die Anita Berber unter ihren dichten Wimpern aussendet, denen einer Schlangenbeschwörerin.

Die Zuschauer folgen ihren geschmeidigen Bewegungen wie gebannt. Sie halten den Atem an. Sie sind wie hypnotisiert. Sie werden erst aus ihrer Trance erwachen, wenn sie den Befehl dazu gibt.

Anita Berber hat ihr Publikum fest in der Hand.

Eine lange, tiefe Verbeugung, dann brandet der Applaus los.

Und dabei geht es nicht nur um den Tanz. Es geht auch um Moral beziehungsweise den Abschied von derselben. Es geht um Freiheit – vielleicht auch um Emanzipation. Auf jeden Fall um Freizügigkeit.

Anita Berber als Astarte.

Sie lache mit ihrem Auftritt alle Männer aus, wird der Choreograf Josef Jenčík in einer Studie schreiben, die er 1930 über die Tänzerin verfasst:

»vor allem die dummen, die sie übereinstimmend und monopolhaft zu ihrer Geliebten erklärten. Sie lachte auch über die Frauen, die meinten, Anita sei eine begeisterte Anhängerin des Kultes von Lesbos. Sie war nichts und gehörte niemandem. Sie gehörte sich selbst.«[4]

Doch Anita Berbers Einfluss reicht weit über die Bühne hinaus.

»Verderbte Bürgermädchen kopierten die Berber, jede bessere Kokotte wollte möglichst genau wie sie aussehen«, schreibt Klaus Mann über sie.[5]

Der älteste Sohn des Dichters Thomas Mann, der sich später selbst als Schriftsteller betätigen wird, läuft Anita Berber achtzehnjährig in Berlin über den Weg – und blickt in eine Künstlerwelt, die so ganz anders ist als der Villenhaushalt, in dem er groß wurde: entfesselte Boheme statt gediegener Großbürgerlichkeit:

»Man tanzte Foxtrott, Shimmy, Tango. Man tanzte Hunger und Hysterie, Angst und Gier, Panik und Entsetzen. Anita Berber – das Gesicht zur grellen Maske erstarrt unter dem schaurigen Gelock der purpurnen Coiffure – tanzte den Koitus. Ein geschlagenes, verarmtes, demoralisiertes Volk sucht Vergessen im Tanz.«[6]

Weniger milde urteilt der österreichische Schriftsteller Stefan Zweig. Er hält es für totale Zügellosigkeit, was er 1923 in der deutschen Hauptstadt beobachtet:

»Berlin verwandelte sich in das Babel der Welt. Eine Art von Irrsinn ergriff im Sturz aller Werte gerade die bürgerlichen, in ihrer Ordnung bisher unerschütterlichen Kreise. Aber das Widerlichste an dieser pathetischen Erotik war ihre grauenhafte Unechtheit.«[7]

Doch das alles hat auch ganz reale Ursachen.

Viele junge Männer sind im Krieg geblieben, das schmälert die Aussicht der jungen Frauen, einen Ehemann zu finden. Und was die Hoffnung auf eine Eheschließung fast genauso beeinträchtigt, ist die Inflation.

Eigentlich ist es üblich, dass ein Mädchen erst dann heiratet, wenn ihre Familie das Geld für die Mitgift parat hat. In manchen Familien wird vom Zeitpunkt der Geburt an Geld für diesen Zweck beiseitegelegt – doch gerade macht die Inflation alle Ersparnisse zunichte.[8]

Wozu also sich selbst aufsparen?

Keuschheit zahlt sich nicht mehr aus.

Schon gar nicht für Anita Berber.

Ihr leicht bekleideter Auftritt als Astarte katapultiert sie in Berlin ganz nach oben.

Schließlich findet er nicht irgendwo in einem verrauchten Künstlerlokal oder einem experimentellen Tanztheater statt, sondern zwischen Sandstein, Stuck und dicken Teppichen – im Grandhotel Esplanade.

Das Esplanade ist das Hotel, in dem der Kaiser einst Herrenabende und Hofbälle abzuhalten pflegte. Auf seinen Wunsch hin wurde das Hotel 1908 überhaupt erst errichtet – und zwar mit Hilfe der Fürsten Christian Kraft zu Hohenlohe-Öhringen, Max Egon zu Fürstenberg und Guido Henckel von Donnersmarck.[9]

Von Blaublütern für Blaublüter.

Dass Wilhelm II. nach dem Debakel des Ersten Weltkriegs nicht mehr zum Skatspielen ins Esplanade einkehrt, tut dem Nimbus des Hotels keinen Abbruch.

Kaisersaal im Hotel Esplanade. 1912 waren die Alt-Herren noch unter sich.

Selbst die schwere Zerstörung im Zweiten Weltkrieg schafft dies nicht.

Denn nur der Kaisersaal und ein paar Nebengelasse werden die Bomben der Alliierten überstehen.

Doch allein der Name und die Erinnerung an die alte Größe in den 1920er-Jahren reicht, um den ersten Modenschauen der Nachkriegszeit Glamour zu verleihen. Und den Misswahlen, die die Berliner in den 1950ern in der notüberdachten, von Nesseln umwucherten Ruine abhalten – mitten im Niemandsland zwischen Ost und West.

In den Siebzigern dann dient der Saal als Kulisse für den Film »Cabaret«, der versucht, das Berlin kurz vor der Machtergreifung der Nationalsozialisten noch einmal auferstehen zu lassen. Mit Liza Minnelli in der Rolle der Sally Bowles, die ihr den Oscar als beste Hauptdarstellerin beschert. »Come hear the music play, life is a Cabaret ...«[10]

Das Hotel Esplanade, erbaut auf Wunsch des Kaisers, gehört nun Hugo Stinnes.

In den Achtzigern wird Wim Wenders dort Teile seines Films »Himmel über Berlin« drehen. Im Kaisersaal trifft die Hauptfigur, der Engel Damiel, gespielt von Bruno Ganz, eine junge Trapezkünstlerin, verliebt sich und entsagt für sie der Unsterblichkeit.

Nach dem Fall der Mauer kauft der japanische Sonykonzern das Grundstück, lässt die Ruine auf ein Luftkissen setzen und sie um 75 Meter verschieben. Bei der Renovierung wird unter vielen Farbschichten das Wandbild Wilhelms II. wieder zum Vorschein kommen. Und um den alten Kaiser lässt Stararchitekt Helmut Jahn einen hypermodernen Kino- und Kommerzpalast in die Höhe wachsen: das Sony-Center am Potsdamer Platz.

Aber das alles passiert erst viel später.

Im Jahr 1923 gehört das Hotel Esplanade noch Hugo Stinnes.

******

Hugo Stinnes ist im Grunde seines Herzens ein häuslicher Mensch. Einer, dem es – wie wir wissen – körperliche Beschwerden verursacht, immer unterwegs zu sein und ständig auswärts zu essen. Die Geschäfte bringen das zwar oft mit sich. Aber, so findet Stinnes, wenn er schon in einem Hotel übernachten muss, dann wenigstens in einem eigenen. Im Esplanade zum Beispiel.

Gerade jetzt logiert er dort oft.

Hat er den aufsehenerregenden Auftritt der Berber miterlebt?

Vermutlich nicht.

Mag sich die Welt da unten im Saal amüsieren – je mehr, desto besser fürs Geschäft –, aber bei Stinnes in Etage drei wird stramm gearbeitet. Er hat fast das ganze Stockwerk für sich reserviert: Eine Suite nutzt er als Büro, in der zweiten wohnt er, in der dritten bringt er die Sekretärinnen unter, die jeweils mit ihm reisen, und eine vierte steht für seine Gäste bereit.[11]

Einmal hatte er einen amerikanischen Journalisten zu Besuch, von der *Saturday Evening Post* aus Philadelphia – und hat es hinterher schwer bereut.

Denn prompt schrieb der Reporter, Stinnes sei eine »menschgewordene Registrierkasse, die ununterbrochen arbeitet«.[12]

Und Dutzende Zeitungen in Amerika und England haben es nachgedruckt![13]

Bei Licht besehen, hatte der Mann ja vielleicht gar nicht so unrecht. Gerade jetzt wieder arbeitet Stinnes rund um die Uhr. Und seit das Geld jeden Tag an Wert verliert, rechnet er auch immerzu.

Und verhandelt – mit den Banken zum Beispiel. Denn in Zeiten der Geldentwertung investiert man am besten auf Kredit. Bis der fällig ist, hat man ein Vielfaches verdient, weil die Preise gestiegen sind – so zahlen sich die Schulden fast von selbst zurück.

Eigenes Geld darf man ebenfalls auf keinen Fall bar herumliegen lassen. Ein kluger Geschäftsmann wie er ist daher immer auf der Suche nach Kaufgelegenheiten. Wann immer Geld in die Kasse kommt, wird es so schnell wie möglich investiert: in Kohleminen, Kraftwerke, Maschinenfabriken, Schiffswerften, Wälder, Ackerflächen, Häuser – und Hotels.

Am Esplanade schätzt Stinnes vor allem die Küche. Immer wenn er in Berlin zu tun hat, isst er dort Rindfleisch mit Meerrettich.[14]

Wenn er in einer seiner Redaktionen nach dem Rechten sieht etwa. Oder wenn er seiner Partei einen Besuch abstattet. Gerade ist er bei Gustav Stresemann, dem Vorsitzenden der DVP, gewesen, um ihm zu sagen, was er von der Wirtschaftspolitik der Regierung hält: nichts! Und dabei ist die DVP doch Teil der Regierung.[15]

Wenn man den Wechselkurs der Mark stärkt, mag das die Importe verbilligen, aber für die Exporte ist es Gift. Die deutschen Waren sind bei diesem Wechselkurs fürs Ausland zu teuer. Und Stinnes ist nicht mehr konkurrenzfähig.

Stresemann hat sich das angehört. Aber es ist nichts passiert!

Bei solchen Gelegenheiten braucht Stinnes dringend ein Stück Rinderbrust!

Oder auch, wenn er im Reichswirtschaftsrat zu tun hat.[16]

Der Reichswirtschaftsrat ist eine Art runder Tisch, an dem Arbeiter und Fabrikanten zusammensitzen, um über Politik zu reden. Eigentlich hat Stinnes für solche Debattierkreise gar keine Zeit. Ein notwendiges Übel, eingeführt als Zugeständnis ans Proletariat, in der Zeit direkt nach dem Krieg, als die Arbeiterräte das Ruder übernehmen wollten.

Eigentlich, so der Plan damals, sollte aus dem Rat ein Wirtschaftsparlament mit legislativen Vollmachten werden. Aber für echte Politik ist so ein 300-Mann-Gremium, viele davon Arbeiter – also Laien –, dann doch zu schwerfällig. Und so hat man den hochfliegenden Plänen der Linken in der Praxis ein wenig die Flügel gestutzt.

Manchmal findet Stinnes die Treffen aber auch ganz nützlich, weil man dort den Arbeitern die Perspektive der Arbeitgeber vermitteln kann. Von Angesicht zu Angesicht kommen manche Botschaften einfach besser an.

Schon Ende vergangenen Jahres hat er die Herren Arbeiter mit der Idee vertraut gemacht, dass, falls die Franzosen Ernst machten mit den Reparationen, nicht nur das Kapital, sondern auch die Arbeiterschaft Opfer bringen müsse.

Die Arbeitszeitverkürzung, die sie nach dem Krieg erstritten, könne man zwar »dem Grundsatz nach beibehalten«, hat er im Reichswirtschaftsrat gesagt, aber Acht-Stunden-Tag hin oder her, für zehn bis fünfzehn Jahre müsse trotzdem mehr gearbeitet werden:

»Menschenskinder, man kann keinen Krieg verlieren und zwei Stunden weniger arbeiten wollen; das geht nicht«, hat er den Klassenkämpfern gesagt. »Ihr müsst arbeiten und noch einmal arbeiten und immer wieder arbeiten.«[17]

Die anderen Unternehmer sehen das übrigens genau wie er.

Die Gewerkschafter aber waren darüber einigermaßen entrüstet. Sprachen von Wortbruch. Warfen ihm vor, er wolle den Pakt brechen, den er selbst mit dem Gewerkschaftschef Carl Legien geschlossen habe.[18] Mutmaßten gar, das Stinnes-Legien-Abkommen sei von Anfang an nur ein Trick gewesen, um die Arbeiterschaft ruhigzustellen, damals im November 1918, als die Zeichen in Deutschland auf Revolution standen.[19]

Glücklicherweise tagt der Reichswirtschaftsrat nur einen Steinwurf vom Esplanade entfernt.

So kann sich Stinnes nach dem langen Gerede zumindest ein Stück Rinderbrust gönnen.

Manchmal trinkt er dort abends auch ein Gläschen mit Leuten, mit denen er tagsüber ein dickes Brett gebohrt hat.

Nie im Leben wird er vergessen, wie er im Juni 1922 mit Walther Rathenau in der Bar saß – in der Nacht, die, wie sich später herausstellte, die letzte in Rathenaus Leben sein sollte.[20]

Den ganzen Tag über war es um die Kohle gegangen. Die war ja wegen der Reparationslieferungen an die Franzosen schon damals so knapp, dass man begann, englische Kohle zu importieren, um den Bedarf in Deutschland noch decken zu können.

Kostet natürlich Devisen, so was. Weshalb die Bürokraten in Berlin es sich doch tatsächlich einfallen ließen, die Einfuhr zu beschränken, und er, Stinnes, an diesem Tag stundenlang im Kabinett antichambrieren musste, um das wieder rückgängig zu machen. Unfassbar! Wegen der Devisensache die Stilllegung der deutschen Hochöfen zu riskieren …

Am Ende hat er den Wirtschaftsminister – und Sozialdemokraten – Robert Schmidt dann aber doch überzeugen können.

Rathenau, damals gerade ein paar Monate Außenminister, war zum Glück auf seiner Seite. Als AEG-Erbe verstand der ja genug von Wirtschaft, um zu wissen, was auf dem Spiel stand. Sie arbeiteten in dieser Sache Hand in Hand.[21]

Ein ganzer Tag im Dienst der Kohle. Es war schon weit nach Mitternacht, als ihn Rathenau zum Hotel begleitete, sie genehmigten sich dann noch einen Absacker – keine Selbstverständlichkeit, denn er und Rathenau hatten in den Jahren zuvor auch immer wieder sehr gegensätzliche Positionen vertreten.

Dass Rathenau nach dem Krieg in der Sozialisierungskommission mitwirkte, hat Stinnes ihm wirklich übel genommen. Es war ihm völlig unverständlich, wie Rathenau als Unternehmer ernsthaft über die Vergesellschaftung von Unternehmen nachdenken konnte.[22]

Umgekehrt hat Rathenau ihm nie den Streit bei der Konferenz von Spa im Juli 1920 verziehen. Dabei hatte er, Stinnes, sich ja keinesfalls um die Teilnahme an diesem Treffen mit den Siegermächten gerissen. Man hatte ihn, den Mann der Wirtschaft, unbedingt dabeihaben wollen. Aber als er dann sagte, was der ökonomische Sachverstand gebot, nämlich dass Deutschland unmöglich so viel

Kohle liefern konnte, wie die Franzosen forderten, war es den Beteiligten auch wieder nicht recht.[23]

Walther Rathenau, der auch zugegen war, warf ihm sogar vor, er wolle mit seinen Reden eine Ruhrbesetzung provozieren, um seine Besitztümer vor dem Bolschewismus zu bewahren.

Rathenau trat den Franzosen gegenüber nachgiebiger auf und brachte die Mehrheit der Delegation hinter sich, weshalb sich die Deutschen am Ende tatsächlich brav den Alliierten fügten.

Stinnes war stinksauer. Er bekam einen richtigen Wutanfall!

Schuld an alledem war Rathenau mit seinem übertriebenen Hang zur Diplomatie! Der hat ja in seiner Jugend schon von einer Karriere im Auswärtigen Amt geträumt.[24]

Oft haben er und Rathenau darüber gestritten, ob ein Unternehmer ein Ministeramt annehmen sollte – auch an jenem Abend noch. Rathenau pflegte dann lachend zu entgegnen, einer müsse die politische Arbeit schließlich tun.[25]

Stinnes hielt auch nicht damit hinter dem Berg, dass es Rathenau seiner Meinung nach an der nötigen Bürgerlichkeit fehlte.

»Lieber Rathenau«, hat er ihm immer wieder gesagt, »um einen Mann aus Ihnen zu machen, so wie es Ihre politische Stellung fordern würde, müssten Sie eigentlich einen Haushalt haben, wofür Sie arbeiten, und müssten Sie auch noch auf andere Art als aus ästhetischem und ethischem Interesse sich für etwas anderes interessieren.«[26]

Dass Rathenau mit Mitte fünfzig noch unverheiratet war und für seine Reichtümer keinen anderen Erben vorgesehen hatte als seine Heimatstadt Berlin – das wollte einem Familienmenschen wie Stinnes nicht in den Kopf.

»Ich habe ihm geraten, jetzt noch eine Witwe mit sechs Kindern zu heiraten, während ich hinzufügte, dass es ihm, um selbst sechs Kinder zu bekommen, an praktischer Vitalität mangelte«, so Stinnes.[27]

Diese Ratschläge hat Walther Rathenau nicht beherzigt. Abgesehen davon sind die beiden sich aber einig in jener Nacht im Hotel Esplanade.

Bis vier Uhr zechen sie. Am nächsten Morgen, es ist ein Samstag, bricht Walther Rathenau gegen elf Uhr von seinem Haus im Grunewald ins Außenministerium auf.

Er fährt einen Wagen aus eigener Produktion, ein Auto mit Elektroantrieb, das die AEG seit einigen Jahren südöstlich von Berlin herstellt. Das Werk in Oberschöneweide, das den patriotischen Namen »Nationale Automobilgesellschaft« trägt, kommt kaum nach mit der Produktion. Die Luxuskarossen sind zwar etwas störanfällig und ziemlich teuer, was aber für ausländische Kunden umso weniger eine Rolle spielt, je schwächer die deutsche Mark notiert.[28]

Am Morgen des 24. Juni 1922 sind ein paar Wolken am Himmel,[29] aber so wenige, dass Rathenaus Chauffeur das Verdeck des Cabriolets geöffnet hat.[30] Sie sind noch nicht weit gekommen in ihrem schnittigen E-Auto, da werden sie von einem anderen Cabrio überholt. Darin sitzen drei junge Männer: Einer lenkt, ein zweiter feuert mit einer Maschinenpistole, und der dritte wirft eine Handgranate in das Auto des Außenministers.

Außenminister Walther Rathenau in seinem Auto, in dem er von den tödlichen Kugeln getroffen wird.

Wenige Minuten später ist Walther Rathenau tot.

Wie sich später herausstellt, stammen die Attentäter aus dem ultrakonservativen Umfeld des Marineoffiziers Hermann Ehrhardt, der 1920 schon zu den Hauptakteuren des Kapp-Putsches gehörte. Sie versuchten damals den Staatsstreich, um nach der Novemberrevolution von 1918 ein für alle Mal mit den linken Umtrieben aufzuräumen.[31]

Ein Generalstreik brachte den Putsch nach wenigen Tagen zum Scheitern. Danach wird die sogenannte Marinebrigade Ehrhardt aufgelöst, doch die Sympathisanten haben sich erneut zusammengetan, diesmal unter dem Namen Organisation Consul.[32]

Sie hassen alles, was nicht in ihr Weltbild passt. Und ein homosexueller, jüdischer Außenminister, der den Alliierten Zugeständnisse macht, ist für Radikale, die an eine jüdische Weltverschwörung glauben, als Zielscheibe geradezu perfekt.

Dass der Jude Rathenau als deutscher Patriot im Krieg die Rohstoffversorgung des Militärs organisiert hatte und sich am Ende lange nicht mit dem Waffenstillstand anfreunden konnte – das übersahen sie in ihrem Eifer. Und ebenso entging ihnen, dass der Außenminister, den sie als »Erfüllungspolitiker« beschimpften, gerade im Begriff war, gegen die Alliierten aufzubegehren, als sie ihn ermordeten.[33]

Von den drei Tätern wird einer bei der Verfolgung erschossen, ein zweiter erschießt sich selbst, dem dritten – er war allerdings nur der Fahrer des Autos – wird schließlich der Prozess gemacht.

Kurz vorher hat die Organisation Consul einen Anschlag auf den Sozialdemokraten Philipp Scheidemann versucht. Und auch der Mord an Matthias Erzberger von der Zentrumspartei geht auf ihr Konto.

Beim Attentat auf den Außenminister aber kommt plötzlich Angst auf. Als Rathenau tot in seinem Wagen liegt, macht sich Panik breit. Auch an den Märkten. Der Kurs der Mark fällt. Die Preise steigen. Schneller als im Krieg.

Nach diesem Attentat schreckt auch die Politik auf und erlässt in aller Eile ein Republikschutzgesetz, das es ermöglicht, verfassungsfeindliche Organisationen zu verbieten.

Die Radikalen gewinnen aber trotzdem an Einfluss.

»Unser deutsches Vaterland geht schweren Zeiten entgegen«, schreibt Stinnes wenige Tage nach Rathenaus Tod in einem Brief an den Bankier Max Warburg.[34]

******

Am 13. April 1923 erscheint in der *Londoner Times* ein Interview, das die Diplomaten in Berlin und Paris für den Rest des Jahres in Atem halten wird.

Ein Deutscher hat das Interview gegeben. In Paris.

Es geht darum, ob das Rheinland Teil Deutschlands bleiben oder, wie in dem Gespräch mit der *Times* vorgeschlagen, eine unabhängige Rheinische Republik werden solle. Ein Protektorat Frankreichs.

Die Regierung in Paris solle sich endlich äußern, ob sie die Unabhängigkeitsbestrebungen unterstütze, fordert der Deutsche. Die Rheinische Republik werde in diesem Fall ihren Anteil an den Reparationen übernehmen, so verspricht er, und »alle Forderungen mit überraschender Schnelligkeit bezahlen«.[35]

Bei der deutschen Botschaft in London wird das Interview noch am Erscheinungstag übersetzt und nach Berlin gekabelt.[36]

Im Auswärtigen Amt ist man außer sich.

Da stellt einer die deutsche Außengrenze zur Disposition – auf dem Zenit der Ruhrkrise und nur wenige Tage bevor Deutschland wieder mit den Besatzungsmächten im Rheinland um Reparationen ringen muss.

Der selbst ernannte Außenpolitiker heißt **Hans Adam Dorten**. Er ist kein Unbekannter. Er hat 1919 schon einmal versucht, eine Rheinische Republik auszurufen – und sich eine Klage wegen Hochverrats eingehandelt.[37]

Dorten ist einer jener Rheinländer, die sich nie damit abfinden konnten, dass ihre katholische Heimat seit 1815 von protestantischen Preußen regiert wird.[38]

Sentimental blicken sie zurück auf die Zeit vor dem Wiener Kongress. Und die Soldaten, die Napoleon einst ins Rheinland schickte, wollen ihnen im Rückblick fast wie Freunde erscheinen – die preußischen Beamten dagegen wie Besatzer.

Es gibt tatsächlich viele preußische Beamte im Rheinland, laut einer Statistik aus dem Jahr 1922 stammen rund 47 Prozent der Staatsdiener aus Altpreußen – bei der Polizei sogar 54 Prozent.[39]

Man muss sich also anstrengen, wenn man als Rheinländer im rheinischen Staatsdienst was werden will.

Es spricht für den in Bonn geborenen Dorten, dass er trotzdem einen schnellen Aufstieg hinlegt: Jurastudium in Heidelberg, München und Bonn. Promotion in Leipzig. Dazu diverse Auslandsaufenthalte.[40] Der Lebenslauf zeigt einen weltläufigen Menschen, der was vorhat im Leben.

Mindestens ebenso ehrgeizig wie der drahtige Mann mit dem Monokel[41] ist seine Gattin Johanna.[42] Unter seinen Kollegen gilt die fast zehn Jahre ältere, wohlhabende Witwe eines Bauunternehmers sogar als treibende Kraft hinter Dortens Aktivitäten.[43]

Hans Adam Dorten – überzeugter Katholik und Verfechter einer Rheinischen Republik.

Und so beginnt er seine juristische Laufbahn zwar in der Provinz, arbeitet sich aber schnell hoch zur Staatsanwaltschaft in Düsseldorf. Eine weitere Beförderung ist ihm in Aussicht gestellt: Er soll Staatsanwalt in Berlin werden.

Doch erst kommt der Krieg dazwischen, dann die Politik.

Im November 1918, als die Arbeiter- und Soldatenräte in Berlin das Ruder übernehmen und Dorten fürchten muss, dass seine Heimat bald nicht mehr von Protestanten, sondern – schlimmer noch – von gottlosen Bolschewiken regiert wird, da habe er es für seine »heilige Pflicht gehalten, die Gesundung Deutschlands durch Schaffung eines Friedensstaates am Rhein herbeizuführen«, wird er später erzählen.[44]

Er ist nicht der Einzige, der sich Sorgen macht: Auch Abgeordnete und Bürgermeister der katholischen Zentrumspartei treffen sich am Tag der Novemberrevolution beim Kölner Oberbürgermeister Konrad Adenauer, um zu beratschlagen, wie mit der Sache umzugehen sei.[45]

Und die Industrie an Rhein und Ruhr hegt ähnliche Überlegungen, wie Dorten bei einer Herrenrunde im Düsseldorfer Industrieclub erfährt. (Aus seiner Zeit am Amtsgericht pflegt er noch beste Kontakte in die Stadt.)[46]

Nach dem verlorenen Krieg werde das linke Rheinufer den Franzosen und das rechte Rheinufer den Kommunisten zum Opfer fallen, unken die Ruhrbarone. Die einzige Rettung sei ein Rheinstaat, der – angenehmer Nebeneffekt – die deutsche Industrieregion mit der französischen auf der anderen Seite des Flusses vereine.

Und so nimmt Hans Adam Dorten – inzwischen Anwalt in Wiesbaden – von den Ruhrbaronen gleich zwei Mandate mit. Erstens soll er die Kölner Zentrumspolitiker auf Industriekurs bringen und zweitens den Kontakt zu den Besatzungsmächten aufnehmen.

Der zweite Auftrag ist der einfachere. Denn im Rheingau hat ein französischer General Einzug gehalten, der versucht, die Menschen für Frankreich zu gewinnen.[47]

General Charles Mangin residiert im Mainzer Deutschordenshaus (wo auch Napoleon schon logierte) und mischt sich an Markttagen gern unters Volk und lässt eine zweisprachige Zeitung herausgeben. Sie heißt: *Le Rhin / Der Rhein*.

Dass er sich direkt nach seiner Ankunft eine kleine Kapelle bauen lässt, wo er morgens die Messe besucht, ist ebenfalls geeignet, die Herzen rheinischer Katholiken zu wärmen. (Und wie durch einen Zufall ist ein Reporter zugegen, um über den Kirchgang zu berichten.)[48]

Natürlich ist auch Dorten ganz von dem Franzosen eingenommen.[49]

Schwieriger gestaltet sich der Kontakt zu den Kölner Zentrumsleuten. Die möchten zwar vom ungeliebten Preußen unabhängig werden, aber Teil des Deutschen Reichs bleiben (»Separat *im* Reich«).[50]

Den Herren der Industrie dagegen schwebt die große Lösung vor: »Separat *vom* Reich«. Auch wenn sie damit aus taktischen Gründen noch hinterm Berg halten, stellen sie sich eher ein Rheinland vor, das sich grenz- und zollfrei mit der Industrieregion auf der anderen Rheinseite zusammentun möge.

Später wird Dorten es so darstellen, als habe der Kölner Oberbürgermeister Konrad Adenauer eng mit ihm zusammengearbeitet, es aber im letzten Moment mit der Angst zu tun bekommen: »Der kölnische Klüngel hatte die rheinische Freiheit eingesargt.«[51]

Dabei ist Dorten für Adenauer vermutlich nur ein kleines Licht.

Dorten sucht nun Unterstützung bei den Franzosen. Und die bei ihm. Denn inzwischen gibt es den Vertrag von Versailles. Und Frankreich hat seinen Wunsch nach einem rheinischen Pufferstaat als Bollwerk an der deutsch-französischen Grenze nicht darin verankern können.

Umso besser, wenn die Deutschen – mit Dortens Hilfe – selbst einen solchen »Pufferstaat« schaffen könnten.

Am 1. Juni 1919 hat Hans Adam Dorten in Wiesbaden die Rheinische Republik ausgerufen.[52]

Die Wiesbadener waren nicht begeistert.

Dortens Freundschaft mit dem französischen General macht ihn verdächtig. Am Tag nach dem Putsch stehen in Wiesbaden alle Straßenbahnen still, alle Fabriken stellen die Arbeit ein, und alle Läden bleiben geschlossen. Generalstreik in Wiesbaden!

Schon wenige Tage später wird in Berlin der Haftbefehl gegen Hans Adam Dorten ausgestellt. Der ehemalige Staatsanwalt gilt nun als Hochverräter.[53]

Nur im besetzten Gebiet kann Dorten noch vor einer Verhaftung sicher sein.

Mit einem französischen Pass reist er nun durchs Rheinland, um weiter für seine Sache zu werben. Sein Freund, General Mangin, beschützt ihn.

Doch jetzt, da der Friedensvertrag besiegelt ist, entwickelt sich Charles Mangin mit seinem Werben für den »Pufferstaat« auch mehr und mehr zur diplomatischen Belastung. Man beordert ihn nach Frankreich zurück und schickt einen anderen General.[54]

Und Dorten? Der hat dem Separatismus seine Karriere geopfert. An einen Posten in einem Berliner Gericht ist nun nicht mehr zu denken. Dorten kann nicht einmal mehr privat nach Berlin, ohne eine Verhaftung zu riskieren.

Selbst im Rheinland wird es jetzt einsam um ihn – ohne seinen französischen Freund.

Doch als die Franzosen 1923 im Ruhrgebiet einmarschieren, sieht Dorten seine Chance gekommen.

Eine unabhängige Republik könnte die Lösung sein, hofft er. Die Lösung aller Probleme – inklusive seiner eigenen.

******

Käthe Kollwitz liegt nach ihrer Gallenoperation viereinhalb Wochen lang im Krankenhaus am Urban.

Ihr Sohn Hans kommt fast jeden Tag zu Besuch. Und auch ihr Mann schaut regelmäßig vorbei, allerdings immer erst abends, wenn er mit seinen Patienten in der Praxis fertig ist.[55]

Als sie endlich nach Hause darf, ist Käthe Kollwitz noch ziemlich schwach.

Ob sie schon davon gehört hat, dass in diesen Tagen ein Schiff mit russischem Korn in Bremen angekommen ist? Und eine Gewerkschaftsdelegation, die die Gabe ins gebeutelte Ruhrgebiet bringen soll?[56] Es hätte sie sicher gefreut!

Ein paar Tage vorher wurde auch schon eine Ladung ukrainischen Weizenmehls in Hamburg angelandet.[57]

Die Lebensmittel sind ein Dankeschön für die Spenden, die deutsche Arbeiter zwei Jahre zuvor in die Sowjetunion geschickt hatten, als dort aufgrund einer Missernte (und der Misswirtschaft) eine große Hungersnot herrschte.

Käthe Kollwitz zeichnete damals das Plakat für den Spendenaufruf.[58]

Einen ausgezehrten Mann, der zu stürzen droht, aber von vielen starken Händen aufgefangen wird: »Helft Russland!«[59]

Willi Münzenberg, ein kreativer Jungkommunist, hatte einige Prominente um Unterstützung gebeten: Albert Einstein, George Grosz, Käthe Kollwitz und viele andere.

Es war die erste Aktion der Internationalen Arbeiterhilfe. Viele Züge rollten daraufhin mit Getreide und Maschinen nach Russland.

Und nun also kommt Hilfe zurück. Aus Russland, für Deutsche in Not.

Willi Münzenberg hat schon jemand an die Küste geschickt, um die Spenden in Empfang zu nehmen. Er will die Sache propagandistisch verwerten.

Willi Münzenberg ist ziemlich umtriebig.

Von Lenin persönlich betraut, begann er 1921 mit dem Sammeln von Nahrungsmitteln, um Pakete an hungrige Russen zu verteilen: mit Mehl, Büchsenmilch, Fett und Hülsenfrüchten.[60] Inzwischen unterhält Münzenbergs Arbeiterhilfe eigene Kinderheime in Russland und hat auch Produktionsbetriebe übernommen – sogar eine Großfischerei in Wolgograd mit 18 000 Leuten.

Um das Spendenrad in Schwung zu halten und um die kommunistische Botschaft weiterzuverbreiten, hat er in Deutschland eine eigene Zeitung gegründet. Die *Arbeiter Illustrierte Zeitung* wird mit einer Auflage von über 400 000 Exemplaren ein wichtiges Propagandaorgan für die Kommunisten im Deutschen Reich. Und es kommen noch weitere Zeitungen und Filmgesellschaften dazu.

Willi Münzenberg, Kommunist, Verleger, Filmproduzent; organisiert im Auftrag von Lenin die Internationale Arbeiterhilfe.

Man muss sich Willi Münzenberg ein bisschen wie Hugo Stinnes vorstellen – nur ist er eben kein Konservativer, sondern Kommunist.

Und etwas charismatischer – ein gut gewachsener Mann von dreiunddreißig Jahren, mit hoher Stirn und dunkelblonden Haaren. Einer, der die Sprache der Menschen spricht.

Einer, der mit Künstlern kann. So hat Münzenberg auch Käthe Kollwitz für die Aktion der Kommunisten gewonnen.

Käthe Kollwitz, die aus einer Familie von Sozialdemokraten stammt und der es – bei allem Sehnen nach dem Sozialismus – vor einem gewaltsamen Umsturz graut.

Die von sich sagt: »Eigentlich bin ich nämlich gar nicht revolutionär, sondern evolutionär«[61] – wie sie im Oktober 1920 ihrem Tagebuch anvertraut, und die sich für zu alt hält, um auf die Barrikaden zu gehen.

Doch nicht mal ein Jahr später bringt Willi Münzenberg sie dazu, ihre Meinung zu ändern:

»Arbeite mit den Kommunisten mit gegen den fürchterlichen Hunger in Russland. Bin dadurch wieder ins Politische hineingezogen ganz gegen meinen Willen. Hab ein Plakat gemacht. Es ist gut – Gott sei Dank.«[62]

Und weil das Plakat so gut ist und Willi Münzenberg so umtriebig – weltweit lässt er Jungkommunisten mit Plakaten und Kleister-Eimern ausrücken –, kommt tatsächlich allerhand Geld zusammen.

Die amerikanischen Spender werden gar bis ins Jahr 1923 hinein spenden[63], obwohl da die Missernte an der Wolga schon überwunden ist und die Russen nun ihrerseits Schiffe nach Deutschland schicken.

Wüsste Käthe Kollwitz von dem russischen Korn, das gerade im Ruhrgebiet eintrifft, würde sie sich sicher freuen. Aber sie kommt wenig zum Zeitungslesen in diesen Apriltagen.

Kaum hat man sie aus dem Krankenhaus entlassen, fährt ihr Mann mit ihr zu Freunden nach Neuruppin.

Arbeiten soll sie mit der frischen Narbe auf dem Bauch nämlich nicht.

Sie braucht Licht und Luft zur Genesung, sagt ihr Mann, der auch ihr Hausarzt ist. Und Licht und Luft hat sie in Neuruppin jede Menge.

»So ganz reizend empfangen und aufgenommen. Die Sonne scheint, alles drängt in Knospen, die Amseln singen, nichts vom Berliner Lärm – Ruhe – Ruhe – Ruhe zum wirklichen Ausruhen«, notiert sie am 18. April 1923 in ihr Tagebuch.[64]

******

Rudolf Havenstein, der Reichsbankchef mit den untadeligen Anzügen, kämpft einen schweren Kampf. Er kämpft gegen den Ruhrbaron mit den grubentauglichen Anzügen – Hugo Stinnes. Aber das weiß Havenstein zu diesem Zeitpunkt noch nicht. Er denkt, er kämpfe nur gegen die Franzosen.

Es geht um den Wechselkurs, also um das Austauschverhältnis der Mark zum britischen Pfund oder zum amerikanischen Dollar.

Zu Beginn des Krieges zahlt man gut vier Mark für einen Dollar. Bei Kriegsende schon fast das Vierfache. Der Streit um die Reparationen danach schwächt die Mark beständig weiter. Und im Januar 1923, nachdem die Franzosen einmarschieren und sich an den Märkten die Panik breitmacht, steigt der Dollar sage und schreibe auf 49 000 Mark.[65]

Seit Anfang Februar nun lässt Rudolf Havenstein Dollar aus den Beständen der Reichsbank verkaufen, um die Märkte zu beruhigen und den Wechselkurs der Mark positiv zu beeinflussen.[66]

Eigentlich ist es widersinnig, sich gegen die Marktkräfte zu stemmen, das weiß Havenstein. Seit dem Krieg hat er sich gewehrt, seine knappen Reserven für so etwas einzusetzen.

Doch jetzt kann er sich der patriotischen Pflicht nicht entziehen. Die Ruhrindustrie braucht seine Hilfe in diesen Zeiten der Bedrohung.

Er muss das Unmögliche möglich machen.

Nur für kurze Zeit.

Nur so lange, bis die Franzosen die Sinnlosigkeit ihres Tuns einsehen.

Er muss die Industrie stützen. Denn die ist von Rohstoffimporten abhängig. Sie muss Eisenerz einführen, auch Erdöl und seit Neuestem sogar Kohle.

Havenstein stemmt sich gegen den Kursverfall. Und obwohl er die Wirtschaft insgesamt knapphält, versorgt er die gebeutelte Industrie mit reichlich Krediten.

»Im Interesse des wirtschaftlichen Durchhaltens«, heißt es im Protokoll der Reichsbank, müssten »im besetzten und umbesetzten Gebiet alle legitimen Kredite möglichst befriedigt werden, um Arbeitslosigkeit und Produktionsstörung zu verhindern.«[67]

Havenstein tut der Wirtschaft einen Gefallen, denkt er. Und er setzt auch umgekehrt auf ihre Unterstützung.

50 Millionen Dollar will er haben – von allen Deutschen mit Dollar-Besitz und vor allem von den Unternehmen, die Devisen

verdienen. Anfang März hat er eine Dollaranleihe aufgelegt.[68] Alle, die Waren ins Ausland exportieren, sollen ihre Einnahmen bei ihm anlegen.

Diese Devisen will er verwenden, um die Mark zu stützen.

Havenstein legt sich ins Zeug wie einst bei den Kriegsanleihen. Durch tägliche Mitteilungen an die Presse versucht er, das Interesse zu schüren. Er fährt auch wieder durch die Lande, um für die Anleihe zu werben.[69]

Er gibt alles – wie damals im Krieg –, aber diesmal ohne Erfolg.

»Ich habe – und mit mir sehr viele durchaus nicht mit besonderem Optimismus behaftete Männer – erwartet, dass allermindestens die Hälfte der aufgelegten Anleihe gezeichnet werden würde«, wird ein zutiefst enttäuschter Havenstein später konstatieren: »Stattdessen wurde nur ein Viertel gezeichnet.«[70]

Zwar hat es Havenstein erneut geschafft, die Kleinanleger auf seine Seite zu bringen. 150 000 von ihnen zeichnen Papiere für 10 oder 20 Dollar.

Aber das reicht nicht, denn die Großinvestoren ziehen nicht mit.

Besondere Hoffnung hatte man in Berlin auf Hugo Stinnes gesetzt. Der Finanzminister persönlich hat Stinnes um seine Hilfe gebeten:

»Die bevorstehende Zeichnung auf die Dollar-Schatzanweisungen gibt mir Veranlassung, mich mit der sehr ergebenen Bitte an Sie zu wenden, dieser Anleihe Ihre besondere Aufmerksamkeit zu schenken. Bildet doch diese Anleihe einen Bestandteil jener Maßnahmen, die es in ihrer Gesamtheit dem deutschen Volke ermöglichen sollen, in schwerster Stunde gegenüber fremder Willkür sein Recht und seine Freiheit zu behaupten«, schreibt Andreas Hermes am 7. März 1923 kurz vor Beginn der Zeichnungsfrist an Stinnes.[71]

Doch Stinnes ist gegen Interventionen. Besonders gegen diese Intervention. Er profitiert ja von der schwachen Mark.

»Ich habe gegen die Art der Devisenpolitik und gegen die Dollaranleihe so außerordentliche Bedenken, dass das Äußerste, was von mir erwartet werden kann, im Interesse der Aufrechterhaltung der Einheitsfront nach Westen, ist, dass ich nicht in der Öffentlichkeit gegen die Maßnahme auftrete«[72], antwortet er dem Finanzminister.

»Dies kostet mich schon eine erhebliche Überwindung, da ich nicht gewohnt bin, in so schwerwiegenden Angelegenheiten mit meiner Meinung zurückzuhalten«, so Stinnes.[73]

In Berlin ist man wenig amüsiert.

Und es soll noch schlimmer kommen: Wenig später machen Gerüchte die Runde, Stinnes kaufe am Devisenmarkt Fremdwährung.

Das wäre unerhört! Hieße es doch, dass Stinnes die Reichsbank nicht nur nicht unterstützt, sondern dass er sogar gegen sie arbeitet, indem er Devisen kauft, während die Reichsbank gerade alles daransetzt, Fremdwährung zu verkaufen, um die Mark zu stärken.[74]

Der Reichsbankpräsident ist außer sich.

Hat er nicht alles getan für sein Land, für die Industrie, für Hugo Stinnes?

Stinnes gehört zu den Hauptprofiteuren der Kredite der Reichsbank! Havenstein hat ihn für einen Freund gehalten, für jemanden, der seine politischen Werte teilt.

Wie sonst ließe es sich erklären, dass Stinnes vor nicht mal zwei Jahren ein Schiff nach ihm, Rudolf Havenstein, hat benennen lassen. Ein nagelneues Handelsschiff, bester deutscher Stahl, 7964 Bruttoregistertonnen. Am 11. Mai 1921 lief der Dampfer »Havenstein« vom Stapel.[75]

Das kann ja nur seiner Verdienste fürs Vaterland wegen geschehen sein – wie bei den drei anderen Schiffen dieser Gewichtsklasse, die Stinnes »Hindenburg«, »Ludendorff« und »Tirpitz« taufen ließ.[76]

Allesamt verdiente Patrioten.

Nun gut, ein Schiff hat der Unternehmer auch nach einem Mann benannt, der nicht ganz in diese Reihe passt. Es sei denn, man würde es als Dienst am Vaterland bezeichnen, dem Land den Sozialismus zu ersparen.

»Carl Legien« heißt das Schiff – nach dem Gewerkschaftschef, der Stinnes half, Arbeit und Kapital zu versöhnen. Damals, 1918, als der Kaiser gehen musste und sich deutschlandweit Arbeiter- und Soldatenräte formierten. Sie forderten die Vergesellschaftung des Kapitals. Stinnes bot Arbeitszeitverkürzung und die Anerkennung der Gewerkschaften. Die Monarchie war nicht zu retten, aber wenigstens das Privateigentum. Gottlob!

Legien, der Gewerkschafter, ist ihm dabei nützlich gewesen.

Ein Helfer. Aber doch kein Held!

Nun gut, die Legien ist auch etwas kleiner. Nur 5708 Bruttoregistertonnen.[77]

Oder war er, Havenstein, vielleicht auch nur ein nützlicher Helfer?

Doch zum Grübeln hat er eigentlich gar keine Zeit. Seine Arbeit erfordert seine ganze Aufmerksamkeit.

Er kämpft mit voller Kraft – wenngleich mit viel zu wenig Munition.

Der Kurs, den er im Februar mühsam gezügelt hat – von über 40 000 Mark auf gut 20 000 Mark für den Dollar –, dieser Wechselkurs ist ihm nun wieder entglitten.

Am 17. April 1923 liegt er bei 25 000 Mark – allen Anstrengungen zum Trotz.[78]

Am 18. April 1923 gibt Havenstein auf. Die Reserven sind erschöpft.[79]

Und als er am Tag darauf dem Kabinett seine Niederlage eingesteht, empfiehlt der Zentralbankchef dringend, die Einfuhr zu drosseln, um den Kurs der Mark nicht weiter zu schwächen:

»Die Drosselung muss sich besonders auf Getreide und Kohle beziehen«, rät Havenstein.[80]

Im April 1923 zahlt man 474 Mark für ein Kilo Schwarzbrot.[81]

MAI 1923 –
MÜTTER, MESSEN UND MONETEN

Wie die Floristen in Deutschland den Muttertag einführen. Wie Käthe Kollwitz um die Enkel, Rudolf Havenstein ums Geld und Konrad Adenauer um die Stadt Köln kämpfen.

Konrad Adenauer, der Kölner Oberbürgermeister, hat seit dem Krieg nichts unversucht gelassen, um den Hunger aus seiner Stadt zu vertreiben. Er tut alles, um seine Leute in Lohn und Brot zu bringen. Er will die Stadt wieder attraktiv machen.[1]

Seit der Antike wurde in Köln Handel getrieben. Die Römer haben den ersten Hafen gebaut. Schon im Mittelalter fanden hier Messen und Märkte statt.

So wurde Köln zu einer der zehn größten Städte des Deutschen Reiches.

Doch seit Deutschland den Krieg verloren hat, ist das Rheinland von Alliierten besetzt – und vom Reich quasi abgeschnitten.

Adenauer will sich damit nicht abfinden.

Er plant einen neuen Hafen im Norden der Stadt. Und eine Messe. Direkt gegenüber von Dom und Hauptbahnhof soll sie stehen – nur auf der anderen, bisher eher unbeliebten Rheinseite – im Volksmund »Schäl Sick« genannt.

Es war nicht ganz einfach, dafür Geld lockerzumachen.

Im Stadtrat haben sie die Hände über dem Kopf zusammengeschlagen.

Noch ein Großprojekt!

Schließlich lässt Adenauer schon die halbe Stadt umgraben, um die alten Festungsanlagen (die laut Versailler Vertrag verschwinden müssen) in einen »Grüngürtel« zu verwandeln. Eine Parklandschaft soll die Stadt mit Wäldchen, Seen und Sportstätten durchziehen. Damit die Kölner Kinder Sonne und Sauerstoff bekommen.

Für Adenauer – mit seinen acht Kindern und zwei Ehefrauen – ist Familie Privatsache. Und ebenso die Frage, wie man diese Familie heil durchs Leben bekommt. Der Staat müsse nur den Rahmen schaffen, findet er.

Unter Rahmen versteht er in einer Zeit hoher Mütter- und Säuglingssterblichkeit neben einer florierenden Wirtschaft auch die begrünte Landschaft.

Adenauer selbst hat – es ist noch gar nicht lange her – seine erste Frau verloren und ein kleines Söhnchen.[2]

Er ist Katholik und Pragmatiker. Er setzt auf Beten, Bäume und Bolzplätze.

Und um den Grundbesitzern und Bauern – eigentlich seine Stammwähler – die Flächen rund um die alten Festungsanlagen abzutrotzen, sucht er das Bündnis mit den Sozialdemokraten. Er will diese Flächen enteignen.[3]

All das ist natürlich nicht ganz billig.

Und so eine Messe schon gar nicht, schließlich soll sie ja Eindruck machen.

Es sind vor allem die Sozialdemokraten im Stadtrat, die bei solchen Großprojekten stets Bedenken haben. Aber dann konnte er sie doch überzeugen. Schließlich hat er sich das alles nur ausgedacht, um Kölner in Arbeit zu bringen.

Inzwischen sind also in der Domstadt Tausende, die vorher arbeitslos waren, damit beschäftigt, Erde zu bewegen.

Dass Konrad Adenauer den Finanzdezernenten auf seiner Seite hat, mag geholfen haben: Willi Suth ist nicht nur Adenauers Kämmerer, sondern auch sein Schwager.[4]

Der finanziert all die Bauarbeiten per Anleihe.

Und dann sind da noch die britischen Alliierten. Die hatten am geplanten Messestandort Stallungen für ihre Pferde untergebracht. Aber auch dieses Hindernis hat Adenauer aus dem Weg geräumt.[5]

Denn die Messe ist in der Krise sein wichtigstes Projekt. Von ihr erhofft er sich die stärksten Impulse für die Wirtschaft.

Im Juni 1922 hat der Kölner Oberbürgermeister den Grundstein für das Großprojekt gelegt. In Köln nennen sie den Messebau jetzt »Adenauers Pferdeställe«[6].

Und tatsächlich muss er ständig ins Geschirr.

Denn wegen der Inflation kommt es immer wieder zu Streiks und Lieferengpässen.[7]

Oberbürgermeister Adenauer schaltet sich persönlich ein.[8]

Er telefoniert, um den Zementnachschub zu sichern. Er leiht bei der Reichsbahn Kippwaggons aus, um den Kies heranzutransportieren. Und als die Schalhölzer ausgehen, lässt er welche aus städtischem Bestand schicken.[9]

Von außen sieht alles nach wie vor nach Baustelle aus, denn die Fassade ist noch unverputzt. Aber alle Mauern sind hochgezogen, alle Dächer abgedichtet, alle Fenster verglast und alle Fußböden verlegt.[10]

Die Eröffnung war für den 5. Mai 1923 geplant. Dann sollten die ersten Besucher von Stand zu Stand eilen, um Waren und Preise zu vergleichen.

Dennoch ist an Messe nicht zu denken. Denn die Ruhrbesetzung blockiert den Waren- und Personenverkehr. Und die Inflation macht jede Preiskalkulation zunichte.[11]

Deshalb muss die Kölner Frühjahrsmesse auf den Herbst verschoben werden.

Die Flüche des Katholiken Konrad Adenauer sind nicht überliefert.

******

Während es an Rhein und Ruhr immer ungemütlicher wird, versucht man es in Berlin mit Diplomatie – allerdings vergeblich. Am 2. Mai 1923 bietet Deutschland an, Reparationen von insgesamt 30 Milliarden Goldmark zu bezahlen.[12] Die Franzosen und Belgier finden das Angebot ungenügend. England versucht zu vermitteln, will aber ebenfalls Sicherheiten sehen.[13]

Damit haben die Alliierten den Schwachpunkt des Angebots erkannt: Zwar ist in der deutschen Reparationsnote die Rede davon, dass es notwendig sei, die Lasten auf die Wirtschaft zu verteilen, doch wer am Ende für all das bürgen soll, darüber schweigt sich das Papier aus.

Reichskanzler Wilhelm Cuno wendet sich persönlich an den Reichsverband der Deutschen Industrie und bittet um eine entsprechende Erklärung.

Doch die Industriellen lassen Cuno zappeln. Besonders Hugo Stinnes, ohne den nichts geht im Industrieverband.

Stinnes lehnt jede Formulierung ab, die ihm das Auswärtige Amt vorschlägt.[14]

Am 15. Mai 1923 kommt Reichskanzler Cuno abends persönlich im Verband vorbei.

Er kommt in der Rolle des Bittstellers.[15] Er weiß, wenn er die Industrie nicht mit ins Boot holt, braucht er nicht weiter zu verhandeln.

Reichskanzler Wilhelm Cuno.

Stinnes erklärt sich nun doch zum Gespräch bereit. Er sieht die Chance, beim persönlichen Austausch die Dinge in seinem Sinne zu beeinflussen.

Und weil er die Ergebnisse seines Treffens mit dem Reichskanzler hinterher haarklein seinem Vertrauten, dem Chef der konzerneigenen »Deutschen Allgemeinen Zeitung«, Hans Humann, berichtet, wissen wir, wie schlau Stinnes im Mai 1923 vorgeht, um die Belastungen für die Wirtschaft gering zu halten.[16]

Er beginnt mit der Feststellung, dass der Versailler Vertrag sich ans Deutsche Reich richte und nicht an seine Bürger, weshalb man bei dessen Erfüllung logischerweise den Staatsbesitz, also die Betriebe der öffentlichen Hand, als »die zunächst haftenden in den Vordergrund stellen« müsse.[17]

Geschicktes Erwartungsmanagement, das alle Aufmerksamkeit auf den Staat lenkt, die Erwartungen an die Wirtschaft senkt – und es Stinnes auch noch ermöglicht, seine Lieblingsthemen anzusprechen, zum Beispiel die Privatisierung.

Dass der Staat sich als Unternehmer betätigt, dass ihm »sogar Wurst- und Margarinefabriken gehören«, wie Stinnes es überspitzt formuliert, ist ihm nämlich schon lange ein Dorn im Auge.[18]

Er schlägt vor, Staatsunternehmen wie etwa die Reichsbahn von privaten Betriebsgesellschaften managen lassen, die Betreiber könnten aus den Erträgen jedes Jahr eine Pacht zahlen, die dann für Reparationen zur Verfügung stünde.

»Jährlich 600 Millionen Goldmark, bei günstiger Entwicklung eine Milliarde und mehr« könne man so erwirtschaften, wird wenige Tage später im Angebot des Industrieverbandes stehen, das Stinnes' Ideen in fast allen Punkten folgt.[19]

Die Privatwirtschaft könne allenfalls eine »Zusatzgarantie« von maximal 500 Millionen Goldmark übernehmen. Die Industrie wolle dazu 40 Prozent beisteuern, so heißt es in dem Schreiben. Den Rest sollen die anderen Branchen bestreiten.[20]

200 Millionen Goldmark von der Industrie? Damit würden Deutschlands Großkonzerne gerade mal ein Drittel der Summe beisteuern, die Stinnes Staatsunternehmen wie der Reichsbahn zugedacht hat.

Aber Hugo Stinnes stellt es als große Leistung dar. Eine Leistung, die der Industrie überhaupt nur zuzumuten ist, wenn auch die Arbeiterschaft Opfer bringt. Die Arbeiter sollen – auch das ein

Herzensthema von Stinnes – beim Achtstundentag »zeitlich begrenzt« Ausnahmen machen.[21]

Und beim persönlichen Gespräch im Industrieverband gibt er dem Reichskanzler obendrein noch Tipps für den Umgang mit den Alliierten auf den Weg. Der solle »nur die materielle Seite der Reparationsfrage behandeln« und »das politische Moment möglichst umgehen«.

Wilhelm Cuno handelt tatsächlich danach. Aber die Tipps erweisen sich als wenig hilfreich.

Die Franzosen lassen die deutsche Regierung erneut auflaufen. Denn natürlich wollen sie auch über Politik sprechen – allerdings erst dann, wenn Deutschland den passiven Widerstand beendet hat.

******

Am 13. Mai 1923 wird in Deutschland zum ersten Mal der Muttertag gefeiert. Die Idee kommt aus Amerika, und sie geht um die Welt.[22]

In Deutschland wird der Muttertag mitten in der Hyperinflation eingeführt – und zwar vom Verband der Deutschen Blumengeschäftsinhaber. Der will den gebeutelten Floristen Einnahmen verschaffen.

Ist doch in Todesanzeigen nun häufig die Bitte zu lesen, den teuren Verstorbenen lieber mit Geld statt Kranzspenden die letzte Ehre zu erweisen, da sonst die Kosten der Bestattung nicht aufzubringen seien.

Die Blumenhändler lassen Plakate drucken: »Ehret die Mutter«. Alle sollen ihre Schaufenster damit schmücken.

Schwer zu sagen, ob die Kinder daraufhin tatsächlich Blumen kaufen oder ob sie die Vergissmeinnicht und Tränenden Herzen für ihren Muttertagsstrauß nicht doch eher im Nachbargarten pflücken. Jedoch ist der Tag, den wenig später auch die Nationalsozialisten für ihre Zwecke zu nutzen wissen, ab 1923 eine feste Größe in deutschen Kalendern.

Auch **Käthe Kollwitz** denkt in diesem Jahr oft übers Muttersein nach, denn die KPD gibt ein Plakat zum Thema »Abtreibung« bei ihr in Auftrag.[23]

Plakat von Käthe Kollwitz.

So lange schon kämpfen die Frauen in Deutschland um dieses Recht, aber es tut sich nichts. Käthe Kollwitz ist auf ihrer Seite – obwohl oder vielleicht gerade weil sie Kinder liebt. Familienglück ist ein Luxus, den man sich leisten können muss, findet sie. Frauen zur Mutterschaft zu zwingen, die ihre Kinder nicht ernähren können, erscheint ihr schlicht unmenschlich.

Und ihr Mann sieht das ganz genau wie sie. Als Arzt kämpft er um jede mangelernährte Schwangere, um jedes einzelne Kinderleben, aber politisch – er ist Mitglied der SPD – kämpft auch er für das Recht zur Abtreibung.

Allerdings sind die Sozialdemokraten wankelmütig bei diesem Thema, weshalb sich Karl Kollwitz nicht nur Freunde gemacht hat, als er Anfang 1921 in *Vorwärts* eine Lanze für »die Unterbrechung der Schwangerschaft« brach.[24]

Wie so oft überlassen die Sozialdemokraten die kontroversesten Themen den Kommunisten. Das ärgert Käthe Kollwitz. Und deshalb wird sie die KPD unterstützen.

Sie muss nicht lange darüber nachdenken, wie das Plakat aussehen soll. Sie hat die ausgemergelten Gesichter der Mütter ja täglich vor Augen: das Einjährige auf dem Arm, das Zweijährige an der Hand – und schon beginnt das nächste Kind ihren Leib zu wölben.

Es gibt noch etwas anderes, was Käthe Kollwitz über Mutterschaft nachdenken lässt. Etwas Persönliches.

Ihre Schwiegertochter ist wieder schwanger. Und Ottilie, genannt Otty, Künstlerin wie sie selbst, kämpft mit der Mutterrolle. Schon mit der ersten Schwangerschaft zwei Jahre zuvor hat sie gehadert, war zur Abtreibung entschlossen, hatte schon einen Termin dafür.[25]

Damals schien es allerdings weniger die werdende Mutter, sondern der Kindsvater zu sein, der sich überfordert fühlte. Hans – ihr Sohn! – hat sich für die Abtreibung ausgesprochen.

»Hans will es, weil er sich nicht für reif genug hält«, schreibt die bekümmerte Mutter da in ihr Tagebuch. Er zweifelt wohl, ob die Liebe stark genug sei. »Außerdem kommt wohl auch der Druck dazu, dass er pekuniär noch nicht unabhängig ist.«[26]

Und was ist mit der werdenden Mutter?

Kind oder Kunst – Käthe Kollwitz kennt den Konflikt nur zu gut. Und doch will es ihr nicht in den Kopf, »dass Otty morgen in die Klinik ginge sich ihr Kind abnehmen zu lassen«, wie sie ihrem Tagebuch anvertraut.[27]

Abwechselnd reden sie und ihr Mann auf das junge Paar ein, sichern ihnen ihre Unterstützung zu und schaffen es am Ende auch, die beiden zu überzeugen.

Als dann knapp neun Monate später ein kleiner Junge auf die Welt kommt, ist Käthe Kollwitz überglücklich. Umso mehr, als dieses Kind auf den Namen »Peter« getauft wird. Es ist ihr, als wäre ihr toter Sohn wieder lebendig.[28]

Als die Schwiegertochter aber ein zweites Mal schwanger wird, ist sie von der Abtreibung nicht abzuhalten. Schicksalsergeben hütet die Großmutter derweil den Enkelsohn.[29]

Inzwischen spricht der kleine Peter die ersten Worte, er kann »Großmutter« sagen, wie sie stolz im Tagebuch vermerkt. Und dann ist Otty wieder schwanger![30]

Diesmal ein Wunschkind, versichert ihr Sohn.[31] Auch Otty ist zuversichtlich, aber auch noch runder und ruhebedürftiger – und in der Überforderung dann oft reizbar.

»Was sie mir neulich von Peterchen erzählte, lässt vielleicht darauf schließen, dass sie doch noch sehr heftig zu ihm ist. Peter macht sich am Tag nass, was er sonst nicht mehr tut. Fängt bitterlich an zu weinen, aus dem Weinen wird Gebrüll. Zu gleicher Zeit bringt er brüllend all seine Kunststücke heraus: Backe-Backe Kuchen, Popeia, Ringelreihe. Mir scheint das als so eine Art Beschwörung zum Ablenken der Strafe oder des harten Scheltens.«[32]

Ein gutes Jahr haben Hans, Otty und der kleine Peter bei ihnen gewohnt. Die Großmutter konnte den Kleinen unter ihre Fittiche nehmen. Inzwischen hat die junge Familie aber eine eigene Bleibe.[33] Käthe Kollwitz sorgt sich um den Kleinen, aber auch um die schwangere Schwiegertochter und ihren Sohn Hans.

Wird er es schaffen, die wachsende Familie zu ernähren? Zum Glück hat er endlich eine Stelle gefunden, im Gesundheitsamt.[34] Nicht ideal für einen, der Mediziner geworden ist, um Menschenleben zu retten. Aber er will sich wohl auch nicht nachsagen lassen, von Ottys Mitgift zu leben.

Familienglück ist ein Luxus, den man sich leisten können muss.

Sie selbst hat nun einen Untermieter aufgenommen.

In dem frei gewordenen Zimmer ihres Sohnes wohnt nun der Sohn einer Studienfreundin. Er heißt Heinz, genannt »Heinzonello«[35], macht eine Banklehre in Berlin und zahlt 8 000 Mark pro Monat in die Haushaltskasse ein.

Im Oktober, als er einzog, schien das eine großzügige Kalkulation zu sein. Aber es wird mit jedem Monat schwerer, damit auszukommen.[36]

Im Mai 1923 kostet ein Laib Schwarzbrot 482,50 Mark.[37]

Zum Glück hat sie im Herbst noch eine große Menge Kartoffeln eingelagert. In dem Zimmer, in dem Heinzonello schläft. Von Wand zu Wand hat sie den ganzen Fußboden mit Kartoffeln ausgelegt, dem Logiergast blieb nur ein schmaler Pfad, um von der Tür zu seinem Bett zu gelangen.[38]

Inzwischen ist der Pfad im Gästezimmer allerdings breiter geworden.

Sie muss die schwindenden Vorräte dringend wieder auffüllen. Bald kommt die neue Kartoffelernte. Wer weiß, wie lange die Schlange sein wird!

Aber im Grunde darf sie sich nicht beklagen: Karl hat die Praxis und sie die Professur. Und ihre Kunst findet Kunden, auch einige Museen sind unter den Interessenten. Allerdings haben die inzwischen oft Probleme, das zu bezahlen, was ihre Galerie an Preisen aufruft, jetzt, in den Zeiten der Inflation.

Selbst das Dresdner Kupferstich-Kabinett muss in letzter Zeit oft passen. Vor einigen Monaten hat sie dem Museum die sieben Blätter der »Kriegsfolge« für 10 000 Mark überlassen statt der 35 000, die ihr Galerist, Emil Richter, dafür fordert.

»Nun wissen Sie ja aber, lieber Herr Geheimrat Lehrs, dass mir vor allem daran liegt gut im Kabinett vertreten zu sein, kann das Kabinett nicht so viel zahlen, so bin ich ganz zufrieden mit weniger, es gibt reiche Leute genug, die mir hohe Preise zahlen müssen«, schreibt sie nach Dresden.[39]

Mit »reichen Leuten« meint sie vermutlich vermögende Privatsammler wie Heinrich Stinnes. Heinrich ist der ältere Bruder des Ruhrbarons – der, dem Hugo Stinnes einst die Braut weggeschnappt hat.[40]

Aufgrund seiner schwachen Gesundheit ist der Erstgeborene der Familie Stinnes nicht ins Familienunternehmen eingestiegen – wie es ihm eigentlich zustand –, und er hat sich auch nicht selbstständig gemacht wie Hugo, der agile kleinere Bruder.[41]

Stattdessen studiert Heinrich Stinnes Jura und bringt es immerhin bis zum preußischen Regierungsrat, bevor er sich – wieder der Gesundheit wegen – aus dem Staatsdienst zurückzieht. Die Einkünfte aus dem großväterlichen Unternehmen erlauben ihm, sein Leben der Kunst zu widmen.

Er sammelt Werke von Ludwig Richter, Max Slevogt, Lovis Corinth, Emil Nolde – und von Käthe Kollwitz. Er nimmt nur das Beste, und er zahlt großzügig.

Sammlern wie ihm verkauft Käthe Kollwitz nichts an der Galerie vorbei.

Der Direktor des Dresdner Kupferstich-Kabinetts dagegen baut fest auf die Vorzugsbehandlung, als er sich im Mai 1923 an Käthe Kollwitz wendet. Gerade ist ein Buch über Käthe Kollwitz erschienen. »Griffelkunst und Weltanschauung« hat der Kunsthistoriker Ludwig Kaemmerer seine Werkschau genannt, auf dem Titel ein Selbstbildnis von Käthe Kollwitz, das der Museumsdirektor gerne haben möchte. Doch wie es scheint, kann sich das Kupferstich-Kabinett weder Buch noch Bild leisten – zumindest nicht zum offiziellen Preis.

»Wir haben dieser Tage das neue Werk von Kaemmerer über Sie erhalten, das wir leider wahrscheinlich auch nicht kaufen können, weil uns jetzt alle Mittel zu Anschaffungen fehlen. Sehr gern hätte ich aber wenigstens das kleine Holzschnitt-Selbstbildnis gehabt, das als Titelbild darin enthalten ist. Wenn Sie mir noch einen Abzug davon verschaffen könnten, denn mit Richter will ich in dieser wie in anderen Angelegenheiten nicht zu tun haben«, so schreibt ihr der Leiter des Kupferstich-Kabinetts am 22. Mai 1923.[42]

Käthe Kollwitz findet auch in diesem Fall eine Lösung für ihren Stammkunden. Damit in seinem Anschaffungsetat genug Geld bleibt, um ihr das Bild abzukaufen, schenkt sie ihm eins ihrer persönlichen Exemplare des Buches.

Er nennt es eine »kostbare Gabe«.[43] Zu Recht, denn im Laden würde der Band inflationsbedingt nicht weniger als 231 000 Mark kosten.

Was für ein Preis! Was für Zeiten!

Dazu kommt die Angst um die Schwiegertochter, die, wie sich inzwischen herausgestellt hat, Zwillinge erwartet. Mehrlingsgeburten sind im Jahr 1923 noch eine riskante Angelegenheit, weshalb Ottilie sich so vor der Niederkunft fürchtet, dass die Angst sie bis in den Schlaf verfolgt.

Offenbar scheint die Schwiegertochter fest mit einem schlechten Ausgang zu rechnen: »Einmal träumte sie, sie säße in einem roten Kleid vor einem Marienbild und hätte in jedem Arm ein Kind.«[44]

Und tatsächlich wird es eine schwere Geburt: »In den frühen Morgenstunden des 29. Mai 1923 hat Ottilie Zwillinge bekommen. Zwei Mädchen. Sie heißen Jördis und Jutta. Die Geburt kam allzu plötzlich, nachdem die beiden Kinder draußen waren, setzte starke Blutung ein. Ottiliens Leben war gefährdet«, schreibt Käthe Kollwitz.[45]

Käthe Kollwitz, selbst noch nicht vollständig von ihrer OP genesen, setzt sich umgehend in die Bahn. Sie fährt von ihrer Wohnung im Norden Berlins ganz in den Süden der Stadt, nach Lichtenrade, wo die junge Familie lebt.

Nachdem sie die erste Nacht bei der Schwiegertochter gewacht hat, ist sie einigermaßen beruhigt: »Ottilie sieht schon wieder wohler aus«, notiert sie, »beide Kinderchen lagen ihr im Arm, eines rechts, eines links. Die Kinder wiegen jedes reichlich sechs Pfund und haben wohlgeformte niedliche Köpfchen.«[46]

Käthe Kollwitz wird in den nächsten Jahren noch oft nach Lichtenrade fahren, um die Enkel zu hüten, sie zu zeichnen und ihre Fortschritte in ihrem Tagebuch festzuhalten.

Und Jutta, die im Mai 1923 geborene Enkeltochter, wird Jahrzehnte später all die Tagebücher sichten, abtippen und als Buch herausgeben. Vieles, was die Nachwelt über Käthe Kollwitz weiß, verdankt sie ihrer Enkelin.

******

Rudolf Havenstein wird nie verstehen, wieso die Menschen den Mai zum Wonnemonat verklären. Für den Reichsbankchef – einen Mann der Zahlen und Paragraphen – ist der Mai einfach nur Monat Nummer fünf. Und bei Licht besehen, findet er diesen so trist wie die vier davor.

Von Wonne keine Spur!

Ständig die Sorge um die Außenstellen an Rhein und Ruhr. Immer wieder tauchen alliierte Soldaten in den Reichsbankfilialen auf, um Geld zu beschlagnahmen. Sie haben nicht verhindern können, dass Havenstein die besetzte Zone mit Geld versorgt. Aber im Mai hat es wichtige Filialen im besetzten Westen getroffen – nämlich Essen und Koblenz.[47]

Auch die Geldtransporte sind nicht mehr sicher, obwohl Havenstein seine Leute nur noch nachts und in unauffälligen Fahrzeugen losschickt.

Die Gegenseite hat den Trick leider längst bemerkt. Schlimmer noch: Sie tarnt sich nun selbst. Die Essener Filiale etwa wurde von fünf Franzosen in Zivil heimgesucht. Als diese dann die Pistolen zückten, versuchten die Bankbeamten zwar noch schnell, ihren Tresor zu verriegeln, doch da hatten sich die Eindringlinge schon über den Kassentisch geschwungen.

52 Milliarden Mark haben sie beschlagnahmt!
52 000 000 000 Mark!

Am 26. Mai ist das geschehen. Genau zum ersten Jahrestag der Unabhängigkeit der Reichsbank.[48] So viel zum Thema Autonomie! Und dabei waren es doch ausgerechnet die Alliierten, die sich für die Eigenständigkeit starkgemacht hatten.

Rudolf Havenstein erinnert sich noch an die guten Wünsche, die ihm der Chef der Bank of England damals mit auf den Weg gab. Er, Havenstein, möge die Unabhängigkeit nutzen, um der Geldentwertung ein für alle Mal ein Ende zu setzen, beschwor ihn Montagu Norman:

Reichsbankpräsident Rudolf Havenstein soll den ökonomischen Torheiten der Regierung den Riegel vorschieben, fordern die Alliierten. Doch er versteht sich vor allem als Patriot.

»Machen Sie es sich zur Regel, allen volkswirtschaftlichen Torheiten zu widersprechen und jede inflationäre Maßnahme abzulehnen, um die Ihre Regierung Sie bittet.«[49]

Dabei hatte er dem Londoner Kollegen da schon in aller Höflichkeit zu erklären versucht, dass er bereits vor Inkrafttreten des Autonomiegesetzes stets autonome Entscheidungen traf:

»Tatsächlich hat die Reichsbank ihre Politik immer nach eigenen

Überzeugungen gestaltet«, hat er ihm wenige Wochen zuvor geschrieben.[50]

Nie hat er den Weisungen der Politik gehorchen müssen!

Doch natürlich gibt es Zeiten, in denen die ökonomischen Grundsätze hinter den politischen zurückzustehen haben.

Im Kriege ist man ja nicht nur Notenbankpräsident, da ist man auch Patriot!

Nicht, dass er das Problem der Geldentwertung kleinreden wollte, keinesfalls. Sie ist eine schwere Bürde, eine tägliche Bedrohung für das gesamte Reich. Im Kriege und jetzt erst recht.

Egal ob Kaufmann oder Kunde, Hersteller oder Hausfrau – alle müssen ständig kalkulieren und je nach Stand der Mark ihre Existenz neu justieren. Wagt man es, den Wechselkurs auch nur kurz aus den Augen zu verlieren, kann man sich in misslichsten Situationen wiederfinden – selbst als Notenbankpräsident ist man dagegen nicht gefeit.

Nie wird Havenstein vergessen, wie er einmal unterwegs von einem Sturz der Mark überrascht wurde. Auf einer Dienstreise war das, um genau zu sein, auf dem Rückweg von einem Treffen mit besagtem britischem Notenbank-Kollegen.[51]

Leider war Havensteins Reisekasse nicht im mindesten eingerichtet auf Kursverluste, wie sie die deutsche Währung in diesen Tagen erlitt.

Und so fehlte ihm doch tatsächlich das Geld, um die Heimfahrt zu bezahlen. Hätte ihm nicht ein freundlicher Basler Schalterbeamter ausgeholfen, er hätte es gar nicht zurück nach Berlin geschafft.

Ende 1922 muss das gewesen sein. Auf jeden Fall nach Inkrafttreten des Autonomiegesetzes – denn der britische Kollege drängte ihn wieder einmal, die Notenpresse anzuhalten. Und vor der Ruhrbesetzung, denn sonst hätte er, Havenstein, dieses Ansinnen natürlich rundweg ablehnen müssen.

Soll er die Landsleute im Ruhrgebiet verhungern lassen?

Natürlich muss er sie mit Geld versorgen, in diesen Zeiten nationaler Bewährung, auch wenn die Notenpresse dann ein paar Umdrehungen mehr tut!

Wenn die Engländer das hätten verhindern wollen, hätten sie den Einmarsch ins Ruhrgebiet verhindern sollen. Oder schon bei den Friedensverhandlungen auf Milde drängen …

In der englischen Delegation gab es ja durchaus kluge Köpfe, die das Unheil vorhersahen: John Maynard Keynes etwa, der Ökonom, der im Auftrag des britischen Finanzministeriums an den Versailler Verhandlungen teilnahm.

Keynes hat von Anfang an davor gewarnt, das Deutsche Reich mit Reparationen zu überfordern. Hat darauf hingewiesen, dass eine starke deutsche Volkswirtschaft vonnöten sei für den Wiederaufbau Europas – und auch als Absatzmarkt für Amerika unverzichtbar.[52] »Wenn wir bewusst auf die Verarmung Mitteleuropas hinarbeiten, dann wird – das wage ich vorherzusagen – die Rache nicht auf sich warten lassen«, warnte er.[53]

Hat alles nichts genützt!

Keynes zog sich deshalb aus den Verhandlungen zurück.

Das Ergebnis sieht man: Für einen Dollar zahlt man fast 48 000 Mark. Importe sind unerschwinglich geworden.

Und der Reichskanzler drängt erneut auf Stützung der deutschen Währung.[54]

Für einen Dollar zahlt man 48 000 Mark – die Inflation nimmt Fahrt auf.

Havenstein ist strikt dagegen, seine knappen Reserven für eine Intervention einzusetzen. Das hat er der Regierung schon bei der ersten Stützaktion im Februar gesagt. Solange die Reparationsfrage nicht politisch gelöst sei, sei die Währung nicht zu stabilisieren.

Er weigerte sich zu intervenieren, doch auf diese Weigerung hin hatten damals der Reichskanzler und der Finanzminister mit ihrem Rücktritt gedroht.[55]

Hätte ein Notenbankpräsident – Unabhängigkeit hin oder her – ein solches Machtvakuum riskieren können? In Zeiten äußerer Bedrohung?

Die Bedrohung ist seither nicht geringer geworden – die Reserven der Reichsbank sind es dagegen schon.

Havenstein beschließt, der Sache nicht kampflos zuzustimmen.

Er fordert, dass die Industrie ihn mit ihren Devisen unterstützt.

Reichlich Devisen, diesmal.

Der Reichskanzler soll die Unternehmer für die neue Dollaranleihe gewinnen. Schließlich ist Wilhelm Cuno ein Mann der Wirtschaft. Bevor er Kanzler wurde, war er Chef der Hamburger Schifffahrtslinie Hapag. Er soll seine Kontakte nutzen.

Alle Großkonzerne sollen sich beteiligen, auch Ruhrbaron Hugo Stinnes, der beim letzten Mal keinen Dollar rausrückte.

Stinnes hat die erste Aktion boykottiert. Wenn nicht gar unterminiert.

Devisenkäufe! Während Havenstein alles verkaufte, was er an Devisen besaß, um die Mark zu stützen.

Der Reichsbankpräsident hat eine Riesenwut im Bauch.

Und offenbar auch einige Reichstagsabgeordnete.

Im Mai 1923 wird ein Untersuchungsausschuss einberufen, der der Sache auf den Grund gehen soll.

Stinnes hat zwar behauptet, dass von ihm »an den Tagen des Marktsturzes keine Devisen gekauft worden sind«. Und auch das Stinnes-Blatt, die *Deutsche Allgemeine Zeitung*, hat das verbreitet.[56]

Aber keiner glaubt ihm.

Schließlich macht jede Schwächung der Mark seine Produkte billiger und stärkt seine Position am Weltmarkt. Und Stinnes finanziert alles auf Kredit – er weiß, in der Inflation zahlen sich die Schulden wie von selbst zurück.

Alle leiden unter der Geldentwertung, aber Stinnes profitiert. Und daher traut man ihm auch alles zu.

Der Untersuchungsausschuss befragt Havenstein und vier führende Reichsbankbeamten, einen Staatssekretär, sechs Bankiers und vier Direktoren von Stinnes. Stinnes selbst erscheint nicht.

Siebzehn Mal wird der Ausschuss zusammentreten – dann werden die Ermittler die Waffen strecken.[57]

Denn es stellt sich heraus, dass Stinnes tatsächlich nicht zu denen gehört, die privat harte Währung hamsterten.

Zwar hat der Konzern im April bei den Hausbanken 93 000 Pfund geordert – doch geschah das auf Wunsch eines Kunden. Ein

Stammkunde, der von Stinnes britische Kohle bezog – und in Pfund bezahlen musste. Der dringend Kohlen brauchte, aber klamm an Devisen war.[58]

Der Kunde war die Reichsbahn.

Und Stinnes war nur der Kohlenmann, der für seinen Kunden in die Bresche sprang.

»Unter diesen Umständen kann der Firma Stinnes aus dem Versuch, die 93 000 Pfund für die Eisenbahn zu kaufen, ein Vorwurf nicht gemacht werden.«[59]

Mit diesem Satz stellt der Untersuchungsausschuss seine Ermittlungen ein.

Rudolf Havenstein ist schockiert. Die Reichsbahn hat die Arbeit der Reichsbank zunichte gemacht. Und keiner hat es bemerkt!

Sollte er sich je auf weitere Interventionen einlassen, das schwört er sich, wird der Devisenmarkt aufs Schärfste kontrolliert!

JUNI 1923 – LETZTE RESERVEN

Warum Käthe Kollwitz ein altes Plakat wiederverwendet, weshalb Anita Berber einen Neustart als Tänzerin versucht und wie Hugo Stinnes seinen letzten großen Coup plant.

Später wird keiner mehr sagen können, wie lange die Ehe Bestand hatte, die **Anita Berber** auf dem Höhepunkt ihrer Tanzkarriere schloss.

Aber alle werden sich einig sein, dass der Mann, den sie Anfang 1923 geheiratet hat, ein Missgriff war.

Ihre Freunde begreifen nicht, warum ein Männerschwarm wie sie sich an einen Mann verschenkt, der eigentlich Männer bevorzugt. An einen, der für seine Auftritte mehr Augen-Make-up benutzt als Anita.

Ihre Fans können nicht glauben, dass die Berber mit ihrer fast überirdischen Aura einen erwählt, der aus der Unterwelt zu kommen scheint. Einen, der mit Diebstahl und Drogen mehr Schlagzeilen macht als mit seinen Auftritten.

Sie finden Sebastian Droste unter Niveau. Künstlerisch wie menschlich.

»... in den Tänzen, die von Droste komponiert und entworfen wurden, tauchte die charakteristische Peitsche dieses femininen Despoten und Schlaumeiers auf, der in Anita nie die Ehefrau sehen konnte und noch weniger die souveräne Künstlerin«[1], wird etwa Josef Jenčík schreiben, der tschechische Choreograf, der zu Anita Berbers größten Bewunderern gehört, seit er sie in Wien zum ersten Mal hat tanzen sehen.

Regelmäßig besucht er ihre Vorstellungen, und später wird er eine Würdigung ihres Werkes schreiben. Vielleicht ist er auch ein bisschen verliebt.

Anitas Tanz- und Ehepartner jedenfalls kommt bei ihm nur als »Snob«, »Dompteur« und »Betrüger« vor.

Auch Leo Lania ist kritisch.

Lania ist Journalist.[2] Und Zeitgenosse. Er ist um die fünfundzwanzig, als er der fast gleichaltrigen Anita Berber über den Weg läuft. Die beiden schlagen sich in Berlin-Mitte die eine oder andere Nacht um die Ohren.[3]

Später wird er aus seinen Erinnerungen ein Buch machen.

Er weiß, dass seine unternehmungslustige Freundin ein großer Fan der Fahrradrennen im Sportpalast ist. Und so beschreibt er erst ausführlich einen Abend beim Sechstagerennen im Herbst 1923:

»Der Dollar steigt, die Franzosen marschieren, die Fahrer rasen. Anita steht an der Brüstung des ersten Ranges. Ihr roter Haarscharf leuchtet wie ein Fanal. Hier, jetzt hat sie zum ersten Mal den Hintergrund, den sie braucht: in der Orgie des Fiebers und

Irrsinns der Inflation enthüllt sich die Fratze der Zeit nackter als je bisher.«[4]

Mit dieser Erkenntnis lässt er sie spätnachts in ihre Suite im Hotel Esplanade zurückkehren, wo sie ihren Ehemann im Drogen-Koma vorfindet:

»Als sie die Tür zu ihrem Salon öffnet, gewahrt man im fahlen Licht des ersten Dämmerscheins, in der Mitte des Zimmers eine Gestalt lang ausgestreckt auf dem Boden. ›Kokain‹, sagt Doktor K.«[5]

Und kaum hat der Arzt den Gatten ins Leben zurückgeholt, wird dieser Anita ausrauben und verlassen, so schreibt Leo Lania.

»Und nun war er plötzlich verschwunden.« Und mit ihm: der »Schmuck, alle kostbaren Ringe, Perlen, Armbänder Anitas. Während Anita voller Wut die Einrichtung ihres Zimmers demolierte – spazierte dieser auf dem Verdeck der ›Karlsruhe‹, frisch rasiert und sehr elegant, zufrieden mit sich und dem schönen Wetter, mit dem Komfort des Schiffes, seiner gefüllten Brieftasche und dem Plan, in Neuyork ein neues Leben zu beginnen.«[6]

Sicher hat es seinen Grund, dass Leo Lania (der Jahrzehnte später als Ghostwriter für Willy Brandts Autobiografie fungieren wird)[7] sein Berber-Buch nicht Biografie nennt, sondern »biografischen Roman«. Dem Autor geht es darum, Anita ein Denkmal zu setzen, mit den Details ist er eher großzügig.

In Wirklichkeit nämlich gibt es 1923 (anders als in anderen Jahren) gar kein Herbstrennen im Sportpalast.[8] Und tatsächlich wird Anitas Gefährte auch nicht 1923, sondern erst ein Jahr später nach Übersee aufbrechen.

In den Passagierlisten der Atlantiklinien findet man einen Willy Knobloch, der sich am 13. Mai 1924 in Hamburg einschifft.[9]

Willy Knobloch – das ist der bürgerliche Name des Künstlers Sebastian Droste. Er ist der Sohn einer wohlhabenden Hamburger Textilfabrikantenfamilie.[10]

Bei der Sache mit dem Schmuck ist der Roman möglicherweise näher an der Realität – zumindest ist der drogensüchtige Fabrikantensohn vorher mehrfach mit Diebstählen auffällig geworden. Er schreckt offenbar auch vor dem Eigentum enger Freunde nicht zurück.

Noch kurz vor seiner Abfahrt wird sich Droste vor Gericht verantworten müssen, weil er dem Freund eines Freundes eine goldene Uhr gestohlen hat – aus »Eifersucht«, wie die *Berliner Volkszeitung* genüsslich ausbreitet.

Der Bericht über das, was als Beziehungstat dargestellt wird, fällt fast doppelt so lang aus wie der, den die Zeitung wenig später Drostes Tanzauftritt im Berliner Blüthner-Saal widmet.

Und Lob wird darin allein Anita Berber zuteil:

»Den meisten Beifall erntete sie mit einem karikaturistischen Jazz. Das liegt ihr am meisten. Dass sie technisch viel gelernt hat, muss anerkannt werden. Ihr Partner Sebastian Droste kann viel weniger. Er wäre um ein Haar ausgezischt worden.«[11]

Das Duo hat seine beste Zeit hinter sich.

Sebastian weiß das. Und Anita weiß das.

Anita ist diejenige, die die Konsequenzen zieht.

Im Sommer 1923 gründet sie ein Tanzensemble.[12]

Ohne Droste.

Die Berber-Truppe ist eine reine Frauenangelegenheit. Nackte Frauen.

Aktperformance im Berliner Nachtlokal »Die weiße Maus«.

Es wird etwas dauern, bis Sebastian Droste nachzieht. Seine Pläne sind ja auch nicht ganz so schnell umzusetzen: Er will nach Amerika – und da ganz groß rauskommen!

Tatsächlich wird er zunächst im New Yorker Hotel Waldorf Astoria auftreten und wenig später in der berühmten Carnegie Hall. Ein toller Start![13]

Er wird sich dort *Baron* Droste nennen. Und die »Tänze des Lasters, des Grauens und der Extase« kommen nun unter dem Titel »Vices, Horrors, Ecstasies« auf die Bühne.

Doch während das Programm in Wien und Berlin wochenlang für Schlagzeilen sorgte, nehmen die New Yorker Rezensenten nur kurz Notiz davon – und bald bleiben die Engagements aus.

Ob die Amerikaner keinen Ausdruckstanz mögen? Oder keine nackte Haut? Oder liegt es vielleicht daran, dass den diversen Tanzpartnerinnen, mit denen Droste nun experimentiert, das gewisse Etwas fehlt?

Dass sie es – allesamt – nicht mit Anita Berber aufnehmen können?

Aber auch Anita tut sich schwer ohne Droste.

Wenn sie mit ihren Tänzerinnen in der Weißen Maus auftritt, ist ihnen zwar Aufmerksamkeit sicher. Die Männer kommen in Scharen, um zwölf zarte Mädchenbeine tanzen zu sehen – und natürlich die Berber.[14]

Es sind Honoratioren aus der Provinz, die hier ihr Vermögen verjubeln, und Herren der Berliner Unterwelt, die mit ihren Huren einkehren, oder Amerikaner, die denken, dass ihnen für ein paar Dollar halb Berlin gehört (was angesichts der Wechselkursentwicklung auch fast der Wahrheit entspricht).

Aber ist dieses Publikum an Tanz*kunst* interessiert?

Oder doch eher an den Tänzerinnen?

Je frivoler die Darbietungen, desto anonymer die Gäste.

In dem Nachtlokal in der Nähe der Friedrichstraße bleiben die Gäste unerkannt. Sie tragen schwarze Masken über den Augen.

»Die Weiße Maus« ist ein Ort der Libertinage – doch die Freizügigkeit hat Grenzen.

»Ein Mädchen der Gruppe von Anita Berber war gewöhnlich zu haben. Nur Anita Berber selbst war nicht zu kaufen. Und sie zeigte das«,[15] schreibt der Journalist Fred Hildenbrandt, der dort verkehrt.

Die Chefin der Truppe reagiert sehr ungehalten, wenn einer der Herren Stielaugen macht. Dann zieht sie dem Betreffenden auch schon mal eine Sektflasche über den Schädel.

»Sie glotzen nur auf unsere Schleier, ob sie nicht darunter etwas sehen können, die Schweine«, beklagt sie sich bei Hildenbrandt, dem Kulturchef des *Berliner Tageblatts*.[16]

Die Kritiken werden immer unfreundlicher.

»Die Presse übertreibt und lügt«, sagt Anita Berber. »Später werden sie selbst herausfinden, dass ich eine Künstlerin bin und keine Perverse. Mein Partner Sebastian übersetzte für mich griechische und lateinische Texte, die sagen, dass es keine Sünde ist, den nackten Körper zu zeigen, denn der Körper ist ein Geschenk Gottes«, versucht sie sich zu verteidigen.[17]

Mit wenig Erfolg.

Sebastian Droste hat aus Anita, dem Nacktfilmsternchen, eine Künstlerin gemacht.

Er hat ihre Nacktheit intellektuell überhöht.

Ohne ihn ist Anita wieder einfach nur nackt.

******

Im Juni 1923 bekommt **Käthe Kollwitz** Besuch von einem Freund: Theodor Plievier, Schriftsteller und politischer Weggenosse. Der Mann ist am Boden zerstört, denn er hat sein Töchterchen verloren.

»Plivier war eben hier. Verändert, mager, blass, mit großem Bart. Er sagte mir, dass seine Viktoria, die Thora, dieses entzückende liebliche Kind, gestorben sei. Zweieinhalb Jahre alt.«[18]

Käthe Kollwitz notiert den Namen der kleinen Toten ins Tagebuch, wie sie in dieser Zeit viele Namen notiert. Ihr Tagebuch ist voll davon. Alle paar Wochen stirbt in ihrem Bekanntenkreis ein Kind, das in besseren Zeiten hätte weiterleben können. Masern, Tbc, allgemeine Entkräftung ...

Sie nimmt Anteil. Sie versucht zu trösten, wo kein Trost möglich ist. Keiner weiß das besser als sie. Sie kennt ja den Schmerz – und alle Versuche, ihn zu betäuben.

Und so erkennt sie sich wohl auch wieder in der Art, wie der Vater auf den Verlust reagiert: Er stürzt sich in die politische Arbeit.

Er will durchs Land ziehen und gegen das Elend anschreien, Geld sammeln zusammen mit ein paar Gesinnungsgenossen – weltliche Wanderprediger, die man später »Inflationsheilige« nennen wird.

Auf ihre Hilfe kann er zählen.

Vor einem Jahr war er schon mal unterwegs, damals, um Geld für die hungernden Russen zu sammeln. Eine ähnliche Aktion wie die von Willi Münzenberg und seiner Arbeiterhilfe – nur in der Barfüßervariante.

Doch natürlich hat sie damals auch für Plievier ein Plakat gemacht. Es zeigt eine ausgemergelte Frau, deren Kind, zum Skelett abgemagert, in ihrem Schoß ruht.[19]

Jetzt eilt die Sache. Plievier will schon Anfang Juli aufbrechen. Daher kommen Käthe Kollwitz und er überein, das alte Plakat ein zweites Mal zu verwenden.

Diesmal gegen den Hunger in Deutschland.

Höchste Zeit, dass einer was tut. Sie hat lange darauf gewartet, dass was passiert.

»Seltsame Zeit, wie im Mittelalter zu Beginn der Bauernkriege«, schreibt sie, als ihr Freund mit seinem Rucksack und Wanderstab loszieht.[20]

Eigentlich müssten längst andere aktiv werden: die Regierung, die Gewerkschaften oder die Kommunisten. Einer wie Willi Münzenberg müsste sich der Sache annehmen. Im ganz großen Stil!

Das Thema treibt sie um, seit man sie 1920 bat, eine Sammlung für Österreich zu unterstützen – eine Aktion, die dann jedoch abgesagt wurde. »Ich hatte ein Plakat für die hungernden Wiener Kinder gezeichnet«, schreibt sie damals bekümmert in ihr Tagebuch. »Die Hilfsaktion für Wien darf nicht eingeleitet werden, weil wir selbst vor der Hungersnot stehen.«[21]

Inzwischen hat Österreich die Inflation überwunden – und in Deutschland kostet der Laib Schwarzbrot 1 428 Mark.[22]

Überall um sie herum ist das Elend mit Händen zu greifen.

Wie lange sollen die Kinder noch hungern? Wie viele von ihnen müssen noch sterben? Käthe Kollwitz will, dass endlich was passiert.

******

Kurt Tucholsky arbeitet nun schon seit über drei Monaten in der Bank.

Er hat alles gelernt, was ein Banklehrling lernen muss: Kurse berechnen, Coupons schneiden, Wechsel bearbeiten und Kunden bei Laune halten.

Einmal – die Schalterhalle ist voll mit Menschen, die ihre Papier-Millionen in wertbeständige Devisen tauschen wollen –, da entdeckt Tucholsky einen Schulfreund in der Menge:

»Willst du ein Viertelpfund Dollars haben? Geschnitten oder im Ganzen?«, begrüßt er den Klassenkameraden winkend.[23]

Auch sonst hat Tucholsky immer einen Scherz parat.[24]

Keiner soll denken, dass er sich langweile im Kontor.

Tut er natürlich doch.

Zumindest bekommt man den Eindruck, wenn man liest, was Tucholsky am 28. Juni 1923 für *Die Weltbühne* schreibt. (*Die Weltbühne* bezahlt ihre Autoren seit Neuestem in Devisen, weshalb der Bankbeamte Tucholsky nun gelegentlich doch wieder zur Feder greift.)

»Neulich habe ich einen Hund gesehen – der ging ins Geschäft. Er wackelte die Leipziger Straße zu Berlin herunter; ganz ernsthaft ging er da und sah nicht links noch rechts und beroch nichts, und etwas anderes tat er schon gar nicht.

Er ging zweifellos ins Geschäft.

›Arbeet soll Vajniejen machen? Ihnen pickt er woll?‹

Der Hund sprang nicht. Man hüpft nicht auf den Straßen. Und das verlockende, niedrig hängende patriotische Plakat ... Der Hund ließ es außer acht.

Er ging ins Geschäft.«[25]

Der Herausgeber der *Weltbühne* ist hocherfreut über den Text seines langjährigen Starschreibers. Die Botschaft stimmt ihn hoffnungsfroh.

Der Hund kann doch kein anderer sein als der Autor selbst, der seinem Frust darüber Ausdruck verleiht, in sein (unweit der Leipziger Straße gelegenes) Bankkontor[26] gehen zu müssen, statt in die Tasten zu hauen und Patrioten anzupinkeln.

Siegfried Jacobsohn versucht daraufhin erneut, Tucholsky zurückzugewinnen – am liebsten will er ihn gleich als Redakteur verpflichten und nicht nur als Autor. Er werde auf jede Gehaltsforderung eingehen, verspricht der Herausgeber der *Weltbühne*:

»Also fassel, was es kostet, und fang am ersten Oktober an.«[27]

Aber Tucholsky traut der Sache nicht.

Im Bankhaus Bett, Simon & Co wird sein Lohn täglich an die Inflation angepasst.[28]

Wie soll ein kleiner Verlag das schaffen?

Tucholsky braucht Stabilität.

Seine Liebe zu Mary ist wieder voll entflammt – und die Ehe mit Else zerbrochen.

Gerade ist er aus der gemeinsamen Wohnung ausgezogen. Seit 22. Juni 1923 wohnt Kurt Tucholsky möbliert.[29]

Unordnung gibt es in seinem Leben genug.

Da bleibt er doch lieber in der Bank!

******

Im Juni geht **Hugo Stinnes** seinen Geschäften nach. Wichtigen Geschäften.

Es geht um Öl.

Die ersten Schritte hatte er schon im Krieg unternommen. 1917 war das, als die deutschen Truppen sich anschickten, Rumänien zu besiegen.

Rumänien ist zu dieser Zeit der viertgrößte Ölexporteur der Welt. Deutsche Banken waren damals schon aktiv dort, aber auch Investoren aus England und Amerika.[30]

Im Krieg wandte sich Rumänien dann der Entente zu. Die Deutschen marschierten ein, siegten und waren völlig euphorisch. Für kurze Zeit gelang es ihnen, die Misserfolge ihres Heeres anderswo zu vergessen.

Die Ölfelder Rumäniens seien ihnen sicher, glaubten sie.

Auch Hugo Stinnes glaubte das.

Deswegen schlug er ein, als neue Investoren gesucht wurden.

Stinnes denkt groß.

Aber er denkt auch in Alternativen.

Schon damals im Krieg: Seit Februar 1917 befindet sich Deutschland im uneingeschränkten U-Boot-Krieg: Seit April kreuzen amerikanische Truppentransporter den Atlantik.[31]

Die Stimmung wendet sich gegen Deutschland.

Deshalb entwickelt Stinnes noch einen Plan B.

Während sich der deutsche Kaiser 1917 vor den rumänischen Ölfeldern ablichten lässt[32], kauft Stinnes Anteile an der A. Riebeck'schen Montanwerke AG in Halle.[33]

Die Braunkohlefelder dort sind weit weniger fotogen als nickende Ölpumpen.

Und die Schwelereien, die alles rund um Halle in beißende Schwaden hüllen, sind eines kaiserlichen Besuches sogar gänzlich unwürdig.

Doch genau dieser stinkenden Fabriken wegen hat Stinnes sich hier eingekauft. In ihren Röhrenlabyrinthen verwandelt sich die Kohle in Benzin.

Kohleverflüssigung – in Zeiten schwindender Devisen und steigenden Kraftstoffverbrauchs ist das ein Zauberwort.

Denn inzwischen wird der Krieg nicht mehr nur mit Kanonen geführt. Das Reich braucht auch Schiffe und U-Boote. Und die brauchen Treibstoff.

Krupp in Essen, ein Montankonzern wie der von Stinnes, baut immer mehr Kanonen, Schiffe und U-Boote – und nichts anderes mehr. Krupp hat sich ganz und gar dem Krieg verschrieben.[34]

Stinnes dagegen handelt mit allem, was im Krieg gebraucht wird: Kohle, Stahl, Maschinen und jetzt eben auch mit Schmieröl, Diesel und Benzin.

Auch er verdient gut am Krieg.

Aber Stinnes tätigt keine Investition, die sich nicht auch im Frieden auszahlen würde.

Das unterscheidet Stinnes von Krupp: Stinnes hat immer einen Plan B.

Deshalb ist der Krupp-Konzern nach dem Krieg gewaltig geschrumpft – und Stinnes ist obenauf.

Inzwischen wird überall Öl gebraucht. Moderne Frachtschiffe werden nicht mehr mit Kohle, sondern mit Marinediesel angetrieben. Und auf den Straßen sieht man immer mehr Autos.[35]

Autos sind der letzte Schrei!

Stinnes weiß das, denn er ist von Autonarren umgeben.

Seine Schwägerin Nora hat das Fieber in die Familie gebracht. Sie hat 1911 den englischen Rennfahrer Robert Dunlop geheiratet – und fährt selbst wie der Teufel.

Nora Dunlop, Schwägerin von Hugo Stinnes, liebt Autos und fährt sie am liebsten selbst. Hugo Stinnes hegt vor allem eine Schwäche für die rasante Dame.

Auch seine Frau Cläre ist vom Fieber erfasst. Am schlimmsten aber hat es seine Tochter Clärenore erwischt.[36] Vor ein paar Jahren haben sie das Kind für eine Weile zu Nora nach Wiesbaden geschickt. Sie sollte sich Charme und Esprit von der weltgewandten Tante abschauen.

Mit Erfolg: Clärenore trägt nun auch Bubikopf und Röcke, die kurz unterm Knie enden. Am wohlsten allerdings fühlt sich die Zweiundzwanzigjährige in Hosen und ihrem ledernen Autofahrer-Outfit. Und sie fährt besser als jeder Chauffeur. Wenn Stinnes die Tochter mit nach Berlin nimmt – sie fungiert als seine Privatsekretärin –, dann lässt er sie gern mal ans Steuer.[37]

Weniger gerne sieht er es, wenn sie dort mit Nora um die Wette fährt.

Nora lebt inzwischen in Berlin. Ihr Mann, der Rennfahrer, ist jetzt im Automobilgeschäft tätig. Stinnes hat ihn zum Direktor der Dinos-Werke gemacht, einer Charlottenburger Autofabrik, die er 1922 gekauft hat.[38]

Zum technischen Direktor wohlgemerkt. Denn von Geld versteht der Schwager nichts. Die Villa im Grunewald, die Nora mit ihrer Familie bewohnt, hat Stinnes ihr geschenkt, ebenso wie die Heimburg, ein altehrwürdiges Gemäuer zwischen Mainz und Koblenz, das er direkt nach ihrer Eheschließung für sie erwarb.[39]

Stinnes hegt eine Schwäche für die Schwägerin. Wenn sie sagt: »Hugo, jetzt gehen wir ins Theater, und du vergisst deine Geschäfte«, dann lässt er auch mal alle fünf gerade sein.[40]

Sie ist die Einzige, die ihn von der Arbeit ablenken kann.

Und natürlich hat sie auch ihn mit der Autofahrerei angesteckt. Vor zwei Jahren haben die beiden sogar einen Unfall gebaut. Nora und ihr kleiner Sohn blieben zum Glück unverletzt. Aber er, Stinnes, musste sich hinterher mit neun Stichen nähen lassen und das Bett hüten.[41] Sogar die Presse hat berichtet, auch wenn er sich bemüht hat, die Sache, so gut es ging, herunterzuspielen.

Schließlich ist er ein verheirateter Mann.

Er würde auch nie zugeben, dass sein Engagement für die Berliner Avus etwas mit der hübschen Schwägerin zu tun hat.

Das war eine Investition![42] Eine rein wirtschaftliche Entscheidung!

Dass da auch Autorennen stattfinden, geschenkt! In Wirklichkeit ist die Avus eine Automobil-Verkehrs- und Übungsstrecke – wie der Name schon sagt.

Das Automobil ist die Zukunft! Da kann es nicht angehen, dass man in der Hauptstadt eine Teststrecke plant und sie dann nicht fertig baut.

Nun gut, es war Krieg. Aber auch in den Jahren danach tat sich in Berlin lange nichts. So lange, bis Hugo Stinnes Bauarbeiter schickte, um die Avus fertig teeren zu lassen.[43]

1921 wurde sie dann eingeweiht, die erste Straße exklusiv für Autos auf dem gesamten europäischen Kontinent. Auch in schlechten Zeiten muss man an die Zukunft denken. Gerade dann!

Beliebte Rennstrecke: Dank der tatkräftigen Unterstützung von Hugo Stinnes wurde die Avus 1921 eröffnet. Sie war die erste Straße in Europa, auf der ausschließlich Autos fahren durften.

Deshalb ist Stinnes heilfroh, dass er schon im Krieg in Kraftstoffe investiert hat. Zugegeben, aus dem Engagement in Rumänien ist nichts geworden. Aber seinen Einstieg in die heimische Produktion hat er nie bereut. Ganz im Gegenteil! Jede einzelne Mark, die er in Halle investiert hat, hat sich ausgezahlt. Importe werden ja immer schwieriger, seit die deutsche Währung im freien Fall ist und man sich jede Einfuhr einzeln genehmigen lassen muss.

Benzin aus heimischer Produktion ist gerade bares Gold wert!

In den vergangenen Monaten hat Stinnes seinen Anteil an dem Unternehmen peu à peu zur Mehrheit ausgebaut. Er hat auch noch Patente, Raffinerien und Ölspeicher eingebracht.

Seit Juni 1923 nennt sich die Firma »Hugo Stinnes-Riebeck Montan- und Oelwerke AG«.[44]

Aber Stinnes wäre nicht Stinnes, wenn er es dabei bewenden ließe. Denn irgendwann wird Deutschland wieder hartes Geld haben. Darauf muss man sich einstellen! Noch in diesem Jahr wird er seinen Sohn Hugo junior über den großen Teich schicken, um in den USA über Öl zu verhandeln.[45]

Man muss in Alternativen denken.

JULI 1923 – VERTRAUENSVERLUST

Wie Käthe Kollwitz klar wird, dass ihr Mann eine andere liebt. Wie Hans Adam Dorten sich eine Abfuhr in Paris holt, Rudolf Havenstein einen weiteren Kampf um die Mark verliert und Anita Berber vergeblich auf eine neue Rolle wartet.

Anfang Juli 1923 lässt der Inhaber einer Maklerfirma am Rande von Los Angeles hölzerne Buchstaben aufstellen.[1] Die Buchstaben sind gewaltig: 14 Meter hoch.

So gewaltig wie der Vorsatz, den der Mann gefasst hat: Er will Land vermarkten, auf dem bisher nur der Stechpalmenwald gedeiht, der dem Landstrich seinen Namen gegeben hat: »Hollywood«.[2]

Landwirtschaftlich ist die Steinwüste nicht zu nutzen. Trinkwasser gibt es dort erst seit der Eingemeindung durch Los Angeles im Jahr 1910.

Im gleichen Jahr ist allerdings eine Schauspielertruppe aus New York in die Gegend gekommen, um den Film »In Old California« zu drehen.

Daher hofft der Makler auf zahlungskräftige Kunden aus der Filmindustrie.

Er hat den richtigen Riecher. Denn New York – bis dato die unangefochtene Kulturhauptstadt Amerikas – wird für die wachsende Filmbranche zu eng. Und weil sich herumspricht, wie gut sich das Klima Kaliforniens für Außenaufnahmen eignet, wandern mehr und mehr Filmleute an die Westküste ab.

Bald boomt Hollywood. Und überall sonst leidet die Filmindustrie – in New York ebenso wie in Europa.

Dank eines findigen Maklers wird Hollywood zum neuen Place to Be der Filmindustrie.

Dies bekommt auch **Anita Berber** zu spüren; auch sie leidet.

Denn das Jahr 1923, das triumphal begann, hat ihr keine weitere Rolle gebracht.

Keine einzige!

Der neue Akrobatenfilm etwa, der im übernächsten Jahr in die Kinos kommen wird, ist nur ein Neuschnitt alter Aufnahmen. Aus »Die vom Zirkus« machen die Produzenten »Die Zirkusdiva«.[3]

Und ihr Auftritt als Astarte aus den »Tänzen des Lasters« wird auch zweitverwertet: In den »Irrlichtern der Tiefe« geht es zwar eigentlich um ein Grubenunglück, und die tanzende Göttin dient nur als Garnitur – aber angesichts der desolaten Auftragslage sagt sie nicht Nein.

Und nun sorgt auch dieser Film wieder für Aufregung.

Im böhmischen Eger wird eine Strohpuppe durch die Stadt getragen[4] und »Nieder mit der Metze Berber« geschrien.[5] Der »Verband zur Bekämpfung der Körpergier« wollte die Vorführungen sogar verbieten lassen.[6]

Die Zeitungen in Berlin und anderswo werden gar nicht müde, darüber zu berichten.

Der Protest der Prüden ist die beste Werbung für die Art von Filmen, die sie macht, das hat Anita Berber früh gelernt. Und bisher haben ihr solche Schlagzeilen auch immer neue Aufträge beschert.

Diesmal nicht.

Keine Rolle weit und breit!

Ob die Inflation schuld ist?

Das Leben wird immer teurer. Ein Kilo Schwarzbrot kostet jetzt 3 465 Mark.[7]

Aber die Menschen müssen sich auch ablenken vom täglichen Elend. Und egal ob Ku'damm oder Friedrichstraße – überall Schlangen. Tagsüber stehen die Leute nach Waren an, und wenn dann abends noch Geld übrig ist, wird es im Kino verjubelt. Am nächsten Tag ist es sowieso nichts mehr wert.

Die Versorgungslage verschärft sich immer mehr: Schlange stehen vor einem Berliner Buttergeschäft.

Bei alldem geht es dem deutschen Film noch besser als dem in Österreich oder anderswo in Europa.[8]

Weil Deutschland die UFA hat und die UFA den Regisseur Fritz Lang.

Sein »Dr. Mabuse« war ein Riesenerfolg – auch international.[9]

Und Lang hat es auch jetzt wieder geschafft: Er dreht ein großes Opus über die Nibelungen.

Es ist das aufwendigste Projekt der jungen deutschen Filmgeschichte. In Babelsberg wird die Stadt Worms samt Burg und Dom nachgebaut. Für die Winterszenen wartet man sogar so lange, bis tatsächlich Schnee gefallen ist. Und Siegfried ringt mit einem Drachen, der echtes Feuer speit.[10]

1924 soll das Ganze in die Kinos kommen, als Zweiteiler.

Wie gerne wäre Anita Berber dabei.

Bei »Dr. Mabuse« hat sie sich gegrämt, nur die Tanzszenen doublen zu dürfen, und darauf gehofft, dass Lang ihr beim nächsten Mal mehr zutraut.

Leider wurde sie nun aber gar nicht gefragt!

Seit den »Tänzen des Lasters« hat sie keinen Film mehr gedreht.

Sie habe das Laster einfach zu authentisch gemimt, lästern ihre Kollegen.

Sie tuscheln über die Flasche Cognac in ihrer Garderobe und über die Kokainspritze, die sie in der Handtasche bei sich trägt.[11]

Anita Berber geht das Gerede auf die Nerven.

Sie ist eine Künstlerin. Haben diese Krämerseelen das nicht verstanden? Sie lebt, was sie tanzt – und umgekehrt!

Nur deshalb wurden Tänze wie »Kokain« und »Morphium« zum Erfolg.

Wenn sie nur wüsste, wie sie daran anknüpfen könnte.

Sie genehmigt sich erst mal einen Cognac.

******

Hans Adam Dorten ist nun seit drei Monaten in Paris.

Er hat die Kastanienalleen blühen sehen. Er hat die Erdbeeren gekostet, die hier viel kleiner und süßer sind als in Deutschland. Die Glyzinien haben erst die Mauern am Montmartre blau gefärbt und bald darauf auf den Trottoirs ein blassblaues Blütenmeer hinterlassen.

Wunderschön!

Aber er ist ja nicht zum Vergnügen in Paris, sondern im Dienste der Rheinischen Republik.

Im April hat er dem Korrespondenten der *Londoner Times* ein Interview gegeben, um Frankreichs Unterstützung für die rheinischen Separatisten zu gewinnen.

Seither wartet er auf eine Reaktion.

Wird ihn jemand aus der Regierung empfangen? Vielleicht gar der Ministerpräsident selbst? Oder wird man ihn wieder hinhalten, wie bei früheren Besuchen?[12]

Er hat seinen Freund, Charles Mangin, wiedergetroffen.[13] Sie haben über alte Zeiten gesprochen, als der General noch in Wiesbaden stationiert war und sie zusammen die »Rheinische Republik« ausriefen.

Die Sache scheiterte, aber, da sind die beiden sich sicher, nur am schlechten Timing. Damals, im Sommer 1919, als der Versailler Vertrag just unterzeichnet war und alle nach vorne schauen wollten, da hatte der Separatismus einfach schlechte Chancen.

Seit aber das Reich mit den Reparationen im Rückstand ist, stehen die Zeichen besser für eine Abtrennung!

Dortens Pariser Freund macht ihn mit allen wichtigen Leuten bekannt.

Es passiert nur nichts.

Als er die Hoffnung fast schon aufgegeben hat, meldet sich das Außenministerium bei Hans Adam Dorten.

Die Botschaft ist allerdings enttäuschend: Die rheinische Sache sei eine innere Angelegenheit Deutschlands, bescheidet man ihm. Die Rheinländer müssten ihre Freiheit selbst erringen.[14]

Dorten überlegt hin und her.

Es ist unerträglich heiß geworden. Alle, die in Paris etwas zu sagen haben, sind in ihre Sommerhäuser ans Meer geflohen.

Hier kann er nichts mehr ausrichten, und zu Hause wird er dringend gebraucht!

Während er in Paris versucht hat, diplomatische Allianzen zu schmieden, scheinen im Rheinland die Revoluzzer Oberwasser zu bekommen.

Einige seiner Mitstreiter scheinen sich profilieren zu wollen.[15] Besonders Josef Smeets aus Köln nutzt seine Abwesenheit – und der aus Bayern zugewanderte Joseph Friedrich Matthes.[16]

Eigentlich hat Dorten die zwei Herren – alle beide überzeugte Sozis – dazu ausersehen, die Arbeiterschaft für seine Sache zu gewinnen. Sie sollten die Gefolgschaft der Rheinlandbewegung über den katholisch-bürgerlichen Kern hinaus erweitern. Doch nun agitieren die beiden auf eigene Faust.

Er weiß nicht, wer ihm mehr Sorgen bereitet: der Journalist Matthes, der als Redakteur einer sozialdemokratischen Zeitung zu Hause in Aschaffenburg so viel verbrannte Erde hinterließ, dass er nicht nur aus der SPD ausgeschlossen wurde, sondern auch noch eine Beleidigungsklage am Hals hat.[17]

Um der Haft zu entgehen, ist er ins besetzte Gebiet geflohen. Er hat sich den Franzosen als Schreiber angedient – und den Separatismus für sich entdeckt. So weit, so nützlich.

Doch wer hat Matthes erlaubt, in Düsseldorf seinen eigenen »Unabhängigkeitsbund« zu gründen?[18]

Und dann ist da noch Smeets, der als Mitglied des Kölner Arbeiter- und Soldatenrates schon direkt nach dem Krieg versucht hat, eine Revolution anzuzetteln.[19] Und jetzt scheint er in die Tat umsetzen zu wollen, was ihm damals verwehrt blieb.

Anfang Mai haben seine Leute in Trier die Statue von Kaiser Wilhelm I. vom Sockel gestürzt. Kurz darauf haben sie unter Einsatz von Schusswaffen das Trierer Elektrizitätswerk gestürmt und den Werksleiter verjagt.[20]

Höchste Zeit, Josef Smeets wieder an die Kandare zu nehmen, denkt sich Dorten, sonst wird die Rheinische Republik ein Arbeiter- und Bauernstaat.

Als Dorten nach Deutschland zurückkehrt, muss er feststellen, dass die Radikalisierung sogar noch weiter fortgeschritten ist, als er gedacht hat.

Er muss nun selbst lautere Töne anschlagen, um sich Gehör zu verschaffen.

Am 29. Juli 1923 hält Hans Adam Dorten eine glutvolle Rede in der Koblenzer Festhalle.

»Als hier Kunst und Wissenschaft schon in höchster Blüte stand, da war in Berlin noch ein elender, modernder Spreesumpf. Und dieser Sumpf verpestet heute ganz Deutschland.«[21]

Weil er weiß, dass seine Gegenspieler längst aufs Ganze gehen und offen die Loslösung von Deutschland postulieren, fordert auch Dorten nun, »endlich vor aller Welt die rheinische Freiheit zu verlangen«.[22]

Noch am selben Tag schließt sich Dorten mit den Smeets-Leuten zusammen.

Eine erdrückende Umarmung. Wie sich herausstellt, ist Smeets zu geschwächt, um sich ihrer zu erwehren.

Smeets war im Frühjahr Opfer eines Attentats geworden. Ein rechtsradikaler Nationalist (er wird sich später der Organisation Consul anschließen) hatte ihm in Köln aufgelauert und ihn kaltblütig niedergeschossen.[23]

Josef Smeets wird sich davon nicht erholen. Er hat nur noch wenige Monate zu leben.[24]

******

Käthe Kollwitz trägt einen Kummer mit sich herum, seit Wochen schon.

Es geht um Karl, ihren Mann.

Er hat sich in eine andere Frau verliebt.

Sie war wie betäubt, als er es ihr sagte.

Es war an jenem Tag, an dem ihr Freund Theodor Plievier sie besuchte, um ihr vom Tod seiner kleinen Tochter zu berichten, als er verkündete, von nun an gegen Elend und Hunger zu kämpfen.

Diese Art von Kummer war ihr vertraut. Seit dem Tod ihres Sohnes hatte er sich tief in ihr eingegraben. Die Nachricht des Freundes öffnete eine Tür in ihrem Kopf. Die schwarzen Gedanken dahinter hatten nur darauf gewartet, sich ihrer wieder zu bemächtigen.

Vierzehn Sätze schreibt sie an jenem Abend in ihr Tagebuch über das tote Kind – zum anderen Kummer dagegen nur einen einzigen Satz:

»Gespräch mit Karl über Else«, steht da nur.[25]

Sie weiß nicht, was sie darüber denken soll. Bis heute nicht.

Wann mag es wohl passiert sein?

Vielleicht als sie mit der Gallengeschichte im Krankenhaus lag? Er kam immer erst abends spät in die Klinik. Sehr spät.

Ob er in der Praxis wirklich so viel zu tun hatte?

Oder erst danach? Als sie nach der OP nach Hause zurückkehrte und sich selbst wehleidig vorkam, weil sie für jeden Handgriff Hilfe brauchte.

Oder doch schon früher? Als sie am Anfang des Jahres so mit sich selbst beschäftigt war. Als sie versuchte, die Düsternis des Winters mit Arbeit zu vertreiben?

Sie zermartert sich das Hirn.

Ihr Geliebter, der Vater ihrer Kinder, ihr Gefährte in guten wie in schlechten Zeiten, ihr schärfster Kritiker und treuester Freund seit über dreißig Jahren. Er hat Gefühle für eine andere Frau.

Karl, der aufopfernde Arzt, angesehen bei allen Patienten, hat sich kurz vor seinem sechzigsten Geburtstag verliebt. In Else, seine junge Sprechstundenhelferin.[26]

Verliebt!

Kurz danach haben sie seinen Geburtstag gefeiert. Erst im Familienkreis mit sechzig Lichtern und bunten Blumen auf dem Tisch.

Dann noch bei Freunden in der Gartenlaube.

»Es war schön und lustig«, schreibt sie in ihr Tagebuch. Und dann ganz am Ende der Schilderung aller Feierlichkeiten noch ein Wort: »Else.«[27]

Sie weiß nicht, was sie tun soll. Sie weiß nicht einmal, was sie denken soll.

Sie bemüht sich, die Sache positiv zu sehen.

»Der Gedanke der Möglichkeit seines Verlustes schmerzt mich, er erscheint mir wieder so liebenswert wie in den besten Zeiten«, schreibt sie, nachdem sie das Wissen drei Wochen mit sich herumgetragen hat.

Sie versucht den Schmerz umzudeuten zur Schutzimpfung gegen die Gleichgültigkeit, die sich in einer langen Ehe einschleichen kann:

»Sinn hat das Ganze, was wir jetzt durchleben, doch nur, wenn es auf eine höhere Stufe führt.«

Aber es gelingt ihr nicht.

»Wie sehr klein, peinlich und zwackend sind meine eifersüchtigen Gefühle«, urteilt sie über sich.[28]

»Ich alte Frau werde so sehr geplagt von längst überwunden geglaubter Eifersucht. Eifersucht ist ein scheußliches, brennendes, einengendes, niederziehendes und demütigendes Gefühl.«[29]

Sie war immer eine unabhängige Frau.

Immer.

Die Prophezeiung ihres Vaters, nach der Hochzeit würde sie Kunst und Freiheit aufgeben, hat sie seit Langem widerlegt.

Als sie schon Mutter war, reiste sie noch zu Studien nach Paris. 1901 und 1904 – da waren ihre Jungs noch Schulkinder. Wenige Jahre später, 1907, wanderte sie allein mit einer Freundin durch Italien – ohne Mann, damals eine Ungeheuerlichkeit.[30]

Und, ja, auch sie hat sich mal in einen anderen verliebt, 1909 war das, in Hugo Heller aus Wien, den Witwer einer Freundin.

In Hugo, den Buchhändler und Konzertveranstalter, diesen kunstsinnigen Mann, mit dem sie so vieles verband.[31]

Die Zeitungen berichteten gerade jüngst viel über ihn. Nun ja, nicht direkt über ihn, sondern über die Nackttänzerin, die er nach Wien geholt hatte.

Hugo Heller war es, der Anita Berber das Engagement am Konzerthaus verschaffte, um das es dann so großen Ärger gab, weil die Berber ja noch woanders tanzte.[32]

Ach ja, Hugo und die Frauen.

»Liebste Freundin, wie sehne ich mich nach Ihnen«[33], hatte er damals geschrieben und hätte sie gerne in Wien gehabt.

Es ist nichts geworden aus ihr und Hugo Heller.

Sie hat die Sache beendet.

Aus schlechtem Gewissen der verstorbenen Freundin gegenüber. Und auch ihrer eigenen Familie wegen.

Sie ist bei ihrem Mann geblieben, obwohl der bereit war, sie gehen zu lassen, und ihr sogar ein Gedicht dazu geschrieben hat.

»An den Zugvogel« hat er es genannt.

»Ich bleibe und sehne mich
Du aber fliege«

Das waren die letzten Zeilen.[34]

Er hätte ihrer um ihres Glückes willen entsagt!

Ihr guter Mann.

Und jetzt ist plötzlich alles ganz anders.

Er hat versucht sie zu beruhigen, hat gesagt, dass das Ganze ja nur in seinem Kopf stattfände, dass es nur ein schönes Gefühl sei, das ihn erfülle und belebe – und nicht erwidert werde.

Noch nicht!

»Karl sagt, ich müsste doch eigentlich froh sein, denn sein gesteigertes erotisches Gefühl kommt auch mir zugut. Er hat recht«[35], schreibt sie, aber dann merkt sie, dass ihr Herz dieser Logik nicht folgen will.

Eine Liebelei als Aphrodisiakum?

Bei allem guten Willen!

Sie fühlt sich hundeelend.

»Meine körperlichen Beschwerden, die unzähligen Abhaltungen, mein schweres Einstellen zu der neuen Aufgabe, die aus Karls Stellung zu Else erwächst, alles und alles zusammen hat zur Folge, dass ich künstlerisch wie tot bin.«[36]

Künstlerisch tot – sie geht dann doch an die Arbeit.

Sie arbeitet sogar ziemlich manisch.

So macht sie in kurzer Zeit gleich zwei Plakate fertig: eines gegen den Abtreibungsparagrafen und ein weiteres gegen den Krieg.

»Beide sind einigermaßen gut geworden«, schreibt sie danach erleichtert.[37]

******

Ein Plakat gegen den Krieg? Mitte 1923?

Viele Jahrzehnte später wird sich ein amerikanischer Historiker über Dokumente aus diesem Jahr beugen. Er schreibt an einer Biografie des Kommunisten **Willi Münzenberg**.

Er wird alte Plakate anschauen und die Briefe lesen, die im Sommer 1923 zwischen Berlin und Moskau hin und her geschickt werden, und sich wundern, was in den Köpfen der Linken vor sich geht.

»Die deutsche Volkswirtschaft bricht zusammen, die Hyperinflation dezimiert die Ersparnisse von Millionen Deutschen – und alles, was die Vordenker der Internationalen Arbeiterhilfe im Sommer 1923 umtreibt, ist die Angst um die Existenz der Sowjetunion aufgrund einer weitgehend eingebildeten militärischen Bedrohung«, staunt Sean McMeekin, der Geschichtsprofessor aus Amerika.[38]

Er hätte auch fragen können: Warum malt Käthe Kollwitz Plakate für Frieden und Frauenrechte, statt endlich Skizzen zu machen für das hungernde Kind, das das Symbolbild der Hyperinflation werden wird?

Der Grund ist in Russland zu suchen. Münzenberg, der Chef der Internationalen Arbeiterhilfe, hat sich dort total übernommen.

Mit dem Fischereibetrieb an der Wolga etwa, mit dem er das russische Volk ernähren wollte.[39]

Er hat neue Hallen bauen lassen und neue Fangschiffe (eins davon trägt sogar seinen Namen). Und er hat ausländisches Gerät gekauft.

Mit Buchführung mag Willi Münzenberg sich bei alldem nicht aufhalten. Lieber kauft er noch eine Klinik und Wohnungen in Moskau. Und irgendwann sind die Kredite aufgebraucht, die er unter Verweis auf künftige Spenden bei russischen Banken aufgenommen hat.[40]

Nun bezichtigt man ihn der Misswirtschaft und wirft ihm Großmannssucht vor: wegen des Wolgaschiffs *Willi Münzenberg* und wegen der Beteiligung am Moskauer Hotel Lux, die inzwischen auch zu seinem Portfolio gehört.

Die Partei hat eine Kommission eingesetzt, um seine Geschäfte zu prüfen. Nach Wochen der Ungewissheit liegt inzwischen das Ergebnis vor: Es ist vernichtend.[41]

Deshalb reist Münzenberg nach Moskau. Er muss sich gegen die Vorwürfe verteidigen.

Die Sache ist umso gefährlicher, als sein langjähriger Förderer Lenin die Hand nicht mehr über ihn halten kann. Wladimir Iljitsch Lenin hat im Mai den dritten Schlaganfall erlitten.[42]

Und die Machtkämpfe um die Nachfolge sind in vollem Gange.

Willi Münzenberg fürchtet um seine politische Existenz.

Deswegen braucht er dringend ein neues Thema, eines, mit dem er in der Partei Punkte sammeln kann.

Eine Solidaritätsaktion zugunsten der hungrigen deutschen Arbeiter wäre so ein Thema und nebenbei auch eine gute Werbung für die kommunistische Sache.

Aber Münzenberg hat in diesem Sommer so viel Zeit in Moskau zugebracht, dass er die Probleme in der Heimat etwas aus den Augen verloren hat.

Und in Moskau haben sie sowieso andere Sorgen. Dort sieht man – mitten im Frieden – Russland militärisch bedroht. Die Partei hat den Kampf gegen den Krieg ausgerufen. Da könne er sich nützlich machen, hat man ihm bedeutet.

Und so kommt es, dass Willi Münzenberg nach Berlin zurückkehrt, wo alle gegen den Hunger kämpfen, und eine Friedenskampagne startet – und dafür sorgt, dass Käthe Kollwitz ein Plakat gegen den Krieg entwirft.

******

Reichsbankpräsident **Rudolf Havenstein** hat lange mit sich gerungen, als der Reichskanzler eine weitere Stützung der Mark von ihm forderte. Aber am Ende hat er doch eingewilligt.

Dem Reich droht die Radikalisierung.

Mitte Mai gab es in einer Dortmunder Zeche den ersten Streik.[43] Einen wilden Streik, angeführt von Kommunisten. Das Virus hat sich erst im Ruhrgebiet ausgebreitet und ist dann auf die Industriegebiete im Osten des Reichs übergesprungen.

Streikposten beim Arbeitskampf.

In Sachsen haben die Arbeiter der Zigarrenindustrie die Arbeit niedergelegt. Die Ärzte dort haben ihre Praxen geschlossen, aus Protest, weil sie von den Kassenhonoraren nicht existieren können.[44]

Am meisten Sorgen bereiten dem Reichsbankchef aber die Forderungen der organisierten Arbeiterschaft. Die Löhne, so verlangen sie, sollen sich automatisch an die Teuerung anpassen oder gleich in Gold berechnet werden – was natürlich völlig illusorisch ist.

Gold – alle wollen plötzlich Gold! Niemals dürfen die Arbeitgeber diesem Vorschlag zustimmen. Woher soll all das Gold kommen! Auch Indexlöhne sind indiskutabel, weil sie die Inflation anfachen. Und welchen Index sollte man auch zugrunde legen? Es gibt in ganz Deutschland keine Statistik, die mit der Teuerung Schritt hält.

Die Kommunisten versuchen, aus der Not Kapital zu schlagen. Sie schicken »proletarische Hundertschaften« – Arbeiterwehren, die Stöcke und Waffen tragen. Sie organisieren nun die Proteste.[45]

In Sachsen regieren seit dem Frühjahr die Sozialdemokraten mit Duldung der Kommunisten – weshalb sich die roten Truppen dort wie Polizisten aufführen. Und in Thüringen fassen die Arbeiterwehren ebenfalls Fuß.[46]

Der Freistaat Preußen dagegen – ebenfalls von der SPD regiert – hat die Hundertschaften umgehend verboten.[47]

Aber ob das hilft? Im Ruhrgebiet treten an manchen Tagen 300 000 Mann in den Streik! Sie fordern den Rücktritt der Regierung.

Eigentlich hatte man sich ja im Frühjahr mit der Industrie auf Lohnzurückhaltung verständigt – um den Preisauftrieb zu bremsen.[48]

Doch die Arbeitgeber im Ruhrgebiet sind eingeknickt. Ende Mai haben sie den Arbeitern eine Lohnerhöhung von 50 Prozent zugesagt.[49]

Französische Soldaten, die das Rheinland besetzten, wurden häufig auch zur Niederschlagung von Streiks eingesetzt. So wie hier in Bochum bei streikenden Stahlarbeitern.

Und die Streiks gehen weiter.

Rudolf Havenstein ist sauer: auf die Wirtschaft, die nicht hält, was sie verspricht. Die auf seine Kredite baut und sich ziert, wenn die Reichsbank Hilfe – sprich Devisen – braucht.

Und er ist sauer auf den Reichskanzler, der diese neuerliche Mark-Stützung wollte – und die Konzernherren auf Kurs bringen sollte.

Am meisten aber ärgert sich der Reichsbankpräsident über sich selbst. Warum, um Himmels willen, hat er sich wieder überreden lassen?

Im Frühjahr fehlte es der Reichsbank an Devisen für die Stützungskäufe der Mark, weil keiner ihre Dollar-Anleihe zeichnen wollte. Für die zweite Stützung nun hat der Reichskanzler Unterstützung versprochen. Wilhelm Cuno wollte diese höchstpersönlich gewinnen.

Doch auch diese zweite Anleihe läuft schlecht. Und sie liefe noch schlechter, wenn er, Havenstein, den Herren Industriellen nicht klargemacht hätte, dass es ohne Devisen keine Kredite von der Reichsbank mehr gibt.[50]

Keiner soll sagen, er sei unvorbereitet in die Schlacht gezogen.

Auch Geschäfte mit fremden Währungen lässt er inzwischen streng kontrollieren. Weder die Reichsbahn noch Stinnes noch sonst irgendwer soll diesmal die Arbeit der Reichsbank zunichtemachen.

Die Unternehmen müssen nun den Besitz ausländischer Währung melden und sich alle Devisenkäufe genehmigen lassen. Und die Kriterien für die Zuteilung hat Havenstein zwischenzeitlich noch kräftig verschärft.[51]

Und doch ist er machtlos gegen die Konzerne.

Sie tricksen und täuschen an allen Ecken: Die Exporteure verbuchen Erlöse nun bei ihren ausländischen Tochtergesellschaften, um ihre Dollar- und Pfund-Einnahmen vor der Reichsbank zu verstecken. Und die Importeure melden ein Vielfaches ihres Devisenbedarfes an, um bei der Zuteilung das zu bekommen, was sie brauchen – oder mehr.[52]

Selbst kleine Handwerker, Händler und Hausfrauen rechnen nun in Dollar. Wer kann, flieht aus der Mark. Rette sich, wer kann!

Überall entlang der Friedrichstraße, am Alexanderplatz und an den Eingängen der großen U-Bahnhöfe stehen nun Geldwechsler, die versuchen, mit der Angst der Menschen Profit zu machen.

Am 20. Juli muss man 284 000 Mark aufbringen, um einen Dollar zu tauschen. Am 27. Juli schon 760 000 Mark.[53]

Die Mark fällt.

Die Preise steigen.

Ende Juli sind die Reserven der Reichsbank erschöpft.

Auch der Präsident der Reichsbank ist erschöpft.

Rudolf Havenstein, mit seinen inzwischen sechsundsechzig Jahren ein hagerer alter Mann, der trotz penibler Haar- und Bartpflege nicht die Adern verbergen kann, die nun oft an seinem Hals und den Schläfen hervortreten.

Sie pochen, wenn er sich aufregt.

Er überlässt es seinem Stellvertreter, das Scheitern der Reichsbank einzugestehen.

»Weitere Beträge unseres ohnehin außerordentlich geschwächten Goldbestandes auf die Markstützung zu verwenden, halten wir für ausgeschlossen«, schreibt Otto von Glasenapp am 28. Juli 1923: »Wir sehen uns deshalb gezwungen, die Stützungsaktion einzustellen«.[54]

AUGUST 1923 – HUNGER

Warum der Zirkus Sarrasani nach Lateinamerika auswandern will und Käthe Kollwitz Erholung braucht. Wieso Kurt Tucholsky mit Devisen spekuliert und der Reichsbank das Misstrauen ausgesprochen wird. Weshalb Konrad Adenauer die Eröffnung seiner Messe zum zweiten Mal verschiebt.

Konrad Adenauer kommt in Sachen Messe einfach nicht zur Ruhe.

Am 3. August 1923 berichten die Zeitungen über Streiks bei einem Kölner Metallbauer – und schon muss er wieder um sein Renommierprojekt bangen.

Streik bei Humboldt![1]

Es ist, als hätte sich alle Welt gegen Adenauer und sein Messeprojekt verschworen!

Diesmal geht es um einen Pavillon der Brüsseler Weltausstellung von 1910, den die Stadt Köln gekauft und ein paar Jahre lang am Aachener Tor aufgestellt hatte.

Inzwischen wurde das gute Stück abgebaut, renoviert und mit Hilfe der Metallbauer aus Köln-Kalk in den Messekomplex verpflanzt.[2]

Es sind nur noch wenige Handgriffe zu tun, aber dazu braucht es Fachleute.

Wer weiß, wer noch die Arbeit niederlegt.

Dabei muss spätestens in einem Monat alles fertig sein. Schließlich hat er die Einweihung der Messe schon einmal verschoben.

Während ihn noch die Streiks beschäftigen, tun die Zeitungen bereits neues Ungemach kund.

Diesmal geht es um eine andere Messe, die Messe, die gerade in Deutschlands nordöstlichster Großstadt, Königsberg, stattfand.

Geldscheine der Inflation: Auf einmal war es leicht, Millionär zu sein.

Wegen der Zerrüttung der deutschen Währung hätten die Aussteller Bestellungen nur gegen Dollar, Pfund und Gold entgegengenommen, schreibt der Kölner Stadtanzeiger.[3] Und dass sie so gut wie keinen Umsatz erzielt hätten.

»Die vollkommene Abdankung der Mark ist damit offenbar geworden.«[4]

Adenauer überlegt hin und her. Dann beruft er eine Pressekonferenz ein.

Er verschiebt die Eröffnung der Messe ein weiteres Mal.

Diesmal auf das Frühjahr 1924.[5]

Bis dahin werde auch alles »bis zum letzten Pinselstrich vollendet« sein, verspricht er.[6]

Die Zeitungsleute kommen und bewundern seinen fast fertigen Bau:

Die Kölner Messe sei »länger, wie der Dom hoch ist« und allein die Festhalle so geräumig, dass der Gürzenich (das ist der Bau, in dem die Kölner Karnevalssitzungen stattfinden) »bequem hineingesetzt werden könnte«.[7]

Trotz aller Ärgernisse sei die Messe ein »Valutagewinn«, schreiben die Journalisten.

Denn wegen der Inflation steigen die Kosten zwar dramatisch. Aber das fällt nicht ins Gewicht, weil die Anleihen, mit denen die Stadt Köln alles bezahlt, umgekehrt drastisch an Wert verlieren.

Adenauers Kämmerer (und Schwager) Willi Suth finanziert alle Bauten auf Kredit, sodass die Stadt Köln letztlich zu den Inflationsgewinnern gehört.

Später wird man feststellen, dass das Jahr 1923 eines der wenigen gewesen ist, in denen der ausgabefreudige Adenauer in die Nähe der schwarzen Zahlen kommt. In der Phase der Deflation, ab 1929, wird sich der Kölner Oberbürgermeister die Sorgen des Jahres 1923 zurückwünschen.[8]

Aber an diesem Tag, im August 1923, als er die Einweihung seiner Messe zum zweiten Mal verschieben muss, denkt Konrad Adenauer noch, dass es gar nicht schlimmer hätte kommen können.

******

Hugo Stinnes hat mehr denn je in Berlin zu tun. Irgendeiner muss den Herren in der Hauptstadt schließlich sagen, wie ihre Politik bei der Wirtschaft ankommt.

Eigentlich hat er für so etwas ja seine Leute, die Lobbyisten vom Reichsverband der Industrie, oder auch Gustav Stresemann bei der DVP, die seiner Meinung nach die einzige Partei ist, die die Interessen der Wirtschaft vertritt.

Aber alles kann man den Funktionären auch nicht überlassen. Stresemann ist einfach zu weich. Da muss Stinnes selbst ran, auch wenn es schwerfällt. Denn seine Geschäfte darf er über alldem natürlich keinesfalls vernachlässigen.

Und so kommt es, dass er an einem seiner vollen Berlin-Tage noch einen zusätzlichen Termin in seinen Kalender quetscht – einen

Frühstückstermin. Der Direktor des Zirkus Sarrasani hat um ein Gespräch gebeten.

Es gehe um Geschäftliches.[9]

Ein Geschäft mit Zirkusleuten? Hugo Stinnes' Neugierde ist geweckt.

Sarrasani ist ja nicht einfach fahrendes Volk, sondern ein Großunternehmen! Deutschlands bekanntester Zirkus – mit festem Saalbau in Dresden, eigenen Eisenbahnwaggons für die Tourneen, mit über sechshundert Pferden, Elefanten, Kamelen, Zebras und Löwen, dazu Clowns, Luft- und Bodenakrobaten.[10]

Und so trifft Stinnes den Direktor des Zirkus, Hans Stosch-Sarrasani, eines Morgens auf einen Kaffee im Wintergarten des Grand Hotel Excelsior am Anhalter Bahnhof.

Wie sich herausstellt, will der Zirkusdirektor auswandern. Mit Mann und Maus – und mit der Hilfe von Hugo Stinnes.

Der Grund: die Geldentwertung! Es werde mit jeder Woche schwieriger, Hafer und Heu – oder auch nur die Streu – für die Pferde aufzutreiben, klagt Stosch-Sarrasani, vom Fleisch für die Löwen ganz zu schweigen.

Und bevor er seine Tiere dem Abdecker gibt, sagt der verzweifelte Mann, will er lieber weg. Weit weg. Nach Lateinamerika. Dort wüssten sich die Menschen noch zu amüsieren.

»Ich brauche zwei große Schiffe, und ich brauche Geld. Aber wenn ich erst drüben bin, werde ich wieder Geld verdienen«, so der Zirkusdirektor.[11]

Hans Stosch-Sarrasani, der Direktor von Deutschlands berühmtestem Zirkus, möchte sein Glück in Lateinamerika suchen. Und Hugo Stinnes wird die Reise vorfinanzieren.

Stinnes stellt allerhand Fragen, dann schlägt er ein. Gegen eine Gewinnbeteiligung wird er Reise und Startkapital vorfinanzieren.

»Sarrasani, ich mach mit Ihnen das Kompagniegeschäft. Ich transportiere Ihren Zirkus nach Südamerika«, sagt er.

Stinnes' Statthalter vor Ort schlägt die Hände über dem Kopf zusammen, als er davon erfährt.[12]

Das Sarrasani-Theater: der erste feste Zirkusbau Europas am Carolaplatz in der Neustadt von Dresden, 1912 erbaut und 1945 zerstört.

Ist Hugo Stinnes verrückt geworden? Oder sentimental?

Ist ihm der Profit plötzlich völlig egal?

Keineswegs.

Hugo Stinnes erwartet von allen Geschäften Gewinn – und von diesem sogar Gewinn in harter Währung.

Darüber hinaus erhofft er sich wohl auch eine nicht-monetäre Rendite: Er baut darauf, dass die Zeitungen über den Abschied des Zirkus schreiben werden. Und dass er mit seiner Arche-Noah-Aktion in gutem Licht dasteht.

Tatsächlich ist es auch allerhöchste Zeit für ein wenig Eigenwerbung.

Dass einer wie er in der Inflation immer reicher wird, während es bei allen anderen mit viel Kampf gerade mal so zum Überleben reicht, sorgt zunehmend für Irritationen.

Besonders bei den Arbeitern gerät Stinnes in Misskredit.

Ihnen ist nicht entgangen, dass Stinnes, der ihnen 1918 im Tausch gegen den Acht-Stunden-Tag die Revolution ausredete, jetzt versucht, diese Arbeitszeitverkürzung wieder rückgängig zu machen.

Die Arbeiter haben das Gefühl, dass sie, die seit Monaten unter des Reichskanzlers Ruhrboykott leiden, nun auch noch den Preis für eine Einigung mit den Franzosen zahlen sollen.

Und so hat sich die Stimmung ziemlich aufgeheizt. Egal ob Herne, Dorsten oder Essen – überall im Ruhrgebiet werden in diesen Wochen Galgen vor den Zechen aufgestellt, um den Forderungen der Arbeiter Druck zu verleihen.[13]

Auch bei der Kundgebung am 4. August 1923 im Süden von Gelsenkirchen ist das so. Diesmal sieht man daran sogar menschliche Gestalten baumeln. Sie tragen die Züge von Cuno und Stinnes.

Es sind zwar nur Puppen, die da aufgeknüpft sind, aber inzwischen schlagen sich auch Prominente auf die Seite der Arbeiter: der Schriftsteller Heinrich Mann etwa.

Als die junge Weimarer Republik am 11. August 1923 in der Dresdner Staatsoper den vierten Geburtstag ihrer Verfassung feiert, hält Heinrich Mann die Festrede.

Er geht hart mit Industriellen wie Stinnes ins Gericht.

»Man wollte keine gefährlichen Kapitalanhäufungen. Das war der Geist der Weimarer Verfassung. Darum feiern wir sie.

Der Geist der Verfassung ist inzwischen verkannt, verleugnet, entstellt, er ist ihr fast ausgetrieben worden.

Für Gold kauft man bei uns die Welt. Man kann sie aber auch in geliehenem Gelde kaufen, das man zurückzahlt, wenn es entwertet ist. Der Aufkäufer errafft Stück für Stück die deutsche Welt, lässt sie für sich arbeiten.

1919 schrieben wir in die Verfassung etwas über Vergesellschaftung privater wirtschaftlicher Unternehmungen, über Beteiligung des Reiches an diesen Unternehmungen, und dass allermindestens die Bodenschätze unter die Aufsicht des Staates kommen sollten. Steht das 1923 nicht mehr in der Verfassung?«[14]

So spricht Heinrich Mann.

Vergesellschaftung?

Bodenschätze unter Aufsicht des Staates?

Um Himmels willen!

Nichts fürchtet Hugo Stinnes mehr als das.

Kein Wunder, dass er versucht, gute Stimmung zu machen.

Gleichzeitig aber schiebt er an seinen Berlin-Tagen nun auch noch den einen oder anderen Besuch bei der *Deutschen Allgemeinen Zeitung* ein. Er will die Redaktion auf seine Linie einschwören.

»Der Besitz muss hohe Opfer bringen; höhere Opfer als bisher«, so Stinnes. »Das Gleiche«, fordert er, müsse »aber auch die Arbeit tun! Die Erhaltung der physischen Person und ihres Anhangs bei nur 60 bis 70 Prozent Arbeitsleistung ist eine elementare Unmöglichkeit!«[15], diktiert Stinnes seinem Verlagsleiter Anfang August 1923 in die Feder.

Die Redakteure sollen Stinnes helfen, die Stimmung zu drehen. Wozu hält man sich schließlich eine Zeitung!

******

Kurt Tucholsky, der Schreiber, der im Schreiben keinen Sinn mehr sieht, scheint ganz in seinem neuen Beruf angekommen zu sein.

Tucholsky hat in der Bank viel gelernt – und das nutzt er auch privat.

Alles, was er hat, tauscht er sofort in Devisen.

Und als seine Freundin Mary beschließt, die Ferien im Riesengebirge zu verbringen, kommt ihm das sehr gelegen.

Denn der Kurort, Oberschreiberhau, den sie sich ausgesucht hat, liegt direkt an der tschechischen Grenze. In den Wechselstuben dort erhofft Tucholsky sich bessere Kurse als in Berlin.

Er bringt Mary nur hin. Er selbst muss arbeiten, denn der Bankdirektor hat ihm eine Beförderung in Aussicht gestellt.[16]

Und kaum ist er zurück, schreibt er einen Brief voller Liebe – »nein, ich gehe noch nicht schlafen, sondern muss Dir erst noch einen kleinen Gruß schicken.«[17]

Am nächsten Tag geht noch ein Wertbrief mit Geld hinterher – und Ratschläge, wie damit zu verfahren sei.

»Bitte vor allem Dollar. Bitte 15 Prozent unter Kurs! Sei hart – tu's sonst nicht! Anbei also zwei Millionen!«[18]

Am übernächsten Tag schon erwartet er ungeduldig eine Erfolgsmeldung:

»Ich habe also inzwischen zwei Millionen an Dich geschickt, und ich möchte Dich bitten, mir 1) ins Büro zu telegrafieren, wenn was ist – und 2) möglichst den Kurs mit zu telegrafieren, den Du genommen hast. Hoffentlich wird es etwas.«[19]

Und als ihm seine Freundin endlich Vollzug meldet, ist er begeistert.

Mary hat statt amerikanischer Währung zwar nur tschechische Kronen ergattern können, aber sie hat den Einsatz glatt verdoppelt!

»Liebes Dickerchen, das hast Du ganz famos gemacht! Ich finde Dich *sehr* begabt, und es ist ein Verdienst von etwa zwei Millionen – wahrscheinlich mehr«[20], lobt Tucholsky, obwohl der Gewinn natürlich nicht allein Marys Verdienst ist, sondern sich den regionalen Kursdifferenzen verdankt – und der Tatsache, dass die Mark in diesen Augusttagen dramatisch an Wert verliert.

Zwischendurch fällt Tucholsky auf, dass seine Freundin eigentlich nicht der Geschäfte wegen im Riesengebirge ist, dann schreibt er schuldbewusst:

»Aber ich möchte nicht, dass Du deswegen auch nur einen schönen Spaziergang versäumst – Du musst Dich erholen, dieweilen es nötig ist.«[21]

Und doch möchte er die Gunst der Stunde nutzen, denn Mary wird ja nur zwei Wochen lang an der tschechischen Grenze bleiben, daher ermuntert Tucholsky sie schon wenig später: »Bitte kaufe weiter.«[22]

Er schickt eine weitere Geldsendung auf den Weg – was er jedoch sogleich bereut, weil die Reichsdruckerei in den Ausstand tritt und in Berlin das Bargeld knapp wird.

Was ihn zu der Warnung veranlasst: »Sei nun recht vorsichtig mit dem Kaufen, denn ich weiß ja nicht, ob ich überhaupt noch deutsches Geld da herunterbekomme – die Kurse sind heute hier mächtig gefallen, weil solche Geldknappheit herrscht«, schreibt er und berichtet von »wüsten Szenen« vor der Reichsbank.[23]

Ans Artikelschreiben denkt Tucholsky kaum. In der *Weltbühne* erscheint im August nur ein einziger Beitrag von ihm. Und der ist nur wenige Zeilen lang:

»Das deutsche Schicksal? Vor einem Schalter anzustehen.
Das deutsche Ideal? Hinter einem Schalter zu sitzen.«[24]

******

Rudolf Havenstein muss es an diesem Tag furchtbar stickig vorkommen in seinem Büro, das nur ein paar Straßen von Tucholskys Bankschalter entfernt liegt.

Fast 27 Grad in Berlin![25]

Bei solchen Temperaturen macht Havenstein immer sein Herz zu schaffen.

Trotzdem müssen die Fenster an diesem Tag geschlossen bleiben. Wenigstens so lange, bis die Polizei es geschafft hat, die Straße zu räumen.

Es ist Freitag, der 10. August 1923.

Der Tag, an dem die Menschen die Reichsbank stürmen. Mit Koffern, Waschkörben und Schubkarren bewaffnet, machen sie sich auf zur Berliner Jägerstraße. Bis an die Klinkerfassade drängen sie sich.

Sie schieben und schubsen, und sie schreien – nach Geld.[26]

Schuld ist der Streik!

Überall in Deutschland streiken Menschen, weil sie mit ihrem Geld nicht auskommen. Und nun sind auch noch die Drucker in den Ausstand getreten![27]

Auch in der Reichsdruckerei, die doch das Land mit Geld versorgen soll.

Aber hat man nicht alles getan, um die Kapazitäten auszubauen?

Die Reichsdruckerei beschäftigt dreimal so viele Menschen wie vor dem Krieg.[28] Außerdem produzieren inzwischen noch 133 private Druckereien Geld für Rudolf Havenstein, knapp 1800 Druckmaschinen sind beständig im Einsatz, und dreißig Papierfabriken füttern sie.[29]

Fast die gesamte papierverarbeitende Industrie steht im Dienste der Reichsbank!

Und nun also tritt die Reichsdruckerei in den Ausstand – ausgerechnet!

Der Vorzeigebetrieb mit firmeneigener Badeanstalt, Betriebsrente und allen nur denkbaren Sozialleistungen.[30]

Die Löhne drüben in der Oranienstraße liegen weit über denen aller anderen Drucker. Doch seit im Frühjahr die Kommunisten dort in den Betriebsrat eingezogen sind, steigen die Forderungen ins Maßlose.[31]

Und Havenstein hat jetzt den Ärger vor der Tür!

Kaum berichtete die erste Zeitung von dem Streik, begann es.

Gestern haben seine Leute alles herausgegeben, was da war. Nur von den alten Zwei-, Fünf- und Zehnmarkscheinen liegt noch etwas im Tresor.[32] Mit so kleinen Scheinen kann man eh nichts kaufen.

Seit heute Morgen gibt die Reichsbank nur noch rote Zettel aus. Darauf steht, dass die Notenbestände erschöpft sind und die Unternehmen die Lohnzahlungen einstellen sollen, bis die Reichsdruckerei ihren Streik beendet hat.

Es müssen nun wirklich sehr viele Menschen sein, draußen auf der Jägerstraße. Überall in der Reichsbank kann man sie schreien hören.

Wann immer sich früher jemand bei ihm über die Geldentwertung beklagte, hat er auf sein Beamtengehalt verwiesen. Das werde ja auch immer nur nachträglich – und äußerst schleppend – angepasst, pflegte er zu sagen: »Mein Einkommen ist jetzt geringer als das eines einfachen Soldaten!«[33]

Aber das geht ja nun nicht mehr.

Im Juli hat die Regierung den Beamten einen Teuerungsausgleich zugesagt – einen vollständigen Ausgleich, mit Vorauszahlungen![34]

Teuerungsausgleich!

Als Beamter könnte sich Havenstein eigentlich freuen. Aber er freut sich nicht. Der Notenbanker schreibt einen bösen Brief an den Finanzminister.[35] Denn der Ausgleich der Teuerung bedeutet ja nichts anderes als die Beschleunigung derselben. Ein Teufelskreis!

Und dass es nichts bringt, sieht man ja an der Reichsdruckerei. Der Streik ist ein politischer Streik.

Damals im Januar hat Reichskanzler Wilhelm Cuno gesagt, im Kampf gegen die Franzosen müssten alle zusammenstehen. Alle müssten Opfer bringen im Dienst der nationalen Sache.

Aber jetzt sehen die Arbeiter, dass die einen mehr Opfer bringen und andere weniger. Und deshalb brüllen sie nun Parolen wie: »Schlagt Cuno und Poincaré – an der Ruhr und an der Spree!«[36]

Die Arbeiter wollen nicht nur mehr Geld. Sie wollen eine neue Regierung.

Und es sind ja nicht nur die Arbeiter, die streiken.

Die Bauern weigern sich, ihr Korn gegen Mark zu verkaufen. Sie wollen harte Währung. Oder Gold.[37]

Lebensmittel zu importieren, dürfte mindestens genauso schwer werden. 1,6 Millionen Mark zahlte man am Montag für den Dollar. Und in den Tagen darauf wurde gar kein Kurs mehr festgestellt – mangels Devisenangebot.[38]

Der Laib Brot kostet mittlerweile 69 000 Mark.[39]

Wenn das so weitergeht, steuert Deutschland im Jahr fünf nach Kriegsende auf einen Hungerwinter zu.

Dieser Tage hat Kanzler Cuno den Präsidenten der Reichsbank ins Kabinett zitiert, um eine neuerliche Mark-Stützung zu fordern. Das konnte er, Havenstein, natürlich nur ablehnen. Mangels Devisen![40]

Der Reichskanzler scheint vergessen zu haben, woran die beiden ersten Interventionen scheiterten. Und dass auch er es nicht schaffte, bei der Industrie Fremdwährung lockerzumachen.

Nun geht Cuno also noch mal auf Bettel-Tour: Die Wirtschaft möge doch bitte umgehend den ausstehenden Rest der Dollar-Anleihe zeichnen – aufgrund der nationalen Notlage.[41]

Na, dann viel Glück!

Allerdings sind die Verhandlungen weiter gediehen, als Havenstein ahnen kann.

Die Versorgungslage verschärft sich immer mehr.

Die Gespräche begannen schon im Juli. Während sich der Reichsbankchef gegen die Kräfte des Marktes stemmte, wurde hinter seinem Rücken ein Pakt geschmiedet.

Die Industrie, die zwei seiner Anleihen boykottierte, bot der Regierung – von sich aus – eine dritte an.

»Haben die verschiedenen Wirtschaftskreise das Vertrauen, dass diese Gelder nicht in ein Fass ohne Boden hineingegeben werden, so werden die Kreise diese Beträge dem Reiche zur Verfügung stellen.«[42]

So heißt es in einem Memorandum der Gespräche. Das Papier hat Staatssekretär Eduard Hamm verfasst, die rechte Hand des Reichskanzlers. Für die Wirtschaft verhandelte Otto Henrich, vormals Manager eines Gemeinschaftsunternehmens von Stinnes und Siemens.

In dem Papier werden auch Bedingungen genannt:

»Aus diesem Grunde müsste ein besonderes Organ geschaffen werden, dem die Verwaltung des Fonds und damit die Währungspolitik anvertraut würde.«[43]

Denn: »Die Reichsbank genießt nicht mehr das Vertrauen.«[44]

Die Wirtschaft will Rudolf Havenstein loswerden.

Und die Arbeiter wollen Wilhelm Cuno loswerden.

Die Frage ist, wer zuerst gehen muss.

******

Hans Adam Dorten ist im Rheinland ein starkes Comeback gelungen.

Und natürlich hat er dafür gesorgt, dass man auch in Paris erfährt, wie er Ende Juli Tausende Separatisten in Koblenz versammelt hat.

»Am Quai d'Orsay hat die Manifestation von Koblenz großen Eindruck gemacht«, schreibt daraufhin sein französischer Kampfgenosse Charles Mangin voller Anerkennung zurück und feuert Dorten an, weiterzumachen und ihn auf dem Laufenden zu halten:

»Aber schicken Sie mir Nachrichten, mein lieber Freund; die Zeitungen brauchen Futter und Munition, um den Feldzug zu unterhalten.«[45]

Dorten kann Rückenstärkung gebrauchen. Denn er kämpft an zwei Fronten: gegen die Preußen und gegen die Rivalen innerhalb der Rheinlandbewegung.

Vor allem Joseph Friedrich Matthes entwickelt sich zunehmend zum Ärgernis. Allerdings, das muss sich Dorten widerwillig eingestehen, der Mann kann reden und die Massen bewegen. Und er hat keine Scheu, die Loslösung zu fordern – und zwar nicht nur los von Preußen, sondern los vom Reich!

So findet schon am 15. August die nächste Tagung statt – bei der sich Dorten nun demonstrativ mit seinem Rivalen Matthes zusammentut.

In einer gemeinsamen Erklärung malen sich die beiden aus, was eine Unabhängigkeit vom Reich bedeuten würde: vor allem eine eigene rheinische Währung, denn das kommt gut an in Zeiten der Hyperinflation.[46]

Sie tagen wieder in Koblenz – im Schutz der französischen Besatzungsmacht – und ernten tosenden Applaus.

Es folgen Versammlungen in Mainz, Trier, Bonn, Düsseldorf und Mönchengladbach – die allerdings auf weniger Gegenliebe stoßen.

In Mönchengladbach etwa kommen sie am 26. August 1923 erst gar nicht dazu, ihre Veranstaltung abzuhalten.

Gleich am Bahnhof passen reichstreue Gegendemonstranten die Separatisten ab. Man entreißt ihnen die grün-weiß-roten Flaggen der Rheinlandbewegung. Und all ihre Flugblätter gehen in Flammen auf.[47]

Der Weg zur Festhalle – als Massendemonstration fürs freie Rheinland geplant – endet in einer Massenschlägerei mit vielen Verletzten.

Natürlich haben es die Reichstreuen besonders auf die Redner abgesehen. Nur durch eine List schafft es Hans Adam Dorten, seinem Schicksal zu entgehen: Er gibt sich als amerikanischer Journalist aus und entkommt nach Düsseldorf. An seiner Stelle wird ein Stadtrat verprügelt.[48]

Am nächsten Morgen wird Dorten eine Verlautbarung herausgeben und den Ordnungshütern schwere Vorwürfe machen, weil sie die genehmigte Demonstration nicht besser geschützt haben. Er wird von 12 000 Teilnehmern sprechen, die ihre demokratischen Rechte nicht ausüben konnten.

Und tatsächlich greifen selbst internationale Zeitungen den Vorfall auf: Von der *New York Times* bis zum *Lewiston Evening Journal* berichten sie über die verhinderte Demonstration.

Dorten versteht es, das Beste aus einer Niederlage zu machen.

******

Käthe Kollwitz verbringt mit ihrem Mann ein paar Spätsommertage im thüringischen Schiefergebirge. In einem abgelegenen Örtchen namens Lobenstein, das im Wesentlichen aus einem Rathaus, einer Kirche und den Resten einer mittelalterlichen Burg zu bestehen scheint.

Ein Städtchen wie aus der Spielzeugkiste.

Weit weg von den Streiks, die am 12. August 1923 Reichskanzler Wilhelm Cuno zum Rücktritt bringen werden.

Weit weg auch von der Berliner Arztpraxis, in der eine junge Sprechstundenhilfe ihrem Ehemann vormacht, wie leicht sich das Leben anfühlen kann, wenn eine Frau keinen toten Sohn betrauern und keine Familienmahlzeiten hamstern muss.

»Wir waren in Lobenstein durch die Österreichische Freundeshilfe eingeladen. Es war eine sehr angenehme Zeit. Die erste Lobensteiner Zeit quälte ich mich törichter Weise mit dem Gedanken an Else. Erst allmählich verlor sich das und genoss ich verjüngt das Zusammenleben mit Karl«[49], schreibt Käthe Kollwitz in ihr Tagebuch.

Wohltäter aus dem schon von der Inflation befreiten Nachbarland haben für Kinder, Künstler und andere geplagte Berliner diese Landverschickung organisiert.

Es geht ihr so gut wie seit Langem nicht.

»Jetzt bin ich frei von diesen Eifersuchtsplagen, das Schlimmste aber ist, dass ich frei bin ohne mein Zutun, aus Gnade gewissermaßen.«[50]

Diese grüne Ecke Thüringens, die da zwischen Bayern und Sachsen hineinragt, sie wirkt auf Käthe Kollwitz wie die perfekte Sommerfrische.

Doch die Ruhe ist trügerisch. Gar nicht weit von ihrem Ferienort entfernt bahnt sich Großes an.

Großes Ungemach.

Das benachbarte Bayern entwickelt sich mehr und mehr zum Aufmarschplatz der Rechten.

Dort regiert die Bayerische Volkspartei – eine konservative Schwester der Zentrumspartei. Der BVP und ihren Anhängern ist die Weimarer Republik um einiges zu liberal. Am liebsten möchten sie Bayern vom Reich abtrennen.

Und da ist Hermann Ehrhardt, der Geburtshelfer dieser Landesregierung.

Ein ehemaliger Korvettenkapitän. Einer, der es nicht verwinden kann, dass die Alliierten Deutschland zum Abrüsten zwingen. Nach dem Krieg verwandelt er die Reste seiner Truppe in ein Freikorps, die Marinebrigade Ehrhardt, eine Armee der Abgemusterten.

1919, als sich überall in Deutschland Arbeiter- und Soldatenräte gründen, zieht er los, um den Kommunismus zu bekämpfen. Die Marinebrigade Ehrhardt ist es, die in München die aufständischen Arbeiter vertreibt – und den Boden für die Konservativen bereitet.

Auch ein Jahr später, 1920, beim reaktionären Kapp-Putsch in Berlin, ist Ehrhardts Trupp wieder ganz vorne mit dabei.[51]

Nach dem Scheitern muss Ehrhardt sein Freikorps auflösen. Er zieht sich nun ganz nach München zurück – und gründet die Organisation Consul.

Eine finstere Truppe, die liberalen Politikern wie Walther Rathenau nach dem Leben trachtet. Nach diversen politischen Morden wird auch diese Organisation verboten und ihr Anführer, Hermann Ehrhardt, festgenommen.

Noch aus der Haft heraus stellt er einen neuen Kampfverband zusammen, den Bund Wiking.

Im Juli 1923 nun ist Ehrhardt mit der Hilfe eines Komplizen ausgebrochen und heimlich zu seinen Anhängern nach München zurückgekehrt.

In München gibt es einen weiteren Herrn, der mit nationalistischen Kämpferposen auffällt. Ein Maler, spezialisiert auf Postkartenmotive. Vor zehn Jahren ist er aus Österreich nach Bayern herübergekommen.

Er heißt Adolf Hitler.[52]

Künstlerisch konnte er nicht überzeugen, doch als Redner kommt er so gut an, dass er schnell aufsteigt in der Partei, die erst Deutsche Arbeiterpartei und später Nationalsozialistische Deutsche Arbeiterpartei heißt.

Er trimmt diese Partei auf einen stramm antisemitischen Kurs, und auch er baut sich eine Privatarmee auf. Es nennt sie Sturmabteilung. Die SA besteht aus Arbeitslosen und entlassenen Soldaten.

Den militärischen Oberbefehl übernimmt Hermann Ehrhardt.

Und Hitler persönlich entwirft die Fahne für seine Truppe: eine rote Flagge mit einem schwarzen Hakenkreuz auf weißem Grund.[53]

Als Benito Mussolini[54] im Herbst 1922 in Italien die Macht ergreift, ist Adolf Hitler schwer beeindruckt. Besonders von den »Fasci di Combattimento«, den Kampfbünden, die Mussolini den Weg nach Rom freiprügeln[55] (und denen der Faschismus seinen Namen verdankt).

Hitler will der »deutsche Mussolini« werden.[56]

Die NSDAP, die zunächst eine mehr oder weniger bayerische Partei ist, versucht nun im gesamten Reich Anhänger zu sammeln. Dass viele Deutsche seit dem Versailler Vertrag und dem Einmarsch der Franzosen nationalistisch gestimmt sind, erleichtert den Nazis die Sache ungemein.

Im Sommer 1923 beginnt Adolf Hitler Pläne für einen Putsch zu schmieden.

Auf der anderen Seite der Grenze – in Sachsen und Thüringen – nimmt man die Aufmärsche der Rechten mit Argwohn wahr. Im mitteldeutschen Industriegebiet tendieren die Menschen nämlich seit Langem nach links.[57]

In Dresden und Weimar regieren Sozialdemokraten, sie arbeiten eng mit den Kommunisten zusammen.

Und die rechten Schlägertrupps aus Bayern machen ihnen zunehmend Probleme.

Im vergangenen Oktober etwa hat in Coburg der »Deutsche Tag« stattgefunden, ein Treffen der Ultrakonservativen – direkt an der Landesgrenze zu Thüringen.

Adolf Hitler ist geladen und lässt dort erstmals seine SA-Männer aufmarschieren. Es gibt auch Gegendemonstranten und am Ende eine Riesen-Schlägerei – weshalb sich Hitler als Befreier der Stadt vom »roten Terror« feiern lässt.[58]

Allerdings rüsten auch die Kommunisten ihre Truppen auf: die proletarischen Hundertschaften.

Kräftige junge Männer, die die Kundgebungen der KPD schützen – und auch sonst nicht zimperlich sind mit den Fäusten, wenn es für die Sache der Arbeiter zu kämpfen gilt.

Der Verband sächsischer Industrieller sieht das gar nicht gern. Die Unternehmer wollen, dass die Landesregierung dieser mit Knüppeln bewaffneten Privatarmee das Handwerk legt – so wie man das in Preußen getan hat.

Doch weit gefehlt!

Wenn »die Reichswehr nicht in der Lage sei, des Faschismus Herr zu werden«, dann müssten eben proletarische Hundertschaften diese Aufgabe übernehmen, entgegnet der Chef der Landespolizei Sachsen, Hermann Schützinger.[59] Schützinger ist Sozialdemokrat.[60]

Die Unternehmer beschweren sich bei der Reichsregierung.

In Moskau verfolgt man die Entwicklung in Deutschland voller Spannung.

Seit damals, als der Kaiser abtrat und die Revolution scheiterte, hofft man im Zentralkomitee der Kommunistischen Partei darauf, dass sich das deutsche Proletariat endlich erhebt.

Nun ist von landesweiten Streiks zu hören!

Sofort wird eine Sitzung einberufen. Alle Funktionäre werden eilig aus dem Urlaub nach Moskau zurückgerufen.[61]

Und als sich am 12. August 1923 die Nachricht vom Rücktritt des deutschen Reichskanzlers Wilhelm Cuno verbreitet, sind die Parteistrategen erst recht elektrisiert.

Es gibt aber auch Stimmen, die zur Vorsicht mahnen, die warnen, ein Arbeiter- und Bauernstaat nach russischem Vorbild ließe sich in Deutschland nicht so leicht errichten.

Zu den Skeptikern gehört der Deutschland-Experte der Komintern, ein deutschstämmiger Jude namens Karl Radek.

Radek ist derjenige, der im Frühjahr das russische Korn ins Ruhrgebiet geschickt hat, um bei den Arbeitern dort für den Kommunismus zu werben.[62]

Er ist oft in Deutschland. Die Revolution sei kein Selbstläufer, fürchtet er.

»Während in Russland der Bauer im Soldatenrock eine große Rolle spielte, wird die Bauernschaft in Deutschland keine entscheidende Rolle spielen«[63], gibt Radek zu bedenken und auch, dass die deutschen Arbeiter keine einheitliche Front bilden. Viele wählen die SPD, warnt er, und seien für eine Revolution nicht zu gebrauchen.

Daher plädiert er für ein bedächtiges Vorgehen.

»Wir müssen als Partei des Schutzes auftreten«, so Radek. Auf keinen Fall dürfe man »unüberlegt mit der Nationalisierung vorpreschen«.[64]

Man diskutiert hin und her in Moskau.

Am Ende aber siegen die Abenteurer.

Wenn streikende Arbeiter eine bürgerliche Regierung zum Rücktritt zwingen, dann müssten sie keinen weiteren Beweis ihrer Kampfeslust erbringen, heißt es.

Und so beschließt das Politbüro am 22. August 1923 die Revolution.

»Die deutschen Arbeiter sind wirtschaftlich zu unterstützen«, wird später im Protokoll stehen, unterzeichnet von Josef Stalin.[65]

SEPTEMBER 1923 – MÄNNERFREUNDSCHAFTEN

Warum Kurt Tucholsky seinem Chef ein Gedicht schreibt. Weshalb Rudolf Havenstein einen alten Bekannten wiederentdeckt. Wie Gustav Stresemann den Ruhrkampf beendet und Hugo Stinnes daraufhin den Sturz des Kanzlers betreibt – obwohl der ein Parteifreund ist.

Nach längerer Pause schreibt **Kurt Tucholsky** mal wieder etwas Gereimtes.

Es ist kein Liebesgedicht, was er da zu Papier bringt, kein keckes Couplet fürs Varieté und erst recht kein kämpferisches Lied fürs politische Kabarett – es ist ein Geburtstagsständchen für einen der Chefs in der Bank.

Am 1. September 1923 hat Dagobert Simon, der Bruder von Bankdirektor Hugo Simon[1], Geburtstag.[2] Er wird fünfzig Jahre alt.[3] Und deshalb widmet ihm Kurt Tucholsky ein paar Zeilen.

»Inmitten dieses Zeitenkollers
gedenk ich zwischen Cent und $
und grade wenn der Dienst am nettsten
des einen meiner Vorgesetzten

Ganz Holland soll ihm immer schulden
die Knisterscheine echter Gulden!
Und immerdar soll er gesunden
an guten dicken englisch Pfunden

Von beidem wünscht ihm eine Masse
Der Tiger aus der Sortenkasse.«[4]

In allerbester Hofdichtermanier rühmt er den Chef – gewürzt mit der üblichen Prise Ironie, damit es nicht zu untertänig wirkt.

Sich selbst macht der Dichter allerdings kleiner, als er müsste.

Denn der »Tiger aus der Sortenkasse« ist Tucholsky gar nicht mehr.

Er steht seit einem halben Jahr in den Diensten der Bank Bett, Simon & Co – und gerade ist er befördert worden. Statt stupide am Schalter Scheine zu zählen, arbeitet er nun in der Chefetage. Im August hat ihn der Bankdirektor zu seinem persönlichen Sekretär ernannt.[5]

Hugo Simon ist ein Mann, der viel für die Berliner Kunstszene tut.[6]

Seine Villa im Berliner Stadtteil Tiergarten ist berühmt – wegen des Brunnens im Garten, den der Bildhauer Georg Kolbe gestaltet hat, wegen des Wandgemäldes von Max Slevogt im Wintergarten und wegen der vielen anderen Bilder, die dort noch an den Wänden hängen. Und auch, weil der Hausherr wöchentlich Dichter und Denker in seinem Salon versammelt.

Schon vor der Krise hat der Bankier sich als Mäzen betätigt – und jetzt natürlich erst recht.

Deshalb hat er Tucholsky in seine Bank geholt und ihn befördert, als er registriert, dass der mit Geldzählen nicht ausgelastet ist.

Tucholsky ist heilfroh, dass der Banker die Hand über ihn hält.

»Ich habe neulich durch Zufall die Gehaltslisten in die Finger bekommen. Ich bekomme so viel wie eine Dame, die vier Jahre da ist, und bei der Gratifikation ungefähr so viel wie alle anderen auch«, schreibt er in einem Brief.[7]

Aber er hat auch ein schlechtes Gewissen, weil es ihm so gut geht mitten in der Inflation – und anderen so schlecht.

Deshalb schreibt er gleich noch ein Gedicht. Diesmal ein politisches. Es erscheint in der *Weltbühne*.

»Einmal waren wir beide gleich:
Beide Proleten im deutschen Kaiserreich.

Aber heute ist Alles vergangen.
Man kann nur durchs Vorzimmer zu dir gelangen.

Du hast mit der Welt deinen Frieden gemacht.
Hörst du nicht manchmal in dunkler Nacht
eine leise Stimme, die mahnend spricht:
Genosse, schämst du dich nicht?«[8]

******

Nach dem Ausflug ins thüringische Schiefergebirge ergreift der Alltag wieder Besitz von **Käthe Kollwitz**.

Kaum ist sie aus der Sommerfrische zurück, fährt sie hinaus nach Lichtenrade, um ihre Enkel zu hüten. Die drei Kinder kränkeln, die jungen Eltern brauchen dringend ein paar Tage Verschnaufpause. Auch sie sollen nun von der Freundeshilfe nach Thüringen verschickt werden.

So übernimmt die Großmutter die Aufsicht.

Als sie Ende der Woche wieder nach Hause aufbricht, schreibt sie am Sonntag einen kleinen Übergabebericht:

»Liebe Kinder – ich fahr jetzt mit dem Fünf-Uhr-Zug herein. Ihr werdet die Kinder wohl vorfinden, alles ist gut gegangen. Jutta hustet freilich noch, besonders nachts. Rausgebracht hab ich die beiden nur an einem herrlichen Tage, sonst hab ich geheizt und sie bei offenem Fenster gehabt. Mit Peter war alles prächtig, er ist ein feiner Kerl, wenn man auch mitunter alle Geduld zusammennehmen muss. Aber ein lieber feiner Kerl ist er. (Heut hat er übrigens dreimal Stuhl gehabt.)«[9]

Fände der Besuch zu normalen Zeiten statt, würde es die Großmutter vermutlich bei diesem kleinen Gesundheitsbulletin bewenden lassen.

Aber die Zeiten sind nicht normal. Denn das Geld ist weniger wert denn je.

1,512 Milliarden Mark kostet der Laib Schwarzbrot im September 1923.[10]

Daher schreibt Käthe Kollwitz auch noch feinsäuberlich zusammen, wie viele Millionen sie verbraucht hat, um den Haushalt des Sohnes in dessen Abwesenheit am Laufen zu halten:

»Was die Wirtschaft betrifft, so sind von dir angekommen 60 Millionen. Im übrigen hab ich für Lichtrechnung ausgelegt 34 Millionen, für Vorwärts 6 Millionen. Die Quittungen liegen bei den Briefen. Dann an Frau Fechter 4 Millionen und noch zur Wirtschaft erst 50, dann 20 Millionen, zusammen 114 Millionen. Bei der Wiedergabe musst du abziehen, was ich hier gegessen habe. Nun lebt wohl und seid gegrüßt, die Zeit hier bei euch war mir schön.

Eure Mutter.«[11]

Dass Käthe Kollwitz nicht nur auflistet, was sie vorgestreckt hat, sondern in ihrer Redlichkeit auch daran erinnert, dass ihr Sohn bei der Erstattung die Mahlzeiten abziehen soll, die sie selbst beim Enkelhüten eingenommen hat, zeigt: Die Not hat Einzug gehalten ins Bürgertum.

Das Leben ist schwer geworden. Millionen Deutsche müssen all ihre Kraft aufwenden, nur um das tägliche Überleben zu sichern.

******

Derweil wird Japan von einem Erdbeben erschüttert. In Tokio und Yokohama bleibt kaum ein Stein auf dem anderen, als die Erde am 1. September 1923 zu wanken beginnt. Den Rest haben die Feuersbrünste erledigt, denn das Beben ereignet sich zur Mittagszeit, und in Japan kocht man mit offenem Feuer.[12]

Rund 140 000 Menschen kommen um, und noch viel mehr sind ohne Obdach – ein klarer Fall für die Internationale Arbeiterhilfe!

Willi Münzenberg wird von japanischen Gewerkschaftern alarmiert und macht sich sofort auf nach Moskau, um Unterstützung zu organisieren. Er schickt mehrere Schiffe mit Nahrungsmitteln, Zelten und Decken los.[13]

Leider werden die Hilfsgüter die wirklich Bedürftigen nie erreichen. Die japanische Regierung hat Angst, dass mit den Lebensmitteln kommunistische Propaganda ins Land kommen könnte. Die Hauptinsel Japans (wo das Beben besonders wütete) dürfen die russischen Schiffe daher nicht ansteuern. Nur auf der Nordinsel sind Hilfsgüter willkommen.

Trotzdem hat Willi Münzenberg die Reise nach Moskau nicht umsonst gemacht.

Denn dort bekommt er Wind von den Revolutionsplänen, die man in Russland für Sachsen und Thüringen schmiedet.[14] Und was noch wichtiger ist, er erfährt von dem Korn, mit dem der Kreml die Aufständischen unterstützen will.

Am 13. September 1923 hat das Zentralkomitee beschlossen, Weizen und Roggen nach Deutschland zu schicken.[15] Das Getreide soll schon vor der Revolte geliefert und als humanitäre Hilfe getarnt werden, um keinen Verdacht zu erregen.

Man überlegt auch, ob es nicht taktisch klug wäre, wenn das Hilfsersuchen aus Deutschland käme. An dieser Stelle bringt sich Willi Münzenberg als Vermittler ins Spiel. Was, wenn sich hungrige Arbeiter an die Arbeiterhilfe wendeten …?

Tatsächlich gelingt es Münzenberg, die Sache an sich zu ziehen. Und so fährt er frohgemut nach Hause: Revolution in Deutschland! Und er wird dabei eine wichtige Rolle spielen. Die Arbeiterhilfe hat eine neue Aufgabe!

******

Nach dem Rücktritt von Reichskanzler Wilhelm Cuno im August atmet Reichsbankchef **Rudolf Havenstein** erst mal auf.

Er weint Cuno keine Träne nach.

Von wegen Mann der Wirtschaft und Expertenregierung!

Das Deutsche Reich ist schlechter dran denn je!

Schlimm genug, dass die Heilsarmee in der Volksschule direkt hinter der Reichsbank morgens Milch verteilen muss. Das tut sie nun schon eine ganze Weile. Es sind auch zumeist arme Hausmeisterskinder, die da in der Niederwallstraße zwischen all den Behörden zur Schule gehen.[16]

Aber jetzt diese Gulaschkanone unter den Linden, diese fahrbare Suppenküche mitten auf dem Grünstreifen und all die Anzugträger, die dort um dünnen Eintopf anstehen – das geht doch zu weit![17]

Auch anderswo öffnen jetzt Suppenküchen. Überall stehen lange Schlangen.

Und immer sagen die Leute, an dem Elend sei die Reichsbank schuld.

Und Wilhelm Cuno, der immerzu Geld für seinen Ruhrboykott von Havenstein wollte, stimmt auch noch mit ein in diesen Chor.

Die Reichsbank als Sündenbock!

Es kann nur besser werden unter dem neuen Kanzler – auch für die Reichsbank.

Gustav Stresemann wird neuer Reichskanzler.

Er muss sich bei Gustav Stresemann nur gleich Respekt verschaffen, von Anfang an, das hat sich Rudolf Havenstein fest vorgenommen.

Und daher hat er dem neuen Reichskanzler einen Brief geschrieben, gleich nachdem der am 13. August 1923 sein Amt antrat.

Der Zentralbankchef fordert den Kanzler auf, von der Inanspruchnahme der Notenpresse Abstand zu nehmen.

Er kritisiert die Erhöhung der Beamtenbezüge durch dessen Vorgänger, welche ja, so Havenstein, bei der aktuellen Haushaltslage nur durch weitere Schulden zu finanzieren sei. Es bestehe die Gefahr, so schreibt er, »dass durch völlig fanatische Kreditanforderungen bei der Reichsbank die Inflation ins völlig Uferlose geführt« werde.[18]

Und zur Bekräftigung kündigt er der Regierung zum Jahresende den Kredit.

Der Regierung den Geldhahn zudrehen! Seine Zentralbank-Kollegen in England und Amerika wären stolz auf ihn! Lange schon raten sie ihm zu mehr Härte.

Doch Härte ist nicht wirklich Havensteins Disziplin. Drei Interventionen hat er abgelehnt in diesem Jahr, um dann am Ende doch zu tun, was man von ihm erwartet.

Drei? Ja, drei. Denn auch im August hat er schließlich am Devisenmarkt interveniert (wenngleich ohne messbare Auswirkung auf den Außenwert der Mark).

Und im Fall des Kreditboykotts bekommen Havensteins Kollegen ebenso wenig die Chance zu applaudieren. Noch bevor sich die Nachricht über die Weltmeere verbreiten kann, dreht Havenstein bei.

Die braven deutschen Beamten ums Geld bringen, das will er dann doch nicht.

Deshalb schreibt er – nun selbst wieder ganz der gehorsame Beamte – wenige Tage später einen zweiten Brief an Stresemann: Die Reichsbank sei, »nachdem die Bewilligung der Gehälter und Löhne einmal erfolgt ist«,[19] bereit, die nötigen Mittel zur Verfügung zu stellen, allerdings unter der Voraussetzung, dass die Regierung die Verantwortung für die Inflation übernimmt.[20]

Havenstein will weiter funktionieren – solange ihm keiner Vorwürfe macht.

Doch Taktieren nützt nichts.

Auch Stresemann will Havenstein loswerden. Kurz nach seinem Amtsantritt bittet er ihn zu einem Gespräch unter vier Augen, um dem Reichsbankchef den Rücktritt nahezulegen.[21]

Und Stresemann sucht auch schon nach Alternativen.

Just an jenem Tag, an dem Havenstein damit droht, der Reichskanzlei das Geld zu streichen, wird dort der erste Plan vorgestellt, der der Regierung neues Geld verschaffen soll.[22]

Der Mann, der diesen Plan präsentiert, heißt Karl Helfferich. Er ist Ökonom und sitzt für die Deutschnationale Volkspartei im Reichstag. Die DNVP steht noch rechts von der DVP, der Stresemann und Stinnes angehören.

Havenstein kennt Helfferich gut.

Helfferich war eine Weile im Reichsschatzamt beschäftigt.

Er war für die Finanzierung des Krieges zuständig. Bei der Ausgabe der Kriegsanleihen hat Havenstein Hand in Hand mit ihm gearbeitet.[23]

Und jetzt gibt Helfferich den Inflationsbekämpfer!

Aber immerhin ist Helfferich ein erfahrener Mann, von dem Havenstein weiß, dass man mit ihm zusammenarbeiten kann.

Karl Helfferich will eine neue Währung schaffen. Am liebsten eine mit Golddeckung, so wie vor dem Krieg. Doch solange das Edelmetall knapp ist, soll übergangsweise das Land der Bauern als Sicherheit dienen.

Die Bodenbesitzer würden dabei Anteilseigner der neuen Bank. Und die dürfte für jede Tonne Roggen, die dieser Boden abzuwerfen in der Lage ist, je 200 Roggenmark ausgeben.[24]

Es werden auch noch andere Reformpläne diskutiert, die die neue Währung mit den Devisen der Wirtschaft, mit künftigen Steuereinnahmen oder dem verbliebenen Gold der Reichsbank unterfüttern wollen.[25]

Mit dem Gold der Reichsbank? Dagegen kann sich Havenstein natürlich nur aufs Schärfste verwahren.

Und so schreibt er am 14. September 1923 ein weiteres Mal an die Regierung.[26]

Aufgrund des geringen Goldbestands der Reichsbank sei eine solche Reform von vornherein zum Scheitern verurteilt, schreibt er. Auch werde die Reichsbank einem Plan, der auf ihre »Vergewaltigung« und »völlige Vernichtung« hinauslaufe, niemals ihre Zustimmung geben.[27]

Dreimal noch wird Rudolf Havenstein den Begriff »Vergewaltigung« wiederholen, bevor er auf die Alternativen zu sprechen kommt.

Das Roggengeld-Konzept sei zwar »erheblich« umzugestalten, aber insgesamt der »bessere Weg«, lobt er.[28]

******

Auch die Wirtschaft scheint das so zu sehen. Die Industrie hat von ihrem Verband zwar selbst ein Konzept erarbeiten lassen, setzt nun aber ebenfalls aufs Roggengeld. Weil es sich schnell einführen lässt, schneller als all die anderen Reformen.

Hugo Stinnes macht daher extra einen Termin bei Gustav Stresemann.[29] Er drängt auf Eile – auch in der Reichstagsfraktion seiner Partei: »In vierzehn Tagen werden wir Bürgerkrieg haben«, sagt er in der Sitzung am 12. September 1923. »Kein Tag darf verlorengehen, sonst wird die Straße das Kabinett Stresemann stürzen.«[30]

Doch Stresemann weiß, dass jede neue Währung scheitern muss, solange das Reich den kräftezehrenden Boykott gegen die Besatzer aufrechterhält. Deswegen tut er nun das, was längst hätte getan werden müssen: Am 26. September 1923 beendet er den Widerstand an der Ruhr.

Und das stellt das Land dann in der Tat vor eine Zerreißprobe:

Nach den Arbeitern im Ruhrgebiet, den proletarischen Hundertschaften in Sachsen und Thüringen und den Separatisten am Rhein proben jetzt auch die Bayern den Aufstand.

Die konservative Regierung des Freistaats ist über die bedingungslose Kapitulation so empört, dass sie den Ausnahmezustand erklärt. Die Regierungsgeschäfte führt dort nun Gustav von Kahr, als »Generalstaatskommissar« mit diktatorischen Vollmachten.[31]

Daraufhin verhängt Reichspräsident Friedrich Ebert den Ausnahmezustand im gesamten Reich.

Ausnahmezustand gegen Ausnahmezustand.

Stinnes hat recht. Die Regierung wackelt – nicht mal zwei Monate nachdem sie ihr Amt angetreten hat.

Und Kanzler Stresemann wird weiter wackeln – bis zu seinem Fall zwei Monate später.

Aber es sind nicht nur die Unruhestifter draußen auf den Straßen, die ihn ins Wanken bringen, sondern auch die in der eigenen Partei – allen voran Hugo Stinnes.[32]

******

Für den 30. September 1923 bestellt **Hans Adam Dorten** seine Separatisten zum Demonstrieren nach Düsseldorf.

Der Tag fängt gut an: Die französische Eisenbahnverwaltung sichert den Demonstranten eine kostenlose Anreise zu, weshalb sie aus dem ganzen Rheinland kommen – und oft auch ihre Familien mitbringen.[33]

Froh gelaunt machen sich die Männer, Frauen und Kinder auf den Weg vom Bahnhof in die Innenstadt. Dass sie dort unter sich sind, weil man vor Ort zum Boykott aufgerufen hat, fällt ihnen vermutlich gar nicht auf. Bei so vielen Gästen kommt es auf ein paar Düsseldorfer gar nicht an.

Zu Tausenden marschieren sie durch die Stadt und fordern die Abspaltung des Rheinlands vom Deutschen Reich.

Und die Vertreter dieses Reiches stehen Spalier und lassen sie gewähren. Schließlich hat der französische Ortskommandant den Beamten verboten, die Veranstaltung zu stören.

Am Anfang bleibt alles ruhig.

Es gibt allerdings auch noch einen anderen Befehl: Der Regierungspräsident hat die Polizei angewiesen, »die Züge aufzulösen, Fahnen fortzuwerfen und Verhaftungen vorzunehmen«.[34]

Es musste zum Kampf kommen. Und es kommt zum Kampf.

Vor der Kunsthalle gerät die Kundgebung plötzlich ins Stocken. Gedränge entsteht. Es wird geschossen.

Als Panik ausbricht, greift die französische Kavallerie ein – am Ende sogar mit gepanzerten Wagen.

150 Verletzte zählt man danach in den Krankenhäusern der Stadt. Zehn Menschen sterben.

Hinterher wird noch lange darüber gestritten werden, wer den ersten Schuss abgab: Separatisten oder Polizisten? Und darüber, wie die Sache ohne französische Kavallerie ausgegangen wäre.

Straßenszene zwischen Separatisten und Schutzpolizei anlässlich des sogenannten Düsseldorfer Blutsonntags am 30. September 1923.

Und während die Düsseldorfer versuchen, die Erinnerung an die französischen Panzer zu verscheuchen, wird sich Hans Adam Dorten in Paris über mangelnde Unterstützung beklagen.

Er wendet sich wieder an Charles Mangin, den General, mit dem er schon 1919 für die Rheinische Republik gekämpft hat.

»Das, was gestern in Düsseldorf passiert ist, ist eine Schande für Frankreich«, schreibt Dorten.[35]

Möglicherweise ist der Schreiber etwas voreilig.

Denn die französischen Soldaten haben zwar den entgleisten Separatisten-Aufzug aufgelöst. Aber damit ist der Tag, der später als »Düsseldorfer Blutsonntag« in die Geschichte eingeht, noch nicht zu Ende.

Es folgt eine Nacht, in der die französischen Besatzungsbehörden alle in Haft nehmen, die sie für Unruhestifter halten.

Und interessanterweise ist kein einziger Separatist darunter. Keiner von denen, die mit Gewehren durch die Innenstadt marschiert sind. Nicht mal Separatistenführer Joseph Friedrich Matthes, den die Düsseldorfer Polizei mit Handgranaten unterm Autositz erwischt hat.[36]

Die Franzosen verhaften ausschließlich Polizisten, die nach ihrer Einschätzung die Kompetenzen überschritten haben. Sie nehmen sie fest und weisen sie aus. Übrig bleiben etwa dreißig Beamte, denen man den Prozess machen will.[37] Die bringt man ins Gefängnis an der Ulmenstraße 95, von den Düsseldorfern »Ulmer Höh« genannt.

Es ist in der Geschichte oft vorgekommen, dass Häftlinge gegen Wärter meutern. Dass Gefangene aber eine Revolte anzetteln, um sich auf die Seite der Polizei zu stellen, geschieht dagegen vermutlich eher selten.

Doch genau das passiert am 1. Oktober in Düsseldorf.

Als die Insassen herausfinden, wer da zu ihnen stößt, kommt es zum Aufruhr. Es wird Tage dauern, bevor die Wächter die Ausschreitungen in den Griff bekommen. In der Zwischenzeit brechen ungefähr einhundert Häftlinge aus.[38]

Dass die Verhaftung so hohe Wellen schlägt, hängt damit zusammen, dass das Düsseldorfer Gefängnis keine normale Haftanstalt ist.

In dem klinkerroten Kreuzbau sitzen zwar auch Diebe, Hehler und Zuhälter, daneben aber hat die französische Besatzungsmacht einen ganzen Trakt für Gefangene reserviert, die in normalen Zeiten vermutlich nie eine Zelle von innen gesehen hätten: treudeutsche Staatsdiener, die sich unter Berufung auf ihren Beamteneid dem fremden Regime widersetzen, oder Wirtschaftskapitäne, die Reparationen verweigern, wie Gustav Krupp.[39]

Schwer zu sagen, wie viel Krupp von der Revolte mitbekommt. Sicher hat er Lärm gehört. Das rhythmische Schlagen der Essgeschirre an Türen und Fenstergittern. Die Sprechchöre der Protestierenden. Vielleicht sogar das Wispern derer, die sich in dem Aufruhr davonstehlen.

Krupp selbst nutzt die Revolte nicht zum Ausbruch. Das muss er auch nicht. Er arbeitet bereits an seiner Entlassung.

Zu fünfzehn Jahren Gefängnis haben die Franzosen ihn verurteilt. Aber nun, da Deutschland den passiven Widerstand aufgegeben hat, ist alles Verhandlungssache. Und so hat Krupp es geschafft, seine enge Arrestzelle gegen eine komfortablere Unterkunft in der Direktorenwohnung der Haftanstalt einzutauschen.[40]

Und in wenigen Tagen wird man ihn entlassen.[41]

OKTOBER 1923 – RADIKALISIERUNG UND REVOLUTION

Wie Deutschlands Westen die Abspaltung erwägt, der Osten den Aufstand probt, der Süden das ganze Reich regieren will – und Anita Berber einen neuen Mann findet.

Monatelang hat **Hugo Stinnes** darauf gedrungen, mit den Franzosen über die leidigen Reparationen zu reden.

Direkt nach der Ruhrbesetzung. Auf der Höhe des Widerstandes. Aus einer Position der Stärke heraus. Je früher, desto besser.

In jedem Fall aber, bevor der Damm an der Ruhr bricht.

Doch die Herren Reichskanzler wollten nicht auf ihn hören. Geschweige denn wollten sie seine Hilfe in Anspruch nehmen.

Und jetzt? Jetzt muss er doch ran.[1]

Die Franzosen verlangen, dass die Deutschen endlich wieder Kohle liefern. Erst dann wollen sie über Reparationen reden. Und sie bestehen auf direkten Verhandlungen mit der Industrie.[2]

Wer sollte auch sonst ihr Ansprechpartner sein – bei diesem politischen Durcheinander in Berlin.

Erst wurde Reichskanzler Wilhelm Cuno von den streikenden Arbeitern aus dem Amt getrieben, kurz darauf hat sich Nachfolger Gustav Stresemann mit seinem Kabinett zerstritten.

Und nun? Nun versucht Stresemann zwar einen Neustart mit den Sozialdemokraten. Aber weiß man, wie lange die Koalition diesmal hält?

Hugo Stinnes ist skeptisch.

Zum einen, weil sich seine Sympathie für die SPD sowieso in engen Grenzen hält – seiner Meinung nach wäre die konservative DNVP der weit bessere Koalitionspartner für seine Partei, die DVP.[3]

Zum anderen, weil ihm der Kompromiss missfällt, auf den sich Parteifreund Stresemann da eingelassen hat.

Es bleibt beim Acht-Stunden-Tag. In Notlagen sollen zwar längere Arbeitszeiten möglich sein, die müssen dann aber von den Betriebsparteien vereinbart oder per Gesetz angeordnet werden.

Da hätte man sich ja den ganzen Koalitionsstreit sparen können. Vor allem die Versöhnung!

Langes Verhandeln für jedes bisschen Mehrarbeit – genau das hat Stinnes nicht gewollt.

Aber die Industriellen geben nicht auf.

Als am 5. Oktober 1923 die Verhandlungen mit den Franzosen beginnen, bringen sie das Thema noch mal aufs Tapet.

Sechs Mann, darunter Hugo Stinnes, machen sich auf zum Düsseldorfer Stahlhof, denn die schmucke Zentrale des Industrieverbandes dient nun der Besatzungsmacht als Stützpunkt.[4]

Die Ruhrindustrie täte sich mit den Reparationen weniger schwer, so lassen die sechs Unterhändler die Franzosen wissen, wenn man sie bei der Rückkehr zu den Vorkriegsarbeitszeiten ein wenig unterstützen könnte ...

Fehlanzeige!

Der Oberbefehlshaber der französischen Rheinarmee, Jean-Marie Degoutte, lässt sie auflaufen. Soviel er wisse, sei der Acht-Stunden-Tag in Deutschland Gesetz, versetzt der General. Und er habe keinesfalls die Absicht, gegen deutsche Gesetze zu verstoßen.[5]

Es kommt noch schlimmer: Im Anschluss an das Gespräch im Stahlhof lässt der General im gesamten Ruhrgebiet Flugblätter verteilen: Gerüchte, wonach die Franzosen sich für eine Verlängerung des Arbeitstages einsetzten, entbehrten jeder Grundlage, steht da zu lesen. Man möge ihnen keinen Glauben schenken.[6]

Erst der Rückschlag in Berlin – und jetzt das!

Die Zechen, die schon Achteinhalb-Stunden-Arbeitstage angeordnet haben, müssen nun zurückrudern.

Stinnes ist außer sich.

Begreift denn niemand, dass die Deutschen sich wirklich anstrengen müssen? Wegen der Reparationen und weil ein Winter vor der Tür steht, in dem die Hausfrauen – nach Lage der Dinge – weder Kohlen noch Kartoffeln bekommen werden.

Wähnt er sich unter Gleichgesinnten, lässt er durchblicken, dass eigentlich weder acht noch achteinhalb Stunden Arbeit ausreichen.

Rettung könne nur ein Zehn-Stunden-Tag bringen, so Stinnes im Gespräch mit dem amerikanischen Botschafter Alanson B. Houghton.[7]

Der Diplomat ist selbst Unternehmer gewesen. Bis vor wenigen Jahren hat er einen der größten Glashersteller der USA geleitet.

Ihm schüttet Stinnes sein Herz aus.

Es führe kein Weg an Mehrarbeit vorbei. Er hätte ja längst Nägel mit Köpfen gemacht. Aber man lässt ihn nicht. Schuld sei die Linke!

Stinnes redet sich richtig in Rage.

Nur unter Zwang werde man die Arbeiterschaft dazu bringen, zur Vorkriegsdisziplin zurückzukehren, sagt er: Daher müsse »ein Diktator gefunden werden, ausgestattet mit der Macht, alles zu tun, was irgendwie nötig ist.«[8]

Stinnes will eine Diktatur?

Noch Jahrzehnte später werden Historiker über diesen Satz grübeln.

Wen meint Stinnes, wenn er sagt, es nahe eine »große, von Bayern ausgehende Bewegung«? – wird sich etwa sein Biograf Gerald D. Feldman fragen.

Vielleicht Adolf Hitler?

Der Agitator aus München, der wenige Tage zuvor 100 000 Menschen zum »Deutschen Tag« auf dem Nürnberger Hauptmarkt versammelt und seine Nationalsozialistische Partei mit diversen anderen reaktionären Verbänden zum »Kampfbund« vereint hat?[9]

Stinnes hat tatsächlich Hitlers Bekanntschaft gemacht. Im Frühjahr 1923 bei einer München-Reise mit Tochter Clärenore und Schwägerin Nora klinkt er sich aus dem gemeinsamen Kulturprogramm aus – für ein Treffen mit dem NSDAP-Führer.

Angeblich war er von Hitler aber wenig angetan: »Mit diesem Phantasten will ich nichts zu tun haben«, soll er gesagt haben, als er ins Hotel Vier Jahreszeiten zurückkehrte. Das zumindest wird Tochter Clärenore später in ihren Memoiren behaupten.[10]

Vielleicht meint Stinnes also Gustav von Kahr, der sich gerade anschickt, Bayern auf Frontalkurs gegen Berlin zu bringen?

Oder Erich Ludendorff? Schon im Ersten Weltkrieg sprachen manche über eine »Diktatur« Ludendorffs, weil der General weit übers Militär hinaus in die Politik hineinregiert.

Seine Entlassung hat Ludendorff schwer frustriert. So frustriert, dass er 1920 beim Kapp-Putsch mitmarschiert. Inzwischen ist auch er oft in Bayern, wo man der verhassten Republik den Garaus machen will.

Stinnes kennt Ludendorff gut.

Und er kennt auch General Hans von Seeckt.

Von Seeckt ist Chef der Reichswehr und momentan in einer ziemlich delikaten Situation: Eigentlich müsste er gegen die Bayern und ihren Ausnahmezustand vorgehen.[11]

Umso mehr seit der Sache mit dem *Völkischen Beobachter*. Das NSDAP-Blatt hat Ende September nämlich einen sehr unfreundlichen Artikel gedruckt: über von Seeckt, Stresemann und deren jüdische Ehefrauen.

Daraufhin hat Reichswehrminister Otto Geßler (der zuständig ist, weil ja auch im Reich Ausnahmezustand herrscht) die Bayern angewiesen, das in München erscheinende Blatt zu verbieten.

Doch die weigern sich zu gehorchen.

Nun wäre es Aufgabe der Reichswehr, sie zu disziplinieren. Aber darauf will sich von Seeckt nicht einlassen.

Reichswehr schießt nicht auf Reichswehr – das hat er schon damals beim Kapp-Putsch gesagt.

Von Seeckt ist ein Mann mit Korpsgeist. Wie Ludendorff.

Stinnes ist der Meinung, die beiden würden sich gut ergänzen. Er hat sie auch schon vor Jahren einmal zusammengebracht.

Stinnes spricht ja nicht immer von einem Diktator, wenn es um Deutschlands Zukunft geht.

Manchmal spricht er auch von einem Triumvirat.[12]

Das Treffen der beiden Militärs hat damals in der Villa von Friedrich Minoux stattgefunden, Stinnes' Statthalter in Berlin. Dummerweise hat Minoux damals offenbar etwas missverstanden.

Eigentlich schätzt Stinnes Minoux. Er vertraut ihm Dinge an, die weit übers Geschäftliche hinausgehen.

Wenn die Reichsbank Stinnes übler Machenschaften verdächtigt, muss Minoux an seiner Stelle in den Untersuchungsausschuss und die Sache ausräumen.[13]

Und wenn Schwägerin Nora sich in ihr hübsches Köpfchen setzt, nach Berlin zu ziehen, dann muss Minoux helfen, ein Haus zu finden.[14]

Idealerweise ein Haus, in dem er, Stinnes, auch mal Gäste empfangen kann.

Mit Politik allerdings muss er Nora nicht kommen, weswegen besagtes Treffen mit Ludendorff und von Seeckt eben bei Minoux stattfand.

Friedrich Minoux besitzt selbst eine stattliche Villa, direkt am Wannsee gelegen. Und er verfügt über politische Kontakte – unter anderem zu von Seeckt.

Der Manager ist Stinnes' rechte Hand – im wahrsten Sinne des Wortes.

Jüngst hat sich Minoux auch in der Debatte um die Währungsreform zu Wort gemeldet.

Die Villa des Unternehmers Friedrich Minoux. 1940 wird sie an eine SS-Stiftung verkauft und wenig später als Ort der Wannseekonferenz zu schrecklicher Bekanntheit gelangen: Am 20. Januar 1942 besprechen hochrangige NS-Funktionäre hier die Organisation des Holocaust.

Stinnes weiß es zu schätzen, dass sein Manager so aktiv ist, allerdings findet er, dass Minoux manchmal etwas überzieht.

Und zwar nicht nur, was die Größe seiner Villa betrifft (die den Stinnes'schen Familiensitz in Mülheim wie ein Pförtnerhaus wirken lässt) – sondern auch politisch.

Dass sein Stellvertreter in Berlin den Staat stärken und die Wirtschaft mit Steuern belasten will, um eine Währungsreform zu finanzieren, könnte Stinnes vielleicht noch tolerieren. Dass aber Minoux die Franzosen an der deutschen Industrie beteiligen will – ohne umgekehrt eine Beteiligung der Deutschen in Frankreich zu fordern –, das geht dann doch zu weit, findet Hugo Stinnes.[15]

Anfang Oktober will er sich nun doch noch einmal selbst in die Debatte einschalten. Geplant ist eine Veröffentlichung in der *Deutschen Allgemeinen Zeitung*.

Als er merkt, dass Minoux dies missbilligt, platzt ihm der Kragen.

Der Mann soll ihm in Berlin Türen öffnen, und nun stellt er sich ihm in den Weg? Entwickelt gar eigene Ambitionen?

Am 7. Oktober 1923 feuert Stinnes seinen wichtigsten Manager.

******

Anfang Oktober 1923 bekommt Reichsbankpräsident **Rudolf Havenstein** einen Brief aus London. Der Chef der Bank of England, Montagu Norman, schreibt ihm.

Er und Norman kennen sich seit Jahren. Der Kollege von der britischen Zentralbank hat ihn immer sehr unterstützt.

Nach dem Krieg, als die Alliierten der Reichsbank einen »technischen Berater« zur Seite stellen wollten, hat ihm Norman geholfen, sich einen solchen Aufpasser vom Hals zu halten.

»Ich habe schon angeführt, dass dies die Position der Reichsbank eher schwächen als stärken würde«[16], berichtet der Brite ihm Ende 1921 aus den Verhandlungen.

Am Ende hat der Engländer die Alliierten überzeugt, dass eine unabhängige Reichsbank der beste Garant für Reparationen ist, und hat die Autonomie durchgeboxt.[17]

Und wenn auch nicht alle Ratschläge des Briten in Deutschland umsetzbar sind – gerade jetzt, seit dem Einmarsch der Franzosen, so ist über dem fachlichen Austausch in all den Jahren doch eine Freundschaft entstanden.

Zumindest glaubt Rudolf Havenstein das.

Bis er den Brief öffnet.

Darin geht es, wie immer, ums Geschäft, doch dann wechselt Norman das Thema.

Ob es nicht gut sei, »die Bürde seines Amtes auf andere Schultern zu legen«, fragt er den Reichsbankchef und bittet Havenstein, ihm selbiges rechtzeitig mitzuteilen. Man wolle die Zusammenarbeit der beiden Häuser doch sicherstellen – unabhängig von »Personalwechseln, wie sie von Zeit zu Zeit« eben sein müssten[18], heißt es da nüchtern.

Sein Freund hat ihm die Freundschaft entzogen.

******

Am 15. Oktober 1923 reist **Willi Münzenberg** nach Dresden.[19] Er ist voller Tatendrang.

Denn auch das Korn aus Russland ist auf dem Weg nach Sachsen.

Und er, Willi Münzenberg, wird es an die Arbeiter verteilen, an die Kämpfer für den Kommunismus. Das russische Korn wird dazu beitragen, dass die Revolution, die vor fünf Jahren verhungerte, nun ein Erfolg wird.

Die Genossen in Moskau haben für den Aufstand der Arbeiter schon den Termin festgelegt: den 9. November. Ein denkwürdiges Datum![20]

Als sich Deutschland am 9. November 1918 zum ersten Mal erhob, reichte die Kraft nur, um den Kaiser zu vertreiben. Am 9. November 1923 nun sollen die deutschen Arbeiter ihr Werk vollenden.

Die Genossen in Sachsen und Thüringen sollen als Erste rebellieren – und bald schon wird das Proletariat ganz Deutschland regieren.

Und er wird dabei helfen, so wahr er Willi Münzenberg heißt.

Wenige Tage später wird Willi Münzenberg nach Moskau melden, dass er der Konsumgenossenschaft »Vorwärts« in Dresden die erste Ladung Roggen übergeben hat.[21]

Er weiß: Der Duft frischen Brotes ist die beste Werbung für seine Sache in einer Zeit, in der ganz Deutschland Hunger leidet.

1,743 Milliarden Mark kostet ein Schwarzbrot im Oktober 1923, wenn man es beim normalen Bäcker kauft.[22] Wer soll das bezahlen?

Wie gut, dass es die Arbeiterhilfe gibt!

Doch natürlich verlässt sich ein Propaganda-Mann wie Münzenberg nicht allein auf die Nase der Leute. Mit jedem Laib Schwarzbrot geht auch ein Flugblatt über den Tresen. Und er lässt Plakate aufhängen.

»Arbeiter, der Hunger vereitelt Deinen Kampf«, steht darauf. »Du darfst nicht verhungern!«[23]

Speisestelle der Internationalen Arbeiterhilfe für bedürftige Familien.

Alle reden jetzt über die Arbeiterhilfe.

Mit seiner Korn-Aktion landet Willi Münzenberg einen Volltreffer.

Nur einer schafft es in diesen Tagen, noch größere Aufmerksamkeit zu erzeugen.

Und das ist Josef Stalin.

Der Generalsekretär der Kommunistischen Partei Russlands hat einen Brief an die deutschen Arbeiter geschrieben.

Darin wünscht er viel Erfolg für die »kommende Revolution«.[24]

»Der Sieg des deutschen Proletariats wird ohne Zweifel das Zentrum der Weltrevolution aus Moskau nach Berlin versetzen«, prophezeit Stalin.[25]

Die KPD-Parteizeitung *Rote Fahne* hat Stalins handgeschriebenen Brief als Faksimile veröffentlicht. Und direkt darunter die Übersetzung, damit die deutschen Arbeiter seine Worte auch verstehen.

Auch im Berliner Regierungsviertel begreift man sofort, worum es geht: Drei Tage nach Erscheinen des Briefes werden die proletarischen Hundertschaften verboten.[26]

Die Truppe macht allerdings keine Anstalten, sich aufzulösen.

Und die Politik vor Ort tut nichts, um eine solche Auflösung durchzusetzen. Im Gegenteil, die Aufrüstung der Arbeiterschaft war ja der Grund für die rot-roten Koalitionen in Sachsen und Thüringen. Darum haben sich die Kommunisten entschlossen, in die Regierung der ihnen bisher so verhassten Sozialdemokraten einzutreten.

Und so kommt es, dass die Reichswehr am 22. Oktober 1923 in Sachsen einmarschiert und wenig später auch in Thüringen.

Reichsexekution nennt man das, wenn die Regierung in Berlin Aufgaben säumiger Gliedstaaten an sich zieht.

Und wie eine Exekution fühlt es sich auch an.

Es gibt Dutzende Tote und Verletzte.

Dresden ist voll von Polizei und Militär. Auch Leipzig. Und Pirna. Und Meißen.[27]

Alle, die an der Vorbereitung der Revolution beteiligt waren, sind jetzt in Gefahr.

Willi Münzenberg muss mit seiner Verhaftung rechnen. In der Nacht vom 22. auf den 23. Oktober flüchtet er nach Berlin.[28]

******

Derweil eilt die Rheinlandbewegung von einem Erfolg zum anderen:

Am 21. Oktober 1923 besetzen die Separatisten das Aachener Rathaus.[29]

Ein öffentlichkeitswirksamer Coup, denn dieses Rathaus ist steingewordene deutsch-französische Geschichte. Es steht auf den Resten der Kaiserpfalz von Karl dem Großen. Und der herrschte von der Gascogne bis nach Sachsen.

Auf dieses Erbe wollen die Separatisten bauen.

Am nächsten Tag übernehmen sie das Rathaus von Wiesbaden, und in Koblenz hat der Kampf um die Macht nun ebenfalls begonnen.

Am 26. Oktober 1923 bestätigt der französische Hochkommissar Paul Tirard die Separatisten als »Inhaber der tatsächlichen Macht«.[30] Hans Adam Dorten und Joseph Friedrich Matthes erhalten die Generalvollmachten.

Der Traum von der Rheinischen Republik ist Wirklichkeit geworden!

Eigentlich müsste Dorten überglücklich sein. Nun ist erreicht, wofür er fünf Jahre lang gekämpft, sein Privatvermögen eingesetzt und seine Karriere als Staatsanwalt geopfert hat.

Alles könnte perfekt sein – wäre da nicht Joseph Friedrich Matthes.

Der hat auf eigene Faust diese Blitzoffensive organisiert, während er, Dorten, noch mit den Franzosen um Unterstützung rang.

Matthes hat ihn vor vollendete Tatsachen gestellt. Nicht mal, als es um seine Heimatstadt Wiesbaden ging, hat er ihn informiert. Ein Affront!

Als Dorten am 22. Oktober abends nach einem langen Tag bei Paul Tirard, dem Präsidenten der Rheinlandkommission, nach Hause kommt, weht plötzlich die Fahne der Rheinischen Republik über seiner Stadt.

Warum hat man nicht auf ihn gewartet?

Inzwischen hat Matthes auch schon das Koblenzer Schloss besetzt.

Den klassizistischen Kolossalbau am Rande der Altstadt, den einst der Trierer Erzbischof Clemens Wenzeslaus von Sachsen bauen ließ und in dem danach auch der preußische Thronfolger und spätere Kaiser Wilhelm I. residierte.[31]

Nach 1918 nutzten amerikanische Besatzungstruppen das Schloss. An den Wänden hängen noch die Kalender und Landkarten, die die Soldaten zurückließen, als sich die Vereinigten Staaten aus dem Versailler Vertrag zurückzogen.

Und inmitten der Unordnung hält Matthes nun Hof wie ein kleiner König.[32]

»Als ich mich in das Schloss begab, bewiesen mir der Empfang durch Herrn Matthes und der Anblick seiner Kohorten sofort die Unmöglichkeit jeder gemeinsamen Arbeit«, wird Dorten später schreiben.[33]

Die gegenseitige Abneigung ist unüberwindlich geworden.

Wenige Tage später werden Dortens Unterstützer den Rivalen aus dem Schloss vertreiben.[34]

Hans Adam Dorten wähnt sich endlich am Ziel.

Und weiß nicht, dass seine Schwierigkeiten gerade erst begonnen haben.

Unter anderem deshalb, weil auch noch andere Personen die Aufmerksamkeit der Franzosen beanspruchen. Personen, mit denen er gar nicht rechnet.

Konrad Adenauer zum Beispiel.

Einst hatte Dorten Hoffnungen auf den Oberbürgermeister der Stadt Köln gesetzt.

Damals, 1919, in den Anfängen der Bewegung, sprach er mit Adenauer über die Idee eines unabhängigen Rheinlandes, aber Adenauer ließ die Sache im Sande verlaufen.[35]

Für Dorten ist Adenauer ein Verräter.

Umso mehr seit dem Kölner Treueschwur vor ein paar Tagen.

Die Reichstreuen demonstrierten vor der Messe in Köln-Deutz – ausgerechnet das Prestigeprojekt des Oberbürgermeisters suchten sie sich aus!

Und machen so viel Tamtam, dass ihre Kundgebung fast einer Einweihungsfeier für Adenauers Endlos-Baustelle gleichkommt!

Der Männergesangverein singt Rheinlieder bei diesem treu-deutschen Fest. Alle großen Parteien schicken Redner.

Und Adenauers katholische Zentrumspartei ist ganz vorne mit dabei, die Einheit des Reiches zu beschwören. Dabei ist sie doch die Partei, die mit ihrem Hass auf die evangelischen Preußen den Separatismus überhaupt erst begründet hat.

»Der Ruhrkampf ist zu Ende«, sagt der Festredner des Zentrums und warnt vor allen, die glauben, nun »mit Demonstrationen und Putschversuchen das Ziel einer Rheinischen Republik zu erreichen«.[36]

Die Kölnische Volkszeitung bringt das alles in einem großen Bericht.

»Wir lehnen es ab, mit solchen sogenannten Landsleuten zu diskutieren«, ist da zu lesen – in dem Blatt, das jahrelang das Sprachrohr des Separatismus war.[37]

Adenauer und sein ganzes wetterwendisches Kölner Pack – sie können ihm gestohlen bleiben!

Dorten ahnt – wie gesagt – nicht, dass sich seine und Adenauers Wege noch einmal kreuzen werden. Und er weiß auch noch nicht, dass man dem geschmeidigen Rheinländer später einmal den Spruch »Was kümmert mich mein Geschwätz von gestern?« zuschreiben wird.[38]

******

Auch **Konrad Adenauer** selbst ahnt noch nichts.

In diesen Oktobertagen hat sich der Kölner Oberbürgermeister in ein Kloster nach Bad Neuenahr zurückgezogen.[39] Nicht der Erbauung wegen, sondern weil er nach einer Blinddarm-OP dringend ausspannen muss. Er möchte eigentlich nur seine Ruhe haben.

Doch dann beginnen die Separatisten die Rathäuser zu stürmen, und so berufen die Bürgermeister von Rhein und Ruhr kurzfristig ein Treffen ein.

Am 24. und 25. Oktober 1923 wollen sie in Barmen tagen. Adenauer fühlt sich noch immer ziemlich lädiert, doch die Sache spitzt sich zu, da kann er nicht kneifen, und so fährt er nach Barmen.

Die, die sich dort versammeln, haben Angst vor den marodierenden Banden, die gewählte Politiker mit Gewalt aus dem Amt treiben wollen. Aber fast noch mehr Sorge bereitet ihnen der Liebesentzug der Reichsregierung in Berlin.

Fast neun Monate lang hat die Regierung das gesamte Reich auf Solidarität mit den besetzten Gebieten eingeschworen, hat den Verlust von Menschenleben und den Ruin der Währung in Kauf genommen, um den Franzosen Paroli zu bieten. Diese Politik ist krachend gescheitert.

Wird das Reich nun – um der Versöhnung willen – Rhein und Ruhr opfern?

Wird Berlin die besetzten Gebiete, deren Unterstützung von Tag zu Tag schwieriger wird, im Elend versacken lassen?

Adenauer – man ahnt es – hat andere Pläne. Statt Opfer der Auseinandersetzung mit Frankreich zu werden, findet er, sollte das Rheinland lieber selbst mit den Franzosen verhandeln.

So greift Adenauer die Idee von 1919 wieder auf – den Rheinstaatsgedanken. Und weil schon der Begriff »Rheinstaat« vermintes Terrain ist, spricht er von einem »Rechtsgebilde«, das es zu schaffen gelte.

»Dieses Rechtsgebilde könne verschiedene Formen annehmen«[40], sagt er vorsichtig und meint eigentlich maximal zwei:

»Als solche Lösung käme infrage eine Abtrennung von Preußen. Auf diesem Wege wäre man vielleicht vor einiger Zeit noch zu einer Lösung gekommen. Er bezweifle aber, dass das heute noch möglich sei«, wird einer der Teilnehmer Adenauers Argumentation zu Protokoll nehmen.

Und deshalb müsse »man sich auch mit dem Gedanken abfinden, dass äußersten Falles auch eine Loslösung vom Reiche im Wege der Verständigung erfolge«.[41]

So wird es im Sitzungsprotokoll stehen.

Noch Jahrzehnte später werden sich Geschichtswissenschaftler darüber streiten, wie Adenauer das gemeint hat.

Ob er eine Abtrennung des Westens vom Reich plante – und es sich daher gefallen lassen muss, dass man ihn Landesverräter nennt, wie der Berliner Historiker Henning Köhler findet.[42]

Oder ob Adenauer diese Möglichkeit nur ins Spiel brachte, um mit den Franzosen bessere Bedingungen auszuhandeln. Besser als das gegenwärtige Besatzungsregime. Und besser als die Totaloperation, die Dorten, Matthes und Smeets im Schilde führten.

So haben die Historiker Karl Dietrich Erdmann von der Universität Kiel und Hans-Peter Schwarz, der zuletzt in Bonn lehrte, die Worte des Kölner Oberbürgermeisters interpretiert.[43]

Der Streit zwischen denen, die Adenauer für einen prinzipienlosen Opportunisten, und denen, die ihn für einen gewieften Taktiker halten, schwelt bis heute.

Kein Wunder, dass man auch beim Krisentreffen im Oktober 1923 zu keiner Lösung kommt.

Nicht mal am zweiten Tag, als der Reichskanzler persönlich dazustößt. (Die Herren tagen diesmal in Hagen.)

Gustav Stresemann will signalisieren, dass er »das Rheinland nicht aufgegeben« hat – aber er kommt mit leeren Händen.

In ihrer Ratlosigkeit beschließt die Runde, erst mal auszuloten, »welche Absichten die französische Regierung im Einzelnen hat«.[44]

Und Konrad Adenauer – Mann der Tat – nimmt das als Verhandlungsmandat.[45]

******

Käthe Kollwitz hat die Herbsttage mit der Arbeit an einem Holzschnitt zugebracht. Der zeigt schemenhaft die Umrisse von drei Menschen – umgeben von sehr viel dunkler Fläche.

Sie nennt das Bild »Frau mit Kindern in den Tod gehend«.[46]

Eine Frau, die mit weit aufgerissenen Augen ihrem Schicksal entgegenstrebt, ein Kind hinter sich herziehend und ein zweites, lebloses Kind auf dem Rücken tragend.

In den Tod gehen – ist es das, worüber Käthe Kollwitz nachdenkt?

»Wer nicht mehr arbeiten könne, täte gut daran, sein irdisches Bündel zu schnüren und der Welt valet zu sagen, denn Platz und Brot für alte Leute hat Deutschland nicht«[47], schreibt Käthe Kollwitz einer Freundin, kurz nachdem sie die Umrisse der gebeugten Mutter ins Tannenholz gekratzt hat.

»Valet« sagen heißt Abschied nehmen.

Der 23. Oktober ist der Tag, an dem ihr Jüngster gefallen ist. Seit 1914 markiert dieser Tag für sie den Beginn der dunklen Jahreszeit.

Die Jahreszeit, in der draußen an den Fensterscheiben unablässig Regentropfen herabrinnen, stellvertretend für die Tränen, die sie nicht weinen kann.

Sie hat so viel geweint. Sie hat keine Tränen mehr.

Übrig bleibt der dumpfe, dunkle Schmerz.

Peter ist jetzt neun Jahre tot.

Meist trifft sie sich an diesem Tag mit anderen Müttern, die ebenfalls trauern. So auch in diesem Jahr.

Ein Konzertbesuch mit einer Bekannten, Lydia Timper, die im Sommer die Landverschickung der »Österreichischen Freundeshilfe« organisiert hat.[48] Lydia Timper hat selbst einen Sohn im Krieg verloren. Er hieß Kurt.

»Abends sitzen Frau Timper und ich noch zusammen, sie spricht von ihrem Kurt und ich vom Peter. Aber alles war früher lebendiger. Wenn ich früher von ihm erzählte, bebte ich«[49], schreibt Käthe Kollwitz hinterher in ihr Tagebuch und wundert sich über die eigene Fühllosigkeit.

»Ich bin zerstreut und so weit weg von einem ruhigen Gedenken an ihn.«[50]

An diesem 23. Oktober 1923 überschlagen sich die Ereignisse. Im Westen der Republik ringt man ums Rheinland, im Osten um die Revolution. Eine Nachricht jagt die andere. Und dann ist da noch die Inflation.

»Die Rheinische Republik ist ausgerufen, der Dollar steht auf 40 Milliarden, für morgen ist der Generalstreik angekündigt, Hunger und Ratlosigkeit überall«, schreibt Käthe Kollwitz.

»Mir ist fürchterlich schwer und bedrückt zumut.«[51]

******

Irgendwann in diesen Tagen taucht **Anita Berber** in Hamburg auf.[52]

Keiner weiß, wie die Berliner Tänzerin dorthin kommt. Und keiner weiß, was sie da will.

Braucht sie Luftveränderung? Seit ihrer Trennung von Sebastian Droste lebt sie wieder bei ihrer Mutter in Berlin-Wilmersdorf. Da wohnen außerdem noch die beiden Tanten und die Großmutter.

Ist Anita bei so vielen alten Damen die Decke auf den Kopf gefallen?[53]

Oder ist sie vielleicht unterwegs zu den Varietés an der Reeperbahn, wo sie immer mal wieder als Nackttänzerin auftritt – schon seit den Anfängen ihrer Karriere?[54]

Aber Altona ist ziemlich weit weg vom Arbeiterviertel Barmbek. Hier wohnen die Schlächter der Abdeckerei und die Arbeiter der Gummifabrik.

Eine Hochburg der Kommunisten.

Und die liefern sich gerade wilde Straßenkämpfe mit der Polizei.

Offenbar das Ergebnis einer Kommunikationspanne vor zwei Tagen bei der großen roten Betriebsrätekonferenz in Sachsen.[55]

Als dort das Militär einmarschiert, beschließen die Betriebsräte – per Mehrheitsentscheid –, die geplante Revolution abzublasen.

Die Delegierten aus Hamburg, die verspätet eintreffen, bekommen das wohl nicht mit (oder besinnen sich auf den anderslautenden Befehl aus Moskau).

In jedem Fall eilt einer von denen, die da vor verschlossenen Türen stehen, nach Hamburg zurück und schickt seine Leute auf die Barrikaden.

Seither tobt der Häuserkampf in Barmbek.

»Die Arbeiter kämpfen fast nicht mehr in den Straßen, die sie vollständig der Polizei und den Truppen überlassen. Ihre neue Barrikade ist die Arbeiterstadt in ihrer Gesamtheit, mit allen ihren Kellern, Böden und Wohnungen. Jedes Fenster ist eine Schießscharte dieser uneinnehmbaren Festung.«[56]

So schildert eine Beteiligte die Ereignisse in Hamburg. Sie heißt Larissa Reisner und ist frisch verliebt in Karl Radek (der im Frühjahr das Korn aus Russland geschickt hat – und nun Deutschland zum Kommunismus bekehren will).

»Gegen fünf Uhr nachmittags flutet die Welle der Truppen und der Polizei lärmend zurück. Ihre Verluste sind ungeheuer«, schreibt seine Freundin.[57]

Einhundert Menschen werden bei der Auseinandersetzung sterben: Kommunisten, Polizisten und vor allem Barmbeker Bürger.[58]

Ein großes Blutvergießen. Und mittendrin – Anita Berber.

Sie war »besonders schön bemalt und fuhr mitten in die Schützenlinien der kämpfenden Arbeiter, um sie zu begrüßen«, wird später eine Zeitung schreiben.[59]

Anita Berber, die Mitternachtsblume aus Berlin-Mitte, bleibt ein ziemlicher Fremdkörper im revolutionären Barrikadenkampf.

Mit ihrem bleichen Make-up, dem Monokel und dem Pelzmuff hält man sie unter den Arbeitern für ziemlich dekadent. Von ihrem Drogenkonsum ganz zu schweigen.

»Diese Frau, Genossen, ist eine zweite Marquise Pompadour, treibt sie aus mit Feuer und Schwert!«, hat der Kommunist Karl Radek mal über sie gesagt.[60]

An diesem Oktobertag jedoch hat Radek ganz andere Sorgen. Die Revolution, die er in Deutschland plante, scheitert.[61]

Selbst das streitbare Häuflein in Hamburg, das sich trotz der Absage für die Sache der Arbeiter schlägt, ist in Wahrheit nicht halb so siegreich, wie es seine Freundin darzustellen versucht.

In Wirklichkeit kämpft nur eine Minderheit der Hamburger Arbeiter – und für die Waffen, die sie beim Überfall auf die Polizeistation erbeutet haben, fehlt ihnen bald schon die Munition. Es ist ein Wunder, dass sie überhaupt zwei Tage durchhalten.[62]

In der Nacht zum 25. Oktober 1924 werden sie still und leise ihre Barrikaden räumen.

Auch Anita Berber verschwindet – so plötzlich, wie sie aufgetaucht ist.

Es zieht sie zurück nach Berlin.

Dort hat sie vor Kurzem einen jungen Mann tanzen sehen, der sie förmlich elektrisiert.

Er heißt Henri Châtin Hofmann, kommt aus Amerika und hatte seinen ersten Auftritt im Blüthner-Saal – jenem Saal im Berliner Tiergarten, in dem auch Anita Berber manchmal tanzt.[63]

Am 26. Oktober 1923 wird er wieder dort auftreten.

Sie muss dringend zurück!

Es dauert nicht lange, da tanzen die beiden zusammen. Und natürlich werden sie auch privat ein Paar.

Henri, der deutschstämmige Pfarrerssohn aus Baltimore, hat so etwas jungenhaft Frisches, so etwas unerhört Unschuldiges, wie es Anita aus Berlin gar nicht kennt.[64]

Ein schlanker, hochgewachsener Mann, dem offenbar nichts etwas anhaben kann. Ein Sonnyboy, und – man stelle sich vor – er nimmt keinerlei Drogen!

Auch die paar Dollar, mit denen er aus Amerika gekommen ist, verleihen ihm eine zusätzliche Schwerelosigkeit.

Er hat in New York Tanz studiert. Er bringt Anita Dinge bei, von denen sie noch nie gehört hat.

Denn während Deutschland die düsterste Phase seit 1918 durchlebt, dreht sich die Welt draußen ja weiter.

In Amerika hat die Zeit begonnen, die man später die Roaring Twenties nennen wird. Und der Soundtrack dazu kommt aus New York.

Oben in Harlem hört man den Charleston schon eine ganze Weile.

Und als er am 29. Oktober 1923 erstmals unten am Broadway gespielt wird und der Komponist James P. Johnson den Tanzhit seines Musicals »Running Wild« auf Schellack pressen lässt – da ist der Siegeszug des Charleston nicht mehr aufzuhalten.[65]

Auch Anita Berber tanzt Charleston. Und Fox. Und Rag Time. Henri bringt's ihr bei – und sie ist hin und weg.[66]

Wenn sie später zurückdenkt an diesen Monat – als sie mit den Hamburger Arbeitern auf den Barrikaden stand, den Monat, als sie Henri, ihre neue Liebe, fand, den Monat, als die Herren 550 Millionen Mark für eine Ausgabe der Zeitschrift *Der Junggeselle* zahlten, nur um ein Bild der tanzenden Anita zu betrachten, dann will ihr der Oktober 1923 wie eine einzige rauschhafte Party erscheinen.[67]

******

Inzwischen hat es **Willi Münzenberg** aus Sachsen nach Berlin zurückgeschafft.[68] Rastlos läuft er auf und ab, in seinem Büro bei der Arbeiterhilfe. Die ist in einem Nebengebäude der russischen Botschaft untergebracht.[69]

Hier drin ist er sicher. Raus kann er nicht, denn seine Partei, die KPD, ist inzwischen verboten.[70]

Was soll nun aus seiner Korn-Aktion werden?

Er kann jetzt unmöglich aufgeben, nach all dem Elend, das er gesehen hat, seit er wieder in Deutschland ist.

In der gesamten Industrieregion von Sachsen und Thüringen sind Brot und Kartoffeln Mangelware. Und in Berlin sowieso. Eigentlich müsste man die Aktion sogar ausweiten. Suppenküchen überall. Das hat er den Genossen in Moskau auch vorgeschlagen. »Die allgemeine Notlage bei den hiesigen Arbeitern ist unbeschreiblich«, schrieb er.[71]

Er war sich ganz sicher, dass sein Vorschlag gut ankommen wird.

Aber Münzenberg hat noch keine Antwort. Warum? Ob das mit den Machtkämpfen im Kreml zu tun hat?

Vielleicht könnte er Karl Radek fragen. Radek ist in Deutschland; auch hier in der Botschaft. Aber ob der ihm helfen kann? Schließlich sollte er den Aufstand leiten, den die KPD inzwischen auch offiziell abgesagt hat.

Eine ziemliche Niederlage.

Auch für ihn selbst, Münzenberg, und für die Arbeiterhilfe ist die ganze Sache nicht ungefährlich. Er hat auf den Erfolg der Revolution gesetzt. Und nun?

Ob es ein Fehler war, dass er der Presse vergangene Woche schon von den Suppenküchen erzählt hat?

Suppenküchen für Arbeiter und Arbeitslose, Frauen, Kinder und Alte!

Andererseits ist der Propagandaeffekt, der von der Korn-Aktion der Arbeiterhilfe ausgeht, nicht zu unterschätzen. Gerade jetzt, da die KPD verboten ist. Wie sonst soll die Partei mit dem Volk im Gespräch bleiben?

Eine neue internationale Kampagne muss her. Und die Arbeiterhilfe wird Spenden sammeln in Amerika, Holland, der Schweiz und Frankreich. So wie damals, als Russland hungerte. Nur jetzt für Deutschland!

Willi Münzenberg überlegt hin und her. Dann schreibt er erneut ans Politbüro nach Moskau.

Das Kabel geht noch am 24. Oktober raus. Diesmal hat er Glück. Schon am 26. Oktober bekommt er eine Antwort. Eine positive Antwort.

Willi Münzenberg wartet weder weitere Anweisungen noch Vorschüsse aus Moskau ab. Korn ist ja noch da.

Er konzentriert sich ganz auf die Kampagne.

Hunger in Deutschland! Die Arbeiterhilfe hat ihre neue Aufgabe.

Er braucht Plakate für die Spendensammlung. Er muss dringend Kontakt zu Käthe Kollwitz aufnehmen.

Willi Münzenberg ist wieder voller Tatendrang.

NOVEMBER 1923 – KRISE UND HEILUNG

Wie Adolf Hitler in München einen Putsch versucht, dann aber im Krankenwagen flieht. Wie Käthe Kollwitz fast verzweifelt, dann aber dennoch ein neues Bild malt. Wie der Reichsbankchef an gebrochenem Herzen stirbt, die Währung jedoch gerettet wird.

Rudolf Havenstein liegt krank im Bett.

Eine Grippe hat den Reichsbankpräsidenten niedergestreckt. Er fiebert.

Ob er etwas mitbekommt von den Ereignissen am 8. November 1923 in München?

Von den Pistolenschüssen, die Adolf Hitler im Bürgerbräukeller abgibt, um Gustav von Kahr und den Rest der dort versammelten bayerischen Amtsträger dazu zu bringen, sich hinter ihn zu stellen?

Von dem »Marsch auf Berlin«, den Hitler ankündigt und den man später als ersten Versuch der Machtergreifung ansehen wird?[1]

Vermutlich nicht.

Denn Havenstein ist ja krank. Und gerade ist seine Grippe im Begriff, eine Lungenentzündung zu werden.[2]

Ginge es ihm nicht so schlecht, wäre er in einer solchen Situation wohl kaum im Bett zu halten. Bei politischen Unruhen eilt er stets sofort in die Bank.

1918 etwa, als die Kommunisten die Räterepublik ausriefen und man einen Sturm auf die Reichsbank fürchten musste, ließ Havenstein zum Schutz der Goldreserven eilends den Tresorraum unter Giftgas setzen.

Fatalerweise fand das Gas seinen Weg hinaus und zog hoch bis zu den Telefonistinnen.

Als die Damen sich über den Geruch beschwerten, musste er die Tresore wieder entgasen – und vertraute deren Bewachung dann dem Arbeiter- und Soldatenrat an. Selbst in der Reichsbank gab es 1918 ja Revolutionäre. Und denen schmeichelte die Verantwortung tatsächlich so sehr, dass die Reserven der Reichsbank den Aufruhr damals unbeschadet überstanden haben.

Havenstein schrieb den Spartakisten dann auch ein gutes Zeugnis, als er sie nach dem Aufstand entließ. Einige von ihnen sind allerdings auch in den Kämpfen umgekommen: bei einem Schusswechsel mit dem Militär ganz in der Nähe der Reichsbank, in der Behrensstraße.[3]

Beim Kapp-Putsch dagegen, zwei Jahre später, ging dann alles viel schneller: Noch bevor Havenstein Maßnahmen ergreifen konnte, stand ein Offizier mit Soldaten in der Kassenhalle und forderte ein paar Millionen, um seine Leute zu entlohnen.

Als der Kassierer in den ersten Stock gelaufen kam, wo Havenstein mit seinen Direktoren versammelt war, wies der ihn an, den Mann wegzuschicken: Die Unterschrift unter dem Befehl sei dem Direktorium nicht bekannt.

Tatsächlich zogen die Soldaten daraufhin wieder ab. Danach galt es noch fünf Tage Generalstreik auszuhalten, bevor die Sache ausgestanden war.[4]

Und als Rudolf Havenstein jetzt, im November 1923, aus seinem Fieber erwacht, hat er den nächsten Putschversuch wohl einfach verschlafen.

Gescheiterter Putschversuch der NSDAP unter Adolf Hitler und Erich Ludendorff am 8. und 9. November 1923 in München.

Am Mittag des 9. November schafften es Adolf Hitler und Erich Ludendorff zwar noch, sich in München mit einer Truppe von Hakenkreuz-Bannerträgern vom Bürgerbräukeller zum Odeonsplatz durchzuschlagen, dort aber werden sie von der Landespolizei überwältigt. Zwanzig Menschen sterben im Kugelhagel.[5]

Hitler versucht in einem Krankenwagen zu fliehen, wird aber zwei Tage später festgenommen. Er kommt nur bis zum Staffelsee.

Aus dem Marsch auf Berlin ist nichts geworden. Noch nicht.

Danach atmet die Republik kurz durch, um sich anschließend wieder den anderen Sorgen zuzuwenden:

Im November 1923 kostet der Laib Schwarzbrot 201 Milliarden Mark.[6]

Es fehlt an allem.

An Brot.

An Fleisch.

An Kohlen – selbst mitten im Ruhrgebiet.

Die Förderung ist zwar angelaufen, denn Deutschland will jetzt wieder Reparationen leisten. Doch die Menschen frieren. In Dinslaken versuchen sie Kohlen von der Halde ihres Bergwerks zu rauben.[7] Frierende Menschen kommen mit Kisten und Karren, um dort den dringend benötigten Brennstoff aufzuklauben. Und als die Polizei kommt, um das Zechentor zu schließen (die Kohle, die dahinter lagert, ist Reparationskohle), da wehren sich die Männer, Frauen und Kinder. Sie schreien.

Eine kommunistische Hundertschaft eilt herbei. Eine Schlägerei entsteht – und endet mit Toten und Verletzten.

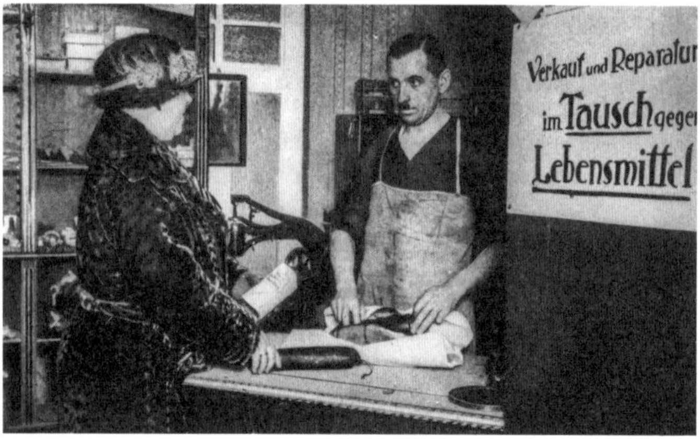

Aus der Not entstandene Tauschgeschäfte.

In Köln spitzt sich die Versorgungslage ebenfalls so zu, dass man später vom »Kartoffelkrieg« sprechen wird: Seit Langem schon sind Lebensmittel in der Domstadt so knapp, dass die Menschen zum Hamstern ins Umland fahren.

Doch inzwischen gehen den Städtern die Tauschmittel aus.

So kommen sie nun zum Stehlen.

Sie bringen Hacken und Schaufeln mit oder graben die Kartoffeln mit ihren bloßen Händen aus der Erde. Überall im Umland bewachen nun Bürgerwehren die Felder, Ställe und Scheunen.

In Overath im Osten von Köln bringt die Bürgerwacht einen Vorortzug mit hungrigen Städtern zum Halten. Mehrere Menschen sterben in dem Handgemenge.[8]

Auch in Berlin kommt es zu Hungerunruhen, vor allem im armen Norden der Stadt: Im Wedding haben Hungrige einen Brotwagen angehalten und den Kutscher zur Herausgabe der Laibe gezwungen, in Gesundbrunnen einen Bäckerladen gestürmt.[9]

Aus Angst vor den Plünderern öffnen viele Geschäfte gar nicht mehr. Doch das hält die Verzweifelten nicht ab: Am 9. November 1923 versuchen sich Anwohner gewaltsam Zutritt zu einem Laden in der Ackerstraße zu verschaffen. Erst als die Polizei scharf schießt, zerstreut sich die Menge.

Eigentlich müsste Havenstein sich jetzt umhören, wie es seinen Leuten in den Reichsbankfilialen bei alldem ergeht.

Und er müsste sich um die Währung kümmern.

Doch er hustet immer noch. Und sein Herz macht ihm zu schaffen.

Der Arzt empfiehlt Schonung und Luftveränderung.

Havenstein fällt ein, was sich vor seinem Zusammenbruch zugetragen hat: Es ging um die Währungsreform! Er hat sich gründlich mit der Sache befasst. Er hat alle Konzepte gelesen – und Verbesserungsvorschläge gemacht![10]

Und was war der Dank?

Der Wiederaufstieg der deutschen Währung soll ohne ihn stattfinden. Ohne Rudolf Havenstein, seit fünfzehn Jahren Präsident der Deutschen Reichsbank. Nach allem, was er für dieses Land getan hat – man will ihn loswerden.

Zuerst hat ihm Gustav Stresemann gedroht, die Unabhängigkeit der Reichsbank zu beschneiden. Dann ist dem Reichskanzler wohl aufgefallen, dass eine Änderung des Autonomiegesetzes so schnell nicht zu machen ist, und so hat er versucht, ihm mit der neuen Personalabbau-Verordnung zu kommen.[11]

Weil der Staat sparen muss – seine Rede seit Langem! –, habe die Regierung beschlossen, Beamte im Alter über fünfundsechzig in den Ruhestand zu schicken.

Dies gelte auch für die Spitze der Reichsbank, hat man ihn wissen lassen, und Reichspräsident Friedrich Ebert persönlich forderte ihn zum Rücktritt auf.[12]

Dabei hatte er Stresemann doch schon im August erklärt, dass das Amt an der Spitze der Reichsbank eines auf Lebenszeit ist. Dass er zwar im nächsten Jahr in den Ruhestand zu treten gedenke, aber keinesfalls gleich und schon gar nicht unter Zwang![13]

Jetzt also Ebert. Und so hat sich Havenstein – schon krank – erneut an den Schreibtisch geschleppt, um einen Brief an den Reichspräsidenten zu formulieren. Die Botschaft bleibt die gleiche: Ruhestand nicht vor 1924![14]

Danach bricht er zusammen.

Und sein Arzt ordnet Luftveränderung an.

Havenstein fügt sich dem Diktat der Medizin. Er fährt nach Gut Rörchen bei Königsberg. Dort, in der Neumark, lebt seine Tochter Gerda mit ihrem Mann.[15]

Nur für ein paar Tage.

Sollen die in Berlin ruhig merken, dass eine Währungsreform ohne den Reichsbankchef nicht zu machen ist.

******

Auch **Hans Adam Dorten** ist ziemlich in Not. Rathäuser zu erobern und Truppen auszurüsten, kostet Geld – und irgendwie lässt die Unterstützung der Franzosen zu wünschen übrig.

Die Separatisten »requirieren« nun, was sie brauchen. Man könnte es auch Plündern nennen. Sie fordern Bargeld, Kartoffeln und andere Nahrungsmittel und lassen ihre Waffen sehen, um ihrem Anliegen Nachdruck zu verleihen.

Selbst in der Abtei Maria Laach taucht am Nachmittag des 8. November ein Dutzend Separatisten auf. Der Cellerar des zwischen Koblenz und Bad Honnef gelegenen Klosters überlässt ihnen einen Ochsen, um sie wieder loszuwerden.[16]

Doch anderswo fangen die Rheinländer an, sich gegen die Plünderer zu wehren.

In dem Örtchen Aegidienberg etwa, das später zu Bad Honnef gehören wird, treffen sich die Bürger am 14. November, um über eine Abwehrstrategie zu beraten. Keinen Tag zu früh, schon am 15. November kommt es zum Kampf. In der Schlacht bei Aegidienberg sterben einhundertzwanzig Menschen – darunter auch vierzehn Separatisten.[17]

Am Ende sind es allerdings doch französisch-marokkanische Soldaten, die die Sache unter Kontrolle bringen. Mit ihren dunklen Gesichtern werden sie den Einheimischen lange in Erinnerung bleiben. Truppen aus den Kolonien ihrer Besatzer müssen Rheinländer gegen Rheinländer verteidigen!

Auch für die Separatisten wird der Tag zum Trauma: Die Franzosen haben nicht sie, sondern ihre Gegner geschützt.

Die Separatisten verlieren nun ein Rathaus nach dem anderen, und die Rivalitäten gehen munter weiter. Hans Adam Dorten flüchtet nach Bad Ems. Er ruft das Kurstädtchen zum Regierungssitz der Rheinischen Republik aus. Er will nun von dort aus an seiner neuen Währung arbeiten und »eine Landespolizei in Höhe von mindestens 2 000 Mann« befehligen. Zumindest verkündet er das.[18]

Er schickt auch einen Brief an Paul Tirard, in dem er den Chef der Interalliierten Rheinlandkommission um Anerkennung bittet. Doch Tirard reagiert nicht.

Dorten ist verzweifelt.

Lassen die Franzosen ihn fallen?

******

Konrad Adenauer versucht ebenfalls sein Glück in Koblenz. Direkt am Morgen nach dem Krisengipfel der rheinischen Bürgermeister hat Adenauer um einen Termin bei der Rheinlandkommission gebeten.[19]

Er will mit Paul Tirard darüber sprechen, ob ein Rheinstaat dazu beitragen könnte, die Probleme zwischen Deutschland und Frankreich zu entschärfen. Und vor allem möchte Adenauer wissen, ob die Franzosen dem Rheinland helfen, wenn Berlin den Geldhahn zudreht.

In der Hauptstadt reden alle nur über die geplante Währungsreform. Adenauer denkt an die Folgen. Er gerät darüber sogar mit dem Reichsfinanzminister in Konflikt:

»Mag selbst die Rentenmark dadurch ebenso wie die Papiermark in einen Abgrund getrieben werden, das Rheinland muss mehr wert sein als eine oder zwei oder selbst drei neue Währungen«[20], schleudert er Hans Luther entgegen.

Aber tief in seinem Inneren weiß Adenauer, dass alle Rhetorik nichts bringt. Natürlich braucht das Reich eine Währungsreform. Auch das Rheinland braucht eine neue Währung – und zwar am besten eine eigene.

Darüber will er mit den Franzosen reden. Er will eine Rheinische Goldnotenbank gründen, und Frankreich soll harte Francs zum Kapital beisteuern.

Nur reagiert in Koblenz niemand.

Dann lässt man ihn endlich vor. Zweimal fährt der Kölner Bürgermeister hundert Kilometer nach Koblenz zum Termin bei Paul Tirard. Und zweimal die einhundert Kilometer den Rhein entlang wieder zurück.[21]

Aber ohne Ergebnis.

Was für ein Reinfall!

Doch Adenauer wäre nicht Adenauer, wenn er aufgeben würde. Die Industrie muss dringend wieder ans Arbeiten kommen. Idealerweise grenzübergreifend.

Der Industrielle Hugo Stinnes, das weiß Konrad Adenauer, kennt sich da aus.

Der deutsche Kohlebaron hat ja schon vor dem Krieg auf der anderen Rheinseite Eisenerz zu Stahl verkocht.

Und so bittet er Stinnes, für ihn durchzurechnen, was die wirtschaftliche Verzahnung der beiden Länder unterm Strich brächte und wie sich das auf die Reparationen auswirken müsste.[22]

Und mit diesem Gutachten will Adenauer es dann noch mal direkt in Paris versuchen …

******

In diesem November 1923 verbringt **Käthe Kollwitz** viele Abende bei schlechtem Licht über ihr Tagebuch gebeugt.

»Alles verschärft sich«, schreibt sie.[23]

»Hier Plünderungen und versuchte Pogrome, Bayern im Kriegszustand gegen Norddeutschland. Hunger. Ein Brot 140 Milliarden! Dann wieder runtergesetzt auf 80 Milliarden. Hunger, Hunger überall. Auf den Straßen schwärmen die Arbeitslosen.«[24]

Alle starren auf den Kurs der Mark. Selbst die Kinder:

»Das Peterchen fragt neulich seine Mutter ›Wie ist der Dollar?‹«, notiert Käthe Kollwitz an einem anderen Abend über ihren Enkel. Und über das Kind von Bekannten, das mit der Mutter in der Bahn fährt und die Telegrafendrähte auf- und absteigen sieht und fragt: »Mutter, ist das der Dollar?«[25]

Alle bangen um ihre Existenz. Auch ihr Sohn und die Schwiegertochter. Die Inflation hat die Mitgift aufgefressen, die Ottilie in die Ehe einbrachte. Und von dem schmalen Beamtengehalt, das Hans beim Gesundheitsamt verdient, kann die wachsende Familie nicht leben.

Der Eintrittspreis für die Kinovorstellung: zwei Stück Presskohle.

»Hans und Ottilie sprachen vom Auswandern. Ottilie sagte: ›Man wird hier seines Lebens nicht froh.‹«[26]

Was, wenn sie nun noch einen Sohn verliert? Diesmal an die Inflation.

Wenn das passiert, was soll sie dann noch auf dieser Welt?

Sich auf die Couch begeben? Einen Seelendoktor konsultieren?

Das wäre vermutlich, was ihr alter Freund Hugo Heller empfohlen hätte. Heller, der nicht nur Sigmund Freuds Verleger war, sondern auch Mitglied in dessen Psychologischer Mittwoch-Gesellschaft.[27]

Aber Heller kann ihr nicht mehr raten: Während sie in Berlin mit der Inflation hadert, ringt der herzkranke Freund in Wien um sein Leben.[28]

In wenigen Tagen wird sie von seinem Tod erfahren.[29]

Und sie selbst hat ja von jeher eine andere Art von Therapie: Arbeit.

So auch diesmal.

Mitten in dieser dunkelgrauen Zeit kommt Willi Münzenberg auf sie zu. Er erzählt von der geplanten Volksspeisung und fragt, ob sie ein Plakat beisteuern könnte. So wie damals für Russland.[30]

Nur schneller. Idealerweise sehr schnell.

Die Sache eilt, denn die ersten Suppenküchen sind schon eröffnet. Seit dem 8. November 1923 verteilt die Arbeiterhilfe Bezugsscheine für warme Mittagsmahlzeiten.[31]

Nun werden dringend Spenden gebraucht.

******

Wie dringend die Sache für ihn selbst ist, wird **Willi Münzenberg** nicht erzählt haben.

Er hat zwar die Zustimmung der Partei für seinen Plan. Die Arbeiterhilfe darf ihre Schubrichtung ändern und Hilfe für Deutschland statt für Russland organisieren.

Anfang November wirft Münzenberg das Ruder herum, mit Zustimmung aus Moskau.

Und bei der Gelegenheit ist Münzenberg auch den Fischfangbetrieb an der Wolga losgeworden und alle anderen Fabriken. Sein ganzes russisches Firmenimperium – mitsamt den Schulden.[32]

Alles ist nun verstaatlicht.

Allerdings hat die Partei Münzenberg keine Generalabsolution erteilt, sondern nur einen Aufschub gegeben. Erst mal für drei Monate. Danach werde man weitersehen.

Er muss sich also bewähren.[33]

Käthe Kollwitz wird nicht nachgefragt haben, warum die Sache so eilig ist.

Ihr leuchtet die Dringlichkeit sofort ein.

Sie macht sich umgehend an die Arbeit. In Windeseile entwirft sie ein Plakat, mit dem Münzenberg Geld für Suppenküchen sammeln kann.

Vier kleine Kinder mit großen Augen, dünnen Ärmchen und leeren Essnäpfen.

Es ist das Bild, das später wie kein anderes die Not des Jahres 1923 symbolisiert.

Die Ikone des Inflationsjahres.

»Deutschlands Kinder hungern!«, ist da zu lesen.[34]

Oder auf Englisch: »Germany's Children are starving!«[35]

Oder auch »De Tyske Barn Sulter!« auf Norwegisch.[36]

Plakat der Internationalen Arbeiterhilfe Berlin. Das Bild, das später wie kein anderes die Not des Jahres 1923 symbolisiert.

Denn es geht um eine weltweite Aktion. Je nachdem, wo gesammelt werden soll, erscheint der Text in der Landessprache.

So wird die Arbeiterhilfe allein in Berlin achtundfünfzig Suppenküchen eröffnen können.[37]

Wöchentlich werden dort 15 000 Menschen eine warme Mahlzeit erhalten.[38]

Außerdem wird Münzenberg einen Hunger-Kongress in der Hauptstadt organisieren mit fünfhundert Gästen aus aller Welt.

Auf der Einladungsbroschüre: die Kreidelithographie mit den vier hungernden Kindern von Käthe Kollwitz.[39]

»Heute Proviantkolonne, morgen Sturmkolonne des Proletariats, alles für den Sozialismus!«[40] So wird Willi Münzenberg die Devise der Arbeiterhilfe später zusammenfassen.

Auf seinem Kongress erwähnt er den Sturm des Proletariats aber mit keinem Wort, denn er weiß, die Behörden beäugen ihn genau.

Sie verdächtigen ihn, Propaganda für den Kommunismus zu machen. Sie überlegen, ihm das Handwerk zu legen. Aber sie lassen ihn gewähren, weil gerade jede Mahlzeit gebraucht wird.[41]

Auch in Moskau wird nach drei Monaten keiner das Ende seiner Aktion fordern.

Denn die KPD bleibt verboten, und er hält den Kontakt zum Proletariat.

Vorerst ist Münzenberg sicher.

******

Nach einer Woche auf dem Lande ist **Rudolf Havenstein** immer noch nicht gesund. Er kehrt trotzdem nach Berlin zurück, denn er hört, die Währungsreform sei schon im Gange.

Seit 15. November 1923 wird das neue Geld ausgegeben. Es heißt Rentenmark.[42]

Warteschlangen vor der Ausgabestelle der Rentenmark in der Oberwallstraße in Berlin.

Die neue Währung orientiert sich am Roggen-Geld des Ökonomen Karl Helfferich, Sie heißt nur anders, denn wegen der prekären Versorgungslage soll statt des Korns nun doch lieber Deutschlands Grund und Boden als Sicherheit dienen.

Eigentlich müsste der Reichsbankpräsident zufrieden sein. Er selbst hat dieses Konzept ja empfohlen. Und außerdem hat er dessen Urheber, Karl Helfferich, sogar zu seinem Nachfolger in der Reichsbank erkoren.[43]

Nicht gleich natürlich. Erst später, nach erfolgreicher gemeinsamer Währungssanierung, als Belohnung für die Zusammenarbeit!

Doch aus der Zusammenarbeit wird nichts. Havenstein ist außer sich! Man hat seine – krankheitsbedingte – Abwesenheit genutzt, um seine Pläne zu unterlaufen.

Weder wollte man ihn, Havenstein, den Hebel umlegen lassen noch hat man Karl Helfferich mit der Umsetzung betraut.

Die Regierung hat an der Reichsbank vorbei einen »Reichswährungskommissar« berufen.

Ein völlig neues Amt!

Besetzt mit einem Mann namens Hjalmar Schacht, der bisher eine Geschäftsbank geleitet hat.

Und dieser Schacht legt ein enormes Tempo vor!

Rudolf Havenstein eilt in die Bank, um sich mit seinem Direktorium zu beraten.

Danach bleibt er allein an seinem Schreibtisch sitzen. Bis in den Abend hinein brennt Licht.

Was schreibt er noch so spät?

Einen Brief ans deutsche Volk? Eine Entschuldigung? Dafür, dass er die Schulden des Deutschen Reiches zu Lasten der Sparer getilgt hat? Wird er um Verzeihung bitten für die Geldentwertung, die amerikanische Wissenschaftler ein Jahrhundert später die fünftschlimmste Inflation der Weltwirtschaftsgeschichte nennen werden?[44]

Oder wird er wenigstens versuchen zu erklären, wie es dazu kam?

Wird er zurückgehen bis zur Reichseinigung 1871 und dem Versäumnis, diesem frischgeeinten Reich auch eigene Steuern zu geben? Dem Geburtsfehler, der ein halbes Jahrhundert später dafür sorgt, dass Deutschland (anders als etwa England) den Ersten Weltkrieg fast gänzlich über Kredite finanzieren musste.[45]

Wird Havenstein schreiben, dass er keine Alternative hatte, als die Schuldenpolitik mitzutragen? Dass er Befehlsempfänger des Kaisers war und danach der des Kanzlers – und gezwungen, die Notenpresse laufen zu lassen, weil die Reichsbank sich erst ab 1922 von der Politik abnabeln konnte?[46]

Wird er anführen, dass es selbst danach für die autonome Reichsbank eine Gratwanderung war, die Diskontsätze heraufzusetzen? Dass eine Zinserhöhung wenig hilfreich, wenn nicht gar kontraproduktiv gewesen wäre, weil der größte Kreditnehmer des Reiches ja die Regierung war, eine Regierung, die den Ruhrboykott 1923 buchstäblich um jeden Preis wollte, sodass höhere Zinsen die Staatsausgaben, Staatsschulden und somit die Geldmenge nur noch weiter in die Höhe getrieben hätten?[47]

Oder schreibt er einen Appell an nachfolgende Notenbankchefs?

Dass die jungen Kollegen von Anfang an vehementer sein mögen bei der Verteidigung des Geldes!

Dass sie dem Geld und der Politik Grenzen setzen müssen – oder zurücktreten!

Ist es das, was er schreibt? Eine Rücktrittserklärung?

Friedrich Ebert hatte das wohl gehofft. In Havensteins Abwesenheit hatte er ihm erneut aus diesem Grund geschrieben.[48]

Doch Havenstein will nicht zurücktreten. Weniger denn je.

Und so holt er zwar weit aus in dem Brief, den er in dieser Nacht an Friedrich Ebert schreibt. Er macht viele Sätze, um das Autonomiegesetz zu loben (das die Briten ihm 1922 ja in Wahrheit aufdrängen mussten). Doch wenn er dieses Gesetz nun die »Magna Charta« der Reichsbank nennt, dann tut er das vor allem, um zu untermauern, dass er von der Politik nicht kündbar ist. Er ist Beamter auf Lebenszeit.[49]

Die vielen Seiten, die er füllt, müssen ihn enorme Kraft gekostet haben.

Kurz danach wird er zusammenbrechen. Am 20. November 1923 nachts um halb vier. In seiner Dienstwohnung in der Reichsbank.[50]

Ein Infarkt.

Seine Kollegen werden sagen, er starb an gebrochenem Herzen.[51]

Die sterbliche Hülle von Rudolf Havenstein wird im Lichthof der Reichsbank aufgebahrt.[52]

******

Derweil sitzt **Hjalmar Schacht** im nahe gelegenen Finanzministerium in der Wilhelmstraße in einem düstren Büro mit Hofblick und arbeitet.[53]

Er arbeitet an der Liquidation von Havensteins Erbe.

Schacht ist der neue Währungskommissar. Er ist erst seit acht Tagen im Amt.

Die Berufung kam recht plötzlich.

Seine Sekretärin bringt er aus seinem alten Bankhaus mit.

Und die beiden haben alle Hände voll zu tun.

Die Währungsreform ist Gesetz, die Ausgabe der neuen Scheine für den 15. November 1923 angekündigt. Aber die Verteilung stockt, denn die Reichsdruckerei streikt – mal wieder. Auch fehlt es an Papier.

Irgendwie schafft Schacht es dann doch, die Filialen der Reichsbank mit neuem Geld auszustatten – gerade so viel, dass der Umtausch wie geplant beginnen kann.

Ganz Deutschland hat auf diesen Moment gewartet.

Alle wollen die Papiermark loswerden. Stapelweise schleppen sie sie herbei, um sie einzutauschen. Doch das neue Geld ist knapp. Und weil es so knapp ist, tauschen die Deutschen auch weiter Dollar. Dessen Kurs steigt also erst mal weiter.

Ein schlechtes Signal!

Um dem Währungsverfall Einhalt zu gebieten, greift Schacht zu einem psychologischen Trick: Als der Dollar am 20. November 1923 bei 4,2 Billionen Papiermark steht, beschließt Schacht, dass es nun an der Zeit ist, den Umtauschkurs zwischen Renten- und Papiermark zu fixieren.

1:1 Billion – das rechnet sich leicht. Einfach zwölf Nullen streichen.

Und siehe da: Der Dollar steht jetzt bei 4,2 Mark – genau wie vor dem Krieg.

Neues Geld, neues Glück.

Hinterher wird man sagen, dass der Kurs willkürlich gewählt war und auch die »Deckung« der Rentenmark durch Grund und Boden nur eine Illusion, denn im Ernstfall hätte ja niemand die Herausgabe von Grund und Boden erzwingen können.[54]

Aber die Illusion funktioniert!

Sie funktioniert so gut, dass der Ernstfall gar nicht eintritt.

Es wird lange dauern, bis all die vielen Scheine, die die Reichsbank im Krisenjahr 1923 hat drucken lassen, aus dem Verkehr gezogen sind.

Und noch länger, um auch des Notgelds Herr zu werden, das in Köln und anderen Städten kursiert. Es stellt sich heraus, dass die Bürgermeister auf eigene Faust fast doppelt so viel Geld herausgegeben haben wie Rudolf Havenstein in Berlin. Und obwohl alle eine Sanierung der Währung fordern, wollen sie auf diese überaus praktische eigene Liquiditätsquelle nicht verzichten. Schließlich haben sie jetzt eine wachsende Zahl von Arbeitslosen zu versorgen.[55]

Es wird Rückschläge geben, aber Hjalmar Schacht wird sich nicht vom Kurs abbringen lassen.

Nicht von den Direktoren der Reichsbank, die sich schwertun mit Schacht, als der bald darauf der neue Präsident der Reichsbank wird.[56]

Nicht von den rheinischen Bürgermeistern, die jammern, dass dessen neues Geld zu knapp bemessen sei.

Auch nicht von Industriellen wie Hugo Stinnes, die meinen, dass eine Währung ohne Golddeckung für den Außenhandel nicht taugt, weshalb sie ihre eigene Notenbank gründen wollen.[57]

Auch Schacht selbst hält die Rentenmark für ein Provisorium, eine Krücke auf dem Weg zurück zum Gold.

Er braucht Zeit.

Und so wird er alle Kritiker ausmanövrieren, bis er die Sanierung neun Monate später durch die Rückkehr zur Golddeckung abschließt.

Der 20. November 1923 jedoch, der Tag, an dem man Rudolf Havensteins Leichnam in der Reichsbank aufbahrt und Schacht die Währung zurück auf Vorkriegskurs bringt, dieser Tag wird als die Wende in Erinnerung bleiben.

DEZEMBER 1923 – BLICK IN DIE ZUKUNFT

Warum das neue Geld für den Zirkus Sarrasani zu spät kommt, wieso Hugo Stinnes das Weihnachtsfest im Bett verbringt und Käthe Kollwitz erschöpft ist, weshalb es Kurt Tucholsky nach Paris zieht und wie Anita Berber ein letztes Mal Schlagzeilen macht.

Der Zirkus Sarrasani ist seit fast vier Wochen unterwegs. Mit zwei Schiffen der Stinnes-Reederei haben die Schausteller Deutschland auf dem Höhepunkt der Inflation verlassen. Nun nehmen sie Kurs auf Südamerika.

Der eine Frachter befördert die beiden großen Zirkuszelte, die Wagen und die fünfhundert Artisten, darunter die russischen Luftakrobaten, den Zwerg Max und die beiden Riesen. (Für sie hat man sogar eine Kabinenwand durchbrechen lassen.)[1]

Der zweite Dampfer transportiert insgesamt sechshundert Pferde, Zebras, Kamele, Elefanten, das Nilpferd – und die beiden Löwen. Die Löwen sorgen kurz vor Ende der Überfahrt für Aufregung, weil sie sich während eines Sturms aus ihrem Käfig befreien und nur mit Mühe wieder einfangen lassen.

Anfang Dezember dann kommt die erlösende Nachricht aus Uruguay: »Der Zirkus ist gut angekommen, und das ganze Wagenmaterial ist inzwischen gelöscht«, meldet der Südamerika-Repräsentant des Stinnes-Konzerns, Adolph Theodor Schönberg, an die Zentrale in Deutschland.[2]

Schönberg ist allerdings etwas skeptisch gegenüber dem Zirkusabenteuer, in das der Chef investiert:

»Wir werden aufatmen, wenn wir die Deckung unserer Transportkosten haben«, schreibt er.

Doch er muss sich bald korrigieren. »Die bisherigen Einnahmen in Montevideo überschreiten die hiesigen Vorschüsse um etwa $ 2 000 (Gold)«, so die Bilanz wenige Wochen später.[3]

Man plant weitere Auftritte in Argentinien und Brasilien. Bis weit ins Jahr 1924 treten die Dresdner Artisten in Lateinamerika auf.

Die Tournee entpuppt sich als solch großer Erfolg, dass Deutschlands Zirkusstars in ihrer Heimat nie mehr recht heimisch werden.

In Übersee verdienen sie viel besser.

Auch Stinnes' andere Geschäfte lassen sich gut an: Gerade ist Hugo junior, sein Sohn, aus Amerika zurückgekehrt. Er hat in Texas Ölfelder besichtigt und mit dem Besitzer, Harry Ford Sinclair, einen Vertrag ausgehandelt: Künftig wird der Stinnes-Konzern Erzeugnisse von Sinclair Oil in Europa vermarkten.[4]

Bei den Verhandlungen ging es auch darum, ob Sinclair sein Know-how in Aserbaidschan einbringen könnte, wo Stinnes Ölvorkommen erschließen will. Und spätestens, wenn das gelingt, wäre über ein eigenes Tankstellennetz nachzudenken.

Politisch scheint sich nun ebenfalls alles zu fügen.

Endlich regiert in Berlin eine Koalition nach Stinnes' Vorstellungen!

Die Sozialdemokraten haben die Regierung verlassen, aus Protest, weil das Reich auf die linken Umtriebe in Sachsen so viel schärfer reagiert als auf die rechten in Bayern.

Und anders als beim letzten Koalitionsstreit gelang es Kanzler Gustav Stresemann diesmal nicht, die Scherben zu kitten.

Er hat es bei all den Turbulenzen zwar gerade noch geschafft, die Währungsreform über die Bühne zu bringen, dann aber ist auch das zweite Kabinett Stresemann Geschichte – was Hugo Stinnes wenig bedauert.

Stresemann war ihm immer schon zu weich.[5]

Nun gibt es einen neuen Kanzler in Berlin: Wilhelm Marx von der Zentrumspartei.

Der regiert zusammen mit der DVP, der Partei von Hugo Stinnes. Auch die DDP ist Teil der Koalition. Dieser Partei gehört etwa der Wirtschaftsminister Eduard Hamm an, der als Staatssekretär in der Reichskanzlei einst das Misstrauensvotum der Wirtschaft gegen Reichsbankchef Rudolf Havenstein entgegennahm. Und auch der neue Chef der Zentralbank, Hjalmar Schacht, gehört zur DDP.

Ein durch und durch bürgerliches Kabinett – und der Verlängerung der Arbeitszeiten gegenüber viel aufgeschlossener als die Vorgängerkoalition. Deutschland wird zu den Vorkriegsarbeitstagen zurückkehren.[6]

Hugo Stinnes ist hochzufrieden.

Je länger er darüber nachdenkt, desto mehr gelangt er zu der Überzeugung, dass Deutschlands Wohl allein vom Fleiß der Arbeitnehmer abhängt.

»Hätte Deutschland, statt zu faulenzen, nach dem Krieg wie vor dem Kriege gearbeitet, so sähe eben alles anders aus, dann hätte Poincaré nicht den Vorwand gehabt, das tun zu können, was Deutschland immer mehr dem Zerfall näherbringt«, schreibt Hugo Stinnes in einem Brief an seinen Sohn.[7]

Doch jetzt steht einer Einigung nichts mehr im Wege.

Keiner weiß besser als er, was Deutschland an Kohle liefern kann und was die Franzosen brauchen. Schließlich sitzt er in Düsseldorf ständig mit Vertretern der Besatzungsmacht zusammen, um die Wiederinbetriebnahme der Zechen zu planen.

Und so formuliert am 6. Dezember 1923 Stinnes die Reparationsdenkschrift, um die ihn Konrad Adenauer gebeten hat. Das Papier, auf dessen Grundlage die beiden über die Verzahnung der deutsch-französischen Schwerindustrie verhandeln wollen und über die Reparationen. Diese sollen seiner Ansicht nach »im Wesentlichen in umgesetzter deutscher Arbeit«[8], also in Naturalien wie Kohle oder Koks geleistet werden. Die Lieferungen müssten in der Höhe fixiert und die Bergwerke dafür vom deutschen Staat entschädigt werden.

Mehr als sechs Seiten Text, die Stinnes nach dem Diktat noch handschriftlich mit dem Hinweis »durch Adenauer nach Paris« versieht,[9] bevor er sie seiner Sekretärin zum Abheften gibt.

Etwa zur gleichen Zeit macht sich der Dichter Heinrich Mann daran, Hugo Stinnes ein literarisches Denkmal zu setzen: eine expressionistische Novelle, die der Maler George Grosz illustrieren wird – »Kobes«.[10]

Die beiden Künstler zeichnen das Bild eines übermächtigen Konzernherrn namens Kobes, der alles kontrolliert – nach Leitsätzen wie »Jetzt aber muss mehr gearbeitet werden« oder »Das Reich verdient nichts Besseres als zahlen.«[11]

Die Stimmung wendet sich gegen Hugo Stinnes.

Auch in Berlin.

Gustav Stresemann ist nun kein Kanzler mehr. Aber sein Nachfolger hat ihn als Außenminister ins Kabinett geholt – wegen seines Geschicks im Umgang mit den Alliierten.

Und das Letzte, was sich Stresemann bei den diffizilen Reparationsverhandlungen wünscht, ist die Hilfe von Privatdiplomaten wie Adenauer und Stinnes. Er verbittet sich deren Alleingänge.[12]

Normalerweise würde sich Stinnes wohl nicht abhalten lassen. Wann hätte er sich je um Stresemanns Befindlichkeiten geschert? Aber nun kann Stinnes gar nicht anders.

Denn er ist krank.[13]

Als er Weihnachten mit Frau und Kindern zu den Schwiegereltern nach Wiesbaden fährt, muss er dort das Bett hüten.

Seine Gallensteine plagen ihn.

Die Koliken suchen ihn nun immer häufiger heim.

Ein paar Wochen später überfallen sie ihn in Berlin. Statt dort seinen Geschäften nachzugehen, strandet er in der Grunewald-Villa seiner Schwägerin Nora. Er ist kreidebleich unter seinem dunklen Bart, und er krümmt sich vor Schmerzen.

Und während Außenminister Stresemann den Vertrag aushandelt, der die Reparationslast erleichtern und die französischen Truppen zum Abzug aus dem Rheinland verpflichten wird,[14] bringt man Hugo Stinnes ins Berliner Sanatorium Westend.

Die Unterzeichnung des Dawes-Plans im August 1924, den ersten diplomatischen Erfolg Deutschlands nach Ende des Ersten Weltkriegs, wird Stinnes nicht mehr erleben. Ebenso wenig die Veröffentlichung von Heinrich Manns Novelle – dieses Prosastück wird nun eher so etwas wie ein kritischer Nachruf auf Hugo Stinnes.

Denn bei dessen Gallen-OP kommt es zu Komplikationen.

Auch ein zweiter Eingriff misslingt.[15]

Auf dem Totenbett beschwört Hugo Stinnes seine Kinder, die Schulden zu reduzieren. Ihnen würden die Banken weniger nachsehen als ihm. »Meine Kredite sind eure Schulden«, warnt er. Sie sollen alles verkaufen bis auf Kohle und Schifffahrt – und auf keinen Fall neue Verbindlichkeiten eingehen.

Er weiß, dass sein Trick aus Inflationszeiten – auf Kredit Profit zu erzielen – nicht mehr funktioniert. Und er fürchtet, dass die Schulden nun nach der Währungsreform der Firma den Garaus machen könnten.

Er stirbt am 10. April 1924 in Berlin.

Schon im selben Jahr beginnt der Niedergang des Unternehmens.

Seinen wichtigsten Manager hat Stinnes ja noch selbst gefeuert – und den Söhnen fehlt die Fortune. So wird alles, was Hugo Stinnes zusammengetragen hat, seinen Erben zwischen den Fingern zerrinnen.

Nur die Tochter Clärenore, die wenige Jahre später als Rennfahrerin die Welt umrundet, wird dem Namen Stinnes noch Ehre machen.[16]

******

Auch **Käthe Kollwitz** liegt danieder im Dezember 1923. Ihr Mann lässt sie vom Spezialisten durchchecken, schließlich hat auch sie vor nicht allzu langer Zeit eine Gallen-OP überstanden. Doch der Arzt gibt Entwarnung. Kein organischer Befund, nur ein »funktioneller Fehler«.[17]

Wahrscheinlich Erschöpfung.

Sie hatte ja nur ein paar Tage Zeit, für dieses Bild, das ihr so am Herzen lag, das Bild der hungernden Kinder für Willi Münzenbergs Arbeiterhilfe.

Kaum hingen die Plakate, ist Käthe Kollwitz zusammengeklappt. »Psychischer und vor allem körperlicher Abfall, geistloser müder Kopf«, schreibt sie in ihr Tagebuch.[18]

Aber wenigstens hat sie etwas tun können gegen das Elend.

Es treffen reichlich Spenden ein, besonders aus den USA, wo es viele Deutschstämmige gibt, die Anteil an der Not in der alten Heimat nehmen.[19]

50 000 Dollar wird die Arbeiterhilfe dort bis zum Frühjahr an Spenden zusammenbekommen.

Dafür kann man allerhand kaufen in Deutschland – auch nach der Währungsreform.

Der Dollar steht bei 4,20 Rentenmark.

Und der Laib Brot kostet 40 Pfennig.[20]

1923 war ein Jahr der Härten – aber jetzt, so scheint es, geht es aufwärts.

1923 war eine Herausforderung – auch für Käthe Kollwitzs Ehe.

Es ist schwer, gegen eine Untreue anzukämpfen, die nur im Kopf des Partners stattfindet. Sie beschließt loszulassen.

Das »Loslassen« hat schon einmal funktioniert, als sie sich einst zu einem anderen hingezogen fühlte. Ihr Mann hatte sie freigegeben – und sie blieb.

Loslassen funktioniert auch diesmal.

Der Name »Else« taucht seltener auf in den Tagebüchern, und irgendwann, als die Sprechstundenhilfe Else beschließt, eine Stelle in einer anderen Praxis anzunehmen, verschwindet er ganz.[21]

Käthe und Karl Kollwitz werden gemeinsam alt.

Mit Grauen werden sie das Erstarken der Nationalsozialisten beobachten – und die Schwächung der zerstrittenen Linken. 1932 unterzeichnen sie mit anderen prominenten Intellektuellen ein Papier, das SPD und KPD zur Zusammenarbeit gegen die Nazis aufruft. Vergebens.[22]

1933 zwingen die Nazis Käthe Kollwitz zum Austritt aus der Akademie der Künste – zeitgleich mit dem Schriftsteller Heinrich Mann, der den Appell ebenfalls unterschrieb.[23]

Schon bald kann Käthe Kollwitz ihre Werke in Deutschland nicht mehr ausstellen. International dagegen wird sie an Bedeutung gewinnen.

Karl Kollwitz stirbt im Juli 1940 an den Folgen einer Grippe.

Eine der bittersten Erfahrungen für sie wird jedoch sein, im Alter auch noch den Tod ihres Enkels zu erleben.

Ihr Sohn Peter fiel im Ersten Weltkrieg – Peter, der Enkel, nun im Zweiten.[24]

Als die alliierten Kampfflugzeuge Berlin bombardieren, flieht sie nach Moritzburg bei Dresden, wo ihr der Sohn des letzten sächsischen Königs Unterkunft in einem Gut neben dem Schloss gewährt.

Dort stirbt sie 1945, kurz vor Ende des Krieges.

******

Willi Münzenberg wird noch weit über den Jahreswechsel hinaus mit den Kollwitz-Plakaten Geld für seine Suppenküchen sammeln.

Und er dreht auch noch einen Film über die Aktion gegen den Hunger.[25]

Dank des Films und der Plakate wird es so aussehen, als habe die kommunistische Arbeiterhilfe 1923 einen gewaltigen Beitrag geleistet im Kampf gegen die Hungersnot.

Willi Münzenbergs Propaganda wird so gut funktionieren, dass gar nicht auffällt, dass er den Hunger in Deutschland erst ganz am Ende des Hungerjahres entdeckte. Dass die Suppenküchen der Kommunisten später kamen als die der Österreichischen Freundeshilfe und viel später als die Schulspeisung der englischen und amerikanischen Quäker.

Die füllen – in aller Stille – seit 1919 die Mägen von einer Million deutscher Schulkinder[26], während die Arbeiterhilfe auf dem Höhepunkt der Krise gerade mal 15 000 Menschen pro Woche versorgt.[27]

Willi Münzenberg wird immer neue kommunistische Zeitungen und Filmgesellschaften gründen. Sein Medienkonzern wird der zweitgrößte der Weimarer Republik werden, etwas kleiner nur als das konservative Zeitungsimperium von Alfred Hugenberg.[28]

Sie nennen ihn nun den »roten Millionär«, denn er fährt mit einer Lincoln-Limousine durch Berlin und lebt in einer schicken Wohnung im Stadtteil Tiergarten, im Haus des Sexualwissenschaftlers Magnus Hirschfeld.[29] Bei Hirschfeld logiert zwischenzeitlich auch Anita Berber.[30]

Willi Münzenberg lebt dort, bis im Februar 1933 der Reichstag brennt. Danach wird eine Verordnung erlassen, die Münzenberg zu einem der meistgesuchten Männer der Republik macht. Denn die Nazis wollen den Brand den Kommunisten in die Schuhe schieben.

Münzenberg flieht nach Paris und versucht aus dem Exil, das Kalkül der Nazis zu durchkreuzen. Er gibt ein »Braunbuch über den Reichstagsbrand« heraus und behauptet, die Nazis selbst hätten das Parlament angezündet.

Aus Paris wirbt er für die Einheitsfront von SPD und KPD, während die Komintern die Sozialdemokratie als »Hauptfeind« bekämpft. So will es Josef Stalin. Die Stalinisten drängen Münzenberg aus der KPD.

1940, nach dem Einmarsch der Nazis in Frankreich, wird er im Lager Chambaran bei Lyon interniert, schafft es aber einige Wochen später zu fliehen. Im Oktober 1940 dann wird man seinen Leichnam mit einer Schnur um den Hals in einem Wald bei Saint-Marcellin finden – und nie klären können, ob es Mord oder Selbstmord war.[31]

******

Kurt Tucholsky zieht es ebenfalls nach Frankreich.[32]

Bei der *Weltbühne* bekniet man ihn seit Monaten, zur schreibenden Zunft zurückzukehren. Und nun, da die Inflation besiegt ist, traut er sich, bei Bett, Simon & Co zu kündigen.

Allerdings will er seinen Posten als Bankbeamter nicht aufgeben, um dann in einer Berliner Schreibstube Dienst zu tun. Er hat Deutschland gründlich satt. Er träumt davon, seinem Vorbild Heinrich Heine nachzueifern.

Und so geht er im April 1924 nach Paris, um von dort für die *Weltbühne* und andere zu schreiben (auch für Münzenbergs linkes Verlagsimperium).

In Paris ist Kurt Tucholsky in seinem Element.

»Die Kinder lärmen auf den bunten Steinen.
Die Sonne scheint und glitzert auf ein Haus.
Ich sitze still und lasse mich bescheinen
und ruh von meinem Vaterlande aus.«[33]

Diese Verse schreibt Tucholsky über den Parc Monceau, einen Landschaftsgarten im Westen von Paris, der auch schon den Maler Claude Monet inspiriert hat.[34]

Auch seiner Freundin Mary, die noch in Berlin ist, schwärmt er vom Pariser Frühling vor:

»Sanft ist er nicht, weich auch nicht – *doux* ist vielleicht das beste Wort. Man geht wie auf Samt.«[35]

Die Freundin lässt sich gern überzeugen. Sie kommt nach Paris, und kurz darauf heiraten die beiden, denn Tucholsky ist inzwischen von seiner ersten Frau geschieden.[36]

Es folgt eine Zeit, in der er ein Stück nach dem anderen schreibt, während Mary Wohnungen sucht, Geld eintreibt und ihm auch sonst den Alltag vom Leib hält. Die Beziehung verliert ihre Schwerelosigkeit, weshalb auch diese Ehe scheitern wird – wie die erste.

Wie immer bei Tucholsky sind auch ein oder zwei andere Frauen im Spiel.[37]

In Paris trifft er Joseph Friedrich Matthes, der einst für ein unabhängiges Rheinland stritt (und sich mit den anderen Separatisten entzweite). Jetzt will Matthes in die Heimat zurück, aber die deutsche Botschaft verweigert ihm die Papiere – trotz Amnestie.

Tucholsky ergreift Partei: In der *Weltbühne* veröffentlicht er einen Aufruf »Für Joseph Matthes«.[38] Doch ohne Erfolg.

Matthes muss in Paris bleiben. (Dass die Deutschen ihn nach dem Einmarsch in Frankreich deportieren und wenig später im KZ Dachau ermorden werden[39], wird Tucholsky nicht mehr erleben.)

Auch Kurt Tucholsky selbst meidet Deutschland nun. Denn er muss einen Prozess fürchten wegen des Satzes »Soldaten sind Mörder«, von ihm veröffentlicht in einer Glosse in der *Weltbühne* im Sommer 1931.[40]

Wieder wächst in ihm das Gefühl der Ohnmacht, die bittere Einsicht, mit seinem Schreiben nichts bewirken zu können.

Wieder bezeichnet er sich als »aufgehörter Schriftsteller«.

Als Hitler 1933 an die Macht kommt, als man in Deutschland Tucholskys Bücher verbrennt und ihn ausbürgert, hat sich der kranke und depressive Dichter schon nach Schweden zurückgezogen.

Dort stirbt er im Dezember 1935 an einer Überdosis Schlaftabletten.

******

Auch **Konrad Adenauer** werden die Nazis vertreiben.[41]

Sie hassen den Kölner Oberbürgermeister, der ihnen verbot, die Brücken der Stadt für Hitlers Wahlkampfbesuch mit Hakenkreuzen zu beflaggen.

Bei den Kommunalwahlen 1933 starten sie eine Kampagne gegen ihn. Sie werfen Adenauer die hohe Verschuldung der Stadt vor und seinen »Verrat« aus dem Jahr 1923.

Adenauer wird erst abgewählt und muss sich dann verstecken (dabei findet er fast ein Jahr als »Bruder Konrad« im Kloster Maria Laach Unterschlupf). 1944 schließlich werden die Nationalsozialisten ihn festnehmen und in einem Lager inhaftieren, das sie in der Kölner Messe eingerichtet haben.

Ausgerechnet in der Messe – seinem inzwischen noch mit roten Klinkern verzierten Paradebau – muss sich Adenauer nun einsperren lassen![42]

Später wird Konrad Adenauer der erste Kanzler der Bundesrepublik Deutschland werden. Er wird Deutschlands westliche Hälfte in die Demokratie führen.

Unter dem Trauma der Teilung aber wird man erneut darüber diskutieren, ob einer, der schon 1923 darüber nachgedacht hat, den Westen Deutschlands abzuspalten, nicht »Verräter« genannt werden muss.

Man wird darüber spekulieren, ob die Montanunion, die Adenauer 1951 mit Deutschlands Nachbarn eingeht, die Verwirklichung der Rheinstaats-Idee von 1923 ist – oder die Verschmelzung der Industrien links und rechts des Rheins, wie sie Stinnes & Co schon vor dem Ersten Weltkrieg anstrebten.

Beflügelt wird die Debatte durch das Buch eines Autors namens Jean Adam Dorten.[43]

Jean Adam Dorten?

Genau. Der Separatist Hans Adam Dorten trägt nun einen neuen Namen.

Am 22. Dezember 1923 haben ihm die Franzosen mitgeteilt, dass sie sich den anderen Alliierten gegenüber verpflichten mussten, die Unterstützung der Separatisten im Rheinland einzustellen.[44]

In der Silvesternacht 1923 ist der 42-Jährige nach Frankreich aufgebrochen.

Die zehn Jahre ältere Ehefrau, die seine politischen Abenteuer unterstützt[45] und wohl zumindest mitfinanziert[46] hat, lässt er in Wiesbaden zurück. In Nizza baut er sich eine neue Existenz als Anwalt auf, heiratet die eineinhalb Jahrzehnte jüngere Bürgermeisterstochter[47] – und schreibt seine Abrechnung mit Konrad Adenauer.

»Die Rheinische Tragödie« heißt das Buch, das Frankreichs Außenministerium mit allen Mitteln zu verhindern sucht.

75 000 Francs bezahlt man Dorten, um ihn von der Veröffentlichung abzuhalten.[48] Dann erscheint das Buch doch, erst auf Französisch und ein paar Jahre später auch auf Deutsch.

Es platzt mitten in die Phase der Aussöhnung hinein. Aber es kann nicht verhindern, dass aus der Montanunion später die Europäische Union wird.

Konrad Adenauer wird vierzehn Jahre lang Bundeskanzler bleiben. So lange, dass man den Mann, der 1923 noch der jüngste deutsche Oberbürgermeister war, am Ende nur noch den »Alten« nennen wird.

Konrad Adenauer (rechts) mit Reichspräsident Friedrich Ebert bei der Eröffnung der Kölner Messe, die – endlich! – am 11. Mai 1924 stattfand.

******

Anita Berber wird noch ein letztes Mal Furore machen. Zusammen mit dem Amerikaner Henri Châtin Hofmann (der bald ihr dritter Ehemann sein wird) entwickelt sie ein Tanzprogramm mit dem Titel »Shipwrecked«.[49]

Auf der Bühne wird man die »schiffbrüchige«, nackte Anita Berber sehen, einen ebenso nackten Henri – und ein Fass, das zusammen mit den beiden angespült worden zu sein scheint.

Darauf steht ein Grammophon, das Ragtime spielt.

Die beiden Tänzer bewegen sich zum Rhythmus der Musik, aber in einer Art, die nicht wirklich Tanz zu nennen ist, denn die beiden befriedigen sich selbst.

Onanie auf offener Bühne – eine Provokation!

»Die Frau befasste sich selbstverliebt mit ihrem Körper und betrachtete ihre Brustwarzen. Sie spielte darauf mit ihren Fingern. Der Mann tastet seine Luststellen am Körper ab und stillt mit gleitenden Bewegungen den Appetit seiner naschhaften rosigen Haut«, schreibt Josef Jenčík, der Choreograf und Berber-Fan, der jeden Tanz von ihr dokumentiert.[50]

Die Nummer, in der auch ein Charleston nicht fehlen darf, wird Anita und Henri weit über Berlin hinaus Auftritte bescheren.

Bei einer Vorstellung im Düsseldorfer Kabarett Jungmühle sitzt der Maler Otto Dix im Publikum. Er ist so fasziniert von dem Auftritt, dass er – gemeinsam mit seiner Gattin – spontan nach Wiesbaden fährt, um sich die Vorstellung ein zweites Mal anzusehen. Er will die rothaarige Provokateurin unbedingt auf die Leinwand bannen.[51]

Sie lernen sie dann persönlich kennen – und stellen fest, dass alles zutrifft, was man sich über sie erzählt.

»Während sich Anita eine Stunde lang schminkte«, wird sich Martha Dix später erinnern, »trank sie dazu eine Flasche Cognac. – Ja, und das Auf-den-Strich-Gehen, das war ja klar. Wir gingen in Wiesbaden spazieren, und sie nahm jede Gelegenheit wahr. Jemand sprach sie an und sie sagte 200 Mark. Ich fand das gar nicht so schlimm. Irgendwie musste sie ja Geld verdienen.«[52]

Wenig später wird Otto Dix dann eine Frau mit großen dunklen Augen malen. Sie trägt ein eng anliegendes rotes Kleid und hält ihre linke Hand graziös von sich gestreckt wie eine Ballett-Elevin.

»Bildnis der Tänzerin Anita Berber« heißt das Porträt. Nach dem Tod des Künstlers und seiner Frau wird es 1985 als Leihgabe der Dix-Stiftung ans Kunstmuseum Stuttgart gehen[53] – wo es noch heute zu sehen ist.

Allerdings ist die Anita auf dem Bild nicht mehr die geschmeidige Gazelle, nach der einst ganz Berlin auf der Pirsch war.

Die Brüste der Frau, die Dix malt, sind erschlafft – ebenso wie ihre Bauchmuskeln. Und rund um den kirschrot gemalten Mund haben sich Falten eingegraben. Ihr dickes Make-up unterstreicht die Müdigkeit des Gesichts eher, als sie zu verbergen.

1925, als Otto Dix sein morbides Porträt vollendet, ist Anita Berber erst Mitte zwanzig, aber der Dauergenuss von Kokain und Dujardin (ihrem bevorzugten Weinbrand) hat Spuren hinterlassen.

In Berlin tritt sie auch nicht mehr im Esplanade auf, sondern im Eldorado, einem Nachtlokal in der Nähe des Nollendorfplatzes, in dem Frauen verkehren, die als Mann geboren wurden und umgekehrt. Das Eldorado ist ein Ort der Toleranz. In der schummrigen Beleuchtung der Bar verschwinden die Unterschiede zwischen den Geschlechtern – und die Schatten in Anitas Gesicht.

Anita und Henri haben nun ziemlich zu kämpfen.

Klaus Mann, der noch fast ein Junge ist, als er die beiden kennenlernt, schwankt zwischen Schaudern und Faszination.

»Ich war damals kaum achtzehn Jahre alt. Achtzehnjährige erschüttert ein solches geschminktes Gesicht. Ihr Gesicht war eine düstere und böse Maske. Es war klar, dass sie sehr viel Kokain genommen hatte; sie bot auch mir welches an.«[54]

Für Applaus müssen Anita und Henri nun immer weiter weg reisen. Im Sommer 1927 brechen sie auf zu einer Tournee, die sie nach Athen, Kairo, Beirut und Damaskus führen wird.[55]

Mitten auf der Reise jedoch beginnt sich Anita plötzlich schlecht zu fühlen. In Damaskus bricht sie auf der Bühne zusammen. Der Arzt diagnostiziert Schwindsucht.

Wie viele hat diese Krankheit schon niedergestreckt.

Wer genug Geld hat, fährt in die Schweiz und versucht, die Tuberkulose bei reiner Bergluft und nahrhaftem Essen auszukurieren – wie es Thomas Mann in seinem Roman »Der Zauberberg« beschreibt.

Für die meisten anderen ist Tbc das Todesurteil.

Dies war es auch für Sebastian Droste, Anitas Ex-Mann. Seine großen Amerikapläne hatten sich bald zerschlagen. 1926 war er nach Hamburg zurückgekehrt, wo er im Sommer 1927 im Hause seiner Eltern an der Schwindsucht verstarb.[56]

Nun also hat es Anita erwischt. Und ausgerechnet in Damaskus.

Sie und Henri versuchen, zurück in die Heimat zu gelangen. In Prag geht ihnen das Geld aus. Ihre Berliner Freunde sammeln, um Anita heimzuholen.

Sie stirbt mit gerade mal 29 Jahren am 10. November 1928 im Bethanien-Krankenhaus in Berlin-Kreuzberg.[57]

In den Tagen darauf berichten die Zeitungen ein letztes Mal über sie.

»Tänzerin von Gestern« und »Inflationstänzerin« heißt es in den Nachrufen.[58]

Kurz bevor sie starb, soll sie sich mit letzter Kraft noch einmal aufgerichtet haben, wird später ein befreundeter Schauspieler erzählen: Sie griff nach Spiegel und Schminkzeug auf ihrem Nachttisch, um sich die Wimpern zu tuschen.[59]

»Der Kerl soll mich schön haben«, sagte Anita und meinte den Tod.[60]

NACHWORT

Rechts neben mir in der Schublade meines Schreibtisches liegt eine Schere. Sie ist ungefähr hundert Jahre alt, aber immer noch sehr scharf.

Es ist die Schneiderschere meiner Großmutter.

In den vergangenen Jahren habe ich sie oft aus der Schublade geholt. Etwa um meinem Mann und meinem Sohn die Haare zu schneiden, als die Friseursalons während der Pandemie geschlossen hatten. Oder um die Ärmel aus einem alten karierten Hemd meines Mannes zu trennen und daraus kleine Säckchen für Ostereier zu nähen. Die Eier dazu konnte man ja zum Glück selbst im Lockdown kaufen.

Von meiner Oma, Jahrgang 1905, konnte man viel lernen, was das Improvisieren betrifft. Sie war ziemlich krisenerfahren, denn sie hatte zwei Weltkriege erlebt.

Sie konnte fantastisch basteln, backen und kochen.

Besonders an Letzteres erinnere ich mich gern. Dann sehe ich sie vor mir, wie sie Reibekuchen brät.

Ihre Küche war eigentlich schon eine moderne Küche mit Kühlschrank, Spülmaschine, Staubsauger und allem, was dazugehört. Doch die Pfanne war alt und nicht aus Stahl, sondern aus grauem Eisen (genau wie die Schere übrigens). Und rund um ihren Rand lief ein Buchstabenband: »Der deutschen Hausfrau Opfersinn gab Kupfer für das Eisen hin«, stand da zu lesen.

Die Pfanne stammte aus der Zeit des Ersten Weltkriegs, als der Kaiser Geld für Kanonen brauchte, erzählte mir meine Großmutter. Das Volk gab ihm Edelmetalle zum Einschmelzen – und bekam Eisenpfannen dafür.

Und eine dieser Pfannen hatte meine Großmutter aufbewahrt – nicht, weil sie besonders kaisertreu war, sondern weil die Reibekuchen darin knuspriger wurden als in modernen Stahl- oder Teflon-Pfannen.

Meine Oma kannte sich aus mit Reibekuchen, denn sie stammte aus Duisburg im Rheinland.

Reibekuchen isst man dort mit Apfelkompott oder Rübenkraut, das ist ein Sirup aus eingekochtem Zuckerrübensaft.

Und wenn meine Oma aus dem Bratdunst wieder auftauchte und den Tisch zu decken begann, war es meist Zeit für eine weitere kleine Geschichte.

Als junges Mädchen habe sie davon geträumt, Künstlerin zu werden, erzählte mir meine Großmutter, während sie den Küchenschrank öffnete, um das Glas mit dem Rübenkraut aufs Tablett zu stellen.

»Künstlerin willst du werden?«, habe ihre Mutter ungläubig gefragt, als ihr der Berufswunsch zu Ohren kam. »Hier hast du Künstlerin!«, und ein Glas mit klebrigem Rübensirup über dem Kopf der Tochter ausgekippt. Ich nehme an, das Gespräch trug sich bei ähnlicher Gelegenheit in der Küche zu.

In jedem Fall verfolgte meine Großmutter ihren Traum danach nicht weiter, sondern wurde Handarbeitslehrerin. Für die Ausbildung musste sie nach Wuppertal ziehen. Und aus dieser Zeit stammt die dritte Geschichte, die sie dann meist beim Essen erzählte.

Fern von zu Hause muss meine Großmutter ziemlich in Not geraten sein. Sie sei mit ihrem Geld nicht ausgekommen, erzählte sie, und daher sandte sie ihren Eltern ein Telegramm:

»Schickt mir eine Billion, oder ich haue in den Sack!«

Als Kind verwirrte mich dieser Satz. Unter einer Billion konnte ich mir wenig vorstellen.

Heute weiß ich, dass meine Großmutter ihre Ausbildung in der Zeit der Hyperinflation gemacht hat – und dass ihre Schere etwa einhundert Jahre alt ist.

Leider wurde meine Großmutter nicht alt genug, um zu erleben, dass ihre älteste Enkelin den gleichen Traum träumte wie sie – und ihn verwirklichen konnte. Meine Schwester, Ute Hoffritz, studierte Bildhauerei – an der Berliner Universität der Künste (deren Geschichte bis zur Preußischen Akademie reicht, der Akademie, an der einst Käthe Kollwitz lehrte).

Ich habe meine Großmutter nicht gefragt, wer sie inspiriert hat. Ich nehme aber an, es muss Käthe Kollwitz gewesen sein. Es kommt sonst kaum jemand infrage. Denn in dieser Zeit hatte es nur diese einzige Frau mit ihrer Kunst zu Renommee – und einer Professur – gebracht.

Direkt gegenüber der Universität der Künste übrigens, auf der anderen Seite der Berliner Hardenbergstraße, saß ich, die zweite von Omas Enkeltöchtern, in einer Bibliothek der Technischen Universität (an deren Vorläuferinstitution einst Hugo Stinnes studierte).

Ich hatte mich inzwischen mit großen Zahlen vertraut gemacht und brütete über den diversen volkswirtschaftlichen Theorien zur Inflation.

Auch später als Journalistin habe ich mich oft mit diesem Thema beschäftigt, denn es bewegt die Menschen.

Die harte Deutsche Mark sei etwas, das mancher Deutsche mehr liebe als seine Frau, sagte Finanzminister Theo Waigel einst.

Das mag ein wenig übertrieben sein, Deutschland hat sich ja von der Mark getrennt. Eines aber ist sicher: Die Deutschen fürchten die Inflation.

Das zeigte sich, als der Chef der Europäischen Zentralbank, Mario Draghi, im Zuge der Euro- und Finanzmarktkrise die Geldhähne öffnete und sagte, er sei bereit, »alles Notwendige zu tun, um den Euro zu erhalten«.

Dieser Satz – »whatever it takes« –, im Sommer 2012 auf Englisch geäußert, beruhigte die internationalen Finanzmärkte, die Deutschen aber versetzte er in Panik.

Als das Allensbacher Institut kurz darauf 1.600 repräsentativ ausgewählte Bundesbürger nach ihren Ängsten fragte, rangierte Inflation auf Platz eins (zusammen mit der Sorge, als Pflegefall zu enden). In jedem Fall hatten die Deutschen mehr Angst vor der Entwertung ihres Geldes als vor Krebs oder Terror: 47 Prozent der Befragten fürchteten 2012 die Inflation.

Knapp ein Jahrzehnt später bangen sogar 70 Prozent der Deutschen um ihr Geld, wie eine weitere Umfrage des Allensbacher Instituts Anfang 2022 zeigt. Sie fürchten die Inflation mehr als alles andere – mehr als Klimawandel, weltpolitische Krisen – und mehr als Corona.

Das Unbehagen ist so groß, weil die Inflationsrate so hoch ist wie seit Jahrzehnten nicht mehr.

Und weil in fast allen Familien Geschichten wie die von meiner Großmutter überliefert wurden, scheint die Angst vor der Inflation ein fast unausweichliches Erbe zu sein. Ist die Notenpresse erst angeworfen, so die kollektive Erfahrung, findet sich immer ein Grund, mehr Geld zu drucken.

Und in den vergangenen Jahren gab es reichlich Gründe.

Diese mögen edler sein als früher. Wir Deutschen sind weit davon entfernt, einen Angriffskrieg zu führen oder aus nationaler Überheblichkeit unsere Wirtschaft zu strangulieren. Doch wenn die Insolvenz einer amerikanischen Investmentbank oder der Zahlungsengpass eines europäischen Inselstaates die Weltwirtschaft erschüttert, wenn ein tückisches Virus oder ein russischer Diktator die Menschheit bedrohten – dann sind wir schnell bereit, der ökonomischen Vernunft zuwider zu handeln.

Statt das, was finanziert werden muss, über Steuern zu finanzieren, drehen wir den Geldhahn auf.

Oft wird in solchen Fällen der berühmte Ökonom John Maynard Keynes bemüht. Der sprach sich in der Tat dafür aus, Krisen mit staatlichen Krediten abzufedern. Doch natürlich ging Keynes von einer raschen Rückzahlung der Kredite aus. Aus Steuermitteln – und idealerweise vor der nächsten Krise.

Dies ist in Europa bisher nicht gelungen. Dass die Europäische Union (ähnlich wie einst das junge Deutsche Reich) nicht über eigene Steuern verfügt und dass wir Deutschen in der Europäischen Zentralbank alleine sind mit unserer Hyperinflationserfahrung, das macht die Sache nicht leichter.

Die Inflation sei die »Form der Besteuerung, der das Publikum am schwersten auszuweichen vermag und die selbst die schwächste Regierung durchsetzen kann«, so fasste Keynes die Erfahrungen aus dem Jahr 1923 zusammen.[61]

Wenn man weiß, was Deutschland vor hundert Jahren ins Verderben führte, dann kann man Europa stärken und neues Unheil verhindern. Deshalb zahlt es sich aus, sich mit 1923 zu befassen.

DANK

Dieses Buch wäre nicht entstanden ohne die freundliche Hilfe von:

Bernhard H. Bayerlein, Historiker, Ruhr-Universität Bochum. Michael Best, Deutsche Bundesbank, Frankfurt. Magnus Brechtken, Institut für Zeitgeschichte München. Elisabeth Briefer, Österreichische Nationalbibliothek, Wien. Astrid Böttcher, Käthe-Kollwitz-Museum, Berlin. Kasper Braskén, Historiker, Universität Turku, Finnland. Beate Brüninghaus, langjährige Sprecherin der Wirtschaftsvereinigung Stahl, Düsseldorf. Constanze Budde-Hermann, Bundesamt für zentrale Dienste und offene Vermögensfragen, Berlin.

Alice Cadeddu, Erich Maria Remarque-Friedenszentrum, Universität Osnabrück. Debora Classen, Deutsches Filminstitut & Filmmuseum, Frankfurt.

Britta Dittmann, Heinrich-Mann-Gesellschaft, Lübeck.

Wolfgang U. Eckart, Medizinhistoriker, Heidelberg.

Monika Faber, Kuratorin und Dora-Kallmus-Expertin, Wien. Martina Fähnemann, Hapag-Lloyd AG, Hamburg. Robert Färber, Kurt-Tucholsky Gesellschaft, Berlin. Markus Farr, Staatliche Museen zu Berlin. Nicola Fink, Fachverband Deutscher Floristen,

Gelsenkirchen. Bastian Fleermann, Mahn- und Gedenkstätte Düsseldorf. Gabriele Franzmann, GESIS – Leibniz-Institut für Sozialwissenschaften, Köln. Volker Frielingsdorf, Historiker und Konrad-Adenauer-Experte, Schopfheim.

Yvan Gaston, Historiker, Université de Nice, Severin Gawlitta, Bischöfliches Generalvikariat, Bistum Essen. Stefan Goch, Historiker, Ruhr-Universität Bochum. Sebastian Grigo, Landesarchiv Nordrhein-Westfalen, Duisburg. Maren Gömmel, Heidrun Janke-Bacher, Jan-Ole Muus, Niels Peters, Birgit Straubel, Stefanie Töppe, Staatsbibliothek Hamburg.

Rolf Herget, Historisches Archiv der Deutschen Bundesbank, Frankfurt. Judith Höhn-Engers, Stadtarchiv Koblenz. Philipp Hoffmann, Historiker, Adenauer-Experte, Stadtmuseum Bonn. Cordula Holtermann, Stadtarchiv Essen. Tanja Holthaus, Festkomittee Kölner Karneval von 1823.

Ralph Jentsch, Nachlassverwalter von George Grosz, Berlin. Karsten Jedlitschka, Stasi-Unterlagen-Archiv, Berlin.

Gerhard Keiper, Politisches Archiv des Auswärtigen Amtes, Berlin. Ursula von Keitz, langjährige Direktorin des Filmmuseums Potsdam. Andrea Kirchhoff, Verband des Deutschen Blumen-Groß- und Importhandels, Straelen. Tom Kleinfeld, Sächsisches Staatsministerium des Innern, Dresden. Kathleen Krenzlin, Kuratorin und Käthe-Kollwitz-Expertin, Berlin.

Marcus Leifeld, Historiker und Experte für die Geschichte des Karnevals, Köln.

Anke Matelowski, Akademie der Künste, Berlin. Sean McMeekin, Historiker, Bard College, New York. Benedikt Mauer, Stadtarchiv

Düsseldorf. Ernst Mettlach, Sprecher der Stadt Trier. Hans-Joachim Möller, Verband Unabhängiger Bestatter, Berlin.

Pater Petrus Nowack, Benediktinerabtei Maria Laach.

Philipp Osten, Institut für Geschichte und Ethik der Medizin, Hamburg.

Ursula Pabusch, Standesamt der Stadt Waldbröl. Ulrich Pfister, Wirtschaftshistoriker, Universität Münster. Martina Pock, Stadtmuseum Graz. Klaus Pokorny, Leopold Museum, Wien.

Peter Quadflieg, Stadtarchiv Wiesbaden.

Nils Radtke, Justizvollzugsdirektion des Landes Nordrhein-Westfalen, Düsseldorf. Isabel Reimann, Industrie- und Handelskammer, Halle an der Saale. Albrecht Ritschl, London School of Economics.

Norbert Schloßmacher, Stadtarchiv Bonn. Mike Schmeitzner, Historiker, TU Dresden. Daniel Schmidt, Institut für Stadtgeschichte, Gelsenkirchen. Janine Schütz, Historisches Archiv der Sächsischen Staatstheater, Dresden. Maike Schwaffertz, Landeshauptarchiv Rheinland-Pfalz, Koblenz. Ralf Stremmel, Historisches Archiv Krupp, Essen.

Frédéric Teinturier, Heinrich-Mann-Experte, Université de Lorraine, Metz.

Christine Veauthier, Fleurop, Berlin.

Karola Wagner, Bundesarchiv, Berlin. Lisa Warring, Käthe Kollwitz Museum, Köln. Daniel Westermann, Archiv für Christlich-

Demokratische Politik der Konrad-Adenauer-Stiftung, Sankt Augustin. Monika Wildner, Bibliothek der Hamburger Kunsthalle. Svenja Wilken, Stadtmuseum Düsseldorf. Klaus Wisotzky, Historiker, Düsseldorf. Ute Wnendt, Messe Köln.

Matthias Zöller, Historisches Archiv der Stadt Köln.

BILDNACHWEIS

S. 5: bpk / Kunstbibliothek, SMB, Photothek Willy Römer / Willy Römer; S. 13: INTERFOTO / Friedrich; S. 16: INTERFOTO / Friedrich; S. 18: INTERFOTO / Sammlung Rauch; S. 21: bpk / Kunstbibliothek, SMB, Photothek Willy Römer / Willy Römer; S. 23: INTERFOTO / Sammlung Rauch; S. 27: akg-images; S. 32: akg-images; S. 34: ullstein bild; S. 44: INTERFOTO / Sammlung Rauch; S. 47: INTERFOTO / Neon 2; S. 53: bpk / Sprengel Museum Hannover / Herling/Gwose/Werner; S. 58: IMAGNO/Süddeutsche Zeitung Photo; S. 60: ullstein bild – Gircke; S. 64: INTERFOTO / KTS; S. 70: bpk; S. 80: INTERFOTO / Neon 2; S. 83: ullstein bild; S. 84: INTERFOTO / Mary Evans / Jazz Age Club Collection; S. 92: akg-images / TT News Agency / SVT; S. 96: ullstein bild; S. 102: INTERFOTO / IMAGNO; S. 115: INTERFOTO / Friedrich; S. 118: INTERFOTO / fine art images; S. 127: mauritius images; S. 130: mauritius images / World of Triss / Alamy / Alamy Stock Photos; S. 138: ullstein bild; S. 140: bpk / Herbert Hoffmann; S. 149: ullstein bild – The Estate of Emil Bieber / Klaus Niermann; S. 151: Scherl/Süddeutsche Zeitung Photo; S. 154: INTERFOTO / Friedrich; S. 156: ullstein bild; S. 170: ullstein bild – ADN Bildarchiv; S. 172: SZ Photo /Süddeutsche Zeitung Photo; S. 176: ullstein bild – ImageBROKER H.D. Falkenstein; S. 180: INTERFOTO / Friedrich Rauch; S. 181: akg-images / TT News Agency / SVT; S. 191: ullstein bild – Süddeutsche Zeitung Bild / Scherl; S. 209: INTERFOTO / Friedrich; S. 216: akg-images / Sammlung Berliner Verlag / Archiv; S. 226: ullstein bild – Waldemar Titzenthaler; S. 230: akg-images; S. 250: INTERFOTO / awkz; S. 252: bpk / Deutsches Historisches Museum; S. 259: Scherl/ Süddeutsche Zeitung Photo; S. 262: akg-images; S. 264: akg-images; S. 269: akg-images; S. 286 (*oben*): Scherl / Süddeutsche Zeitung Photo; S. 286 (*unten*): bpk / Kunstbibliothek, SMB, Photothek Willy Römer / Willy Römer; S. 297: ullstein bild – Südeutsche Zeitung Photo / Scherl

ANMERKUNGEN

Januar 1923 – Das Ruhrgebiet wird besetzt

1 Fischer, Lothar: Anita Berber – Ein getanztes Leben. Hendrik Bäßler Verlag, Berlin 2014, S. 42 f.
2 Berber, Anita und Droste, Sebastian: Tänze des Lasters, des Verderbens und der Ekstase. Gloriette-Verlag, Wien 1923, S. 23.
3 Jenčík, Joe: Anita Berber – Studie. K. Kieser Verlag, München 2014, S. 21 ff. + 91.
4 Fischer, Lothar: Anita Berber – Göttin der Nacht. Edition Ebersbach, Berlin 2006, S. 102.
5 Jenčík, Joe: Anita Berber – Studie. K. Kieser Verlag, München 2014, S. 23.
6 Haider, Christian: Tanzende Sünde – Anita Berber 1922/23 in Wien. Diplomarbeit, eingereicht an der Universität Wien, Wien 2013, S. 15 f.
7 o. V.: Madame d'Ora. Unter https://de.wikipedia.org/wiki/ Madame_d'Ora abgerufen am 31. Dezember 2021.
8 Haider, Christian: Tanzende Sünde – Anita Berber 1922/23 in Wien. Diplomarbeit, eingereicht an der Universität Wien, Wien 2013, S. 191 ff.
9 Fischer, Lothar: Anita Berber – Göttin der Nacht. Edition Ebersbach, Berlin 2006, S. 110 ff.
10 Täubrich, Hans Christian: Reichsparteitage der NSDAP, 1923–1938. Historisches Lexikon Bayerns, 7. September 2006. Unter www.historisches-lexikon-bayerns.de abgerufen am 31. Dezember 2021.
11 o. V.: Stinnes AG. Unter https://de.wikipedia.org/wiki/Stinnes_AG abgerufen am 31. Oktober 2021.
12 o. V.: Hugo Stinnes, Czar of New Germany, New York Times, 2. Oktober 1921.
13 Stinnes, Edmund H.: Ein Genie in chaotischer Zeit: Edmund H. Stinnes über seinen Vater Hugo Stinnes (1870–1924). Ein Gespräch zwischen Dr. Edmund H. Stinnes und dem Zeit-Journalisten Andreas Kohlschütter. Ofdag, Ascona 1979, S. 36 f.
14 Feldman, Gerald D.: Hugo Stinnes: Biographie eines Industriellen. C. H. Beck'sche Verlagsbuchhandlung, München 1998, S. 41.
15 ebenda, S. 24.
16 ebenda, S. 348 + 384.
17 Scriba, Arnulf: Das Stinnes-Legien-Abkommen. Deutsches Historisches Museum, Berlin, 10. Mai 2011. Unter www.dhm.de abgerufen am 31. Oktober 2021.
18 Feldman, Gerald D.: Hugo Stinnes: Biographie eines Industriellen. C. H. Beck'sche Verlagsbuchhandlung, München 1998, S. 620 ff + 696 ff.
19 o. V.: Ruhrbesetzung. Unter https://de.wikipedia.org/wiki/Ruhrbesetzung abgerufen am 31. Oktober 2021.
20 Feldman, Gerald D.: Hugo Stinnes: Biographie eines Industriellen. C. H. Beck'sche Verlagsbuchhandlung, München 1998, S. 842 ff.

[21] Hasse, Edgar S.: Der Oskar Schindler von Hamburg. Welt, 28. April 2009. Unter www.welt.de abgerufen am 30. Oktober 2021.
[22] o. V.: Historisches Wetter am 11. Januar 1923. Unter https://chroniknet.de /extra/historisches-wetter abgerufen am 1. Januar 2022.
[23] Stinnes, Hugo: Brief an Emil Kirdorf vom 17. Januar 1923, Archiv für Christlich-Demokratische Politik der Konrad-Adenauer-Stiftung, St. Augustin bei Bonn, Nachlass Hugo Stinnes, ACDP I-220, 020/I.
[24] Feldman, Gerald D.: Hugo Stinnes: Biographie eines Industriellen. C. H. Beck'sche Verlagsbuchhandlung, München 1998, S. 842 f.
[25] Stinnes, Hugo: zitiert nach Feldman, Gerald D.: ebenda, S. 843.
[26] Stinnes, Hugo (vor Vertretern des Allgemeinen Deutschen Gewerkschaftsbundes im Januar 1923), zitiert nach Feldman, Gerald D.: ebenda, S. 845.
[27] o. V.: Ruhrbesetzung. Unter https://de.wikipedia.org/wiki/Ruhrbesetzung abgerufen am 31. Oktober 2021.
[28] Bienert, Michael: »Erinnerungen füllten alle Räume« – Wohnungen und Nachbarn der Familie Kollwitz in der Weißenburgerstraße 25. In Krenzlin, Kathleen: Käthe Kollwitz und Berlin – Eine Spurensuche. Deutscher Kunstverlag, Berlin 2017, S. 79 ff.
[29] Knesebeck, Alexandra von dem: Käthe Kollwitz. Wienand Verlag, Köln 2016, S. 28–30.
[30] ebenda, S. 36.
[31] ebenda, S. 35.
[32] Lüpke-Schwarz, Marc von: Der traurige Kaiser: Wilhelm II im Exil. Deutsche Welle, 13. August 2013. www.dw.com, abgerufen am 1. Januar 2022.
[33] Knesebeck, Alexandra von dem: Käthe Kollwitz. Wienand Verlag, Köln 2016, S. 73. Möhlenbeck, Ulrike: »Diese Akademie gehört doch zu den etwas verzopften Instituten, die beiseite gebracht werden sollten« – Käthe Kollwitz und die Preußische Akademie der Künste. In: In Krenzlin, Kathleen: Käthe Kollwitz und Berlin – Eine Spurensuche. Deutscher Kunstverlag, Berlin 2017, S. 199.
[34] Knesebeck, Alexandra von dem: Käthe Kollwitz. Wienand Verlag, Köln 2016, S. 18.
[35] Kollwitz, Käthe: Erinnerungen (1923), als Anhang in Bohnke-Kollwitz, Jutta (Hrsg.): Käthe Kollwitz – Die Tagebücher 1908–1943. btb Verlag, München 2007, S. 725 f.
[36] Knesebeck, Alexandra von dem: Käthe Kollwitz. Wienand Verlag, Köln 2016, S. 28.
[37] Bienert, Michael: »Erinnerungen füllten alle Räume« – Wohnungen und Nachbarn der Familie Kollwitz in der Weißenburg Straße 25. In Krenzlin, Kathleen: Käthe Kollwitz und Berlin – Eine Spurensuche. Deutscher Kunstverlag, Berlin 2017, S. 88.
[38] ebenda, S. 80 f.
[39] Knesebeck, Alexandra von dem: Käthe Kollwitz. Wienand Verlag, Köln 2016, S. 64.
[40] o. V.: Peter Kollwitz. Unter https://de.wikipedia.org/wiki/Peter_Kollwitz abgerufen am 1. Januar 2022.
[41] Bohnke-Kollwitz, Jutta (Hrsg.): Käthe Kollwitz – Die Tagebücher 1908–1943. btb Verlag, München 2007, S. 152.
[42] ebenda, S. 279.
[43] ebenda, S. 334.
[44] Knesebeck, Alexandra von dem: Käthe Kollwitz. Wienand Verlag, Köln 2016, S. 80.
[45] ebenda, S. 67 ff.
[46] Bohnke-Kollwitz, Jutta (Hrsg.): Käthe Kollwitz – Die Tagebücher 1908–1943. btb Verlag, München 2007, S. 542.
[47] ebenda, S. 545.
[48] ebenda, S. 547 f.
[49] o. V.: Ein Meseritzer wurde Präsident der Reichsbank: Rudolf Havenstein 1857–1923. Unter https://www.heimatkreis-meseritz.de/4_27.htm abgerufen am 14. Februar 2020.
[50] Eikenberg, Gabriel; Platz, Rupert: Wilhelm II. Deutsches Historisches Museum, Berlin, 11. November 2021. Unter www.dhm.de abgerufen am 31. Dezember 2021.

51 o. V.: Biografie: Havenstein, Rudolf. Unter https://kulturstiftung.org/biographien/havenstein-rudolf-2 abgerufen am 28. Oktober 2021.

52 o. V.: Havenstein gestorben. Vorwärts, 20. November 1923.

53 Braunberger, Gerald D.: Gold gab ich für Eisen hin. Frankfurter Allgemeine Zeitung, 1. August 2014. Unter https://www.blogs.faz.net/fazit/2014/08/01/gold-gab-ich-fuer-eisen-4381 abgerufen am 28. Oktober 2021.

54 Sinkovicz, Wilhelm: Kriegspropaganda und Ungarn-Kitsch in der Operette. Die Presse, Wien, 14. Dezember 2015. www.diepresse.com, abgerufen am 14. November 2020.

55 Léon, Victor: Gold gab ich für Eisen hin – Singspiel in einem Vorspiel und zwei Akten von Emmerich Kálman. Libretto ohne Angaben zu Verlag oder Ort und Jahr des Erscheinens, S. 24 f, www. stanford.edu, abgerufen am 14. November 2020.

56 o. V.: Kriegsanleihe/Erster Weltkrieg. Unter https://de.wikipedia.org/wiki/Kriegsanleihe abgerufen am 28. Oktober 2021.

57 Havenstein, Rudolf: Rede des Reichsbankpräsidenten Exzellenz Dr. Havenstein in der Versammlung der Handelskammer in Frankfurt am Main, 20. September 1917. www.deutsche-digitale-bibliothek.de, abgerufen am 1. Januar 2021.

58 o. V.: Biografie: Havenstein, Rudolf. Unter https://kulturstiftung.org/biographien/havenstein-rudolf-2, abgerufen am 28. Oktober 2021.

59 Havenstein, Rudolf: Brief an Schlüter, Eugen, Bürgermeister der Gemeinde Meseritz vom 2. November 1916. Zitiert nach o. V.: Ein Meseritzer wurde Präsident der Reichsbank: Rudolf Havenstein 1857–1923. Unter https://www.heimatkreis-meseritz.de/4_27.htm abgerufen am 14. Februar 2020.

60 ebenda.

61 o. V.: Kriegsanleihe/Erster Weltkrieg. Unter https://de.wikipedia.org/wiki/Kriegsanleihe abgerufen am 28. Oktober 2021.

62 o. V.: Zahlen zur Geldentwertung in Deutschland 1914–1923. Statistisches Reichsamt (1925). Zitiert nach: Sonderhefte zu Wirtschaft und Statistik, 5. Jg., Sonderheft 1, Verlag von Reimar Hobbing, Berlin, S. 34.

Februar 1923 – Die Inflation nimmt an Fahrt auf

1 Feldman, Gerald D.: Hugo Stinnes: Biographie eines Industriellen. C. H. Beck'sche Verlagsbuchhandlung, München 1998, S. 841 ff.

2 o. V.: Oberhof. Unter https://de.wikipedia.org/wiki/ Oberhof abgerufen am 2. Januar 2022.

3 Feldman, Gerald D.: Hugo Stinnes: Biographie eines Industriellen. C. H. Beck'sche Verlagsbuchhandlung, München 1998, S. 18.

4 ebenda, S. 841.

5 ebenda, S. 23.

6 ebenda, S. 11 f.

7 Stinnes, Hugo: Brief an Cläre Wagenknecht vom 16. September 1894, zitiert nach Feldman, Gerald D., ebenda, S. 25.

8 ebenda.

9 Stinnes, Cläre, Tagebuch, 12. Januar 1923, zitiert nach Feldman, Gerald D., ebenda, S. 842.

10 Stinnes, Hugo: Aktennotiz vom 23. Januar 1923, Archiv für Christlich-Demokratische Politik der Konrad-Adenauer-Stiftung, St. Augustin bei Bonn, Nachlass Hugo Stinnes, ACDP I-220, 020/1.

11 Stinnes, Hugo: Brief an Maximilian Harden vom 15. Januar 1923, zitiert nach Feldman, Gerald D.: Hugo Stinnes: Biographie eines Industriellen. C. H. Beck'sche Verlagsbuchhandlung, München 1998, S. 841.

12 Feldman, Gerald D.: Hugo Stinnes: Biographie eines Industriellen. C. H. Beck'sche Verlagsbuchhandlung, München 1998, S. 844 ff.

13 Stinnes, Hugo: Brief an Emil Kirdorf vom 17. Januar 1923, Archiv für Christlich-Demokratische Politik der Konrad-Adenauer-Stiftung, St. Augustin bei Bonn, Nachlass Hugo Stinnes, ACDP I-220, 020/1.

14 Feldman, Gerald D.: Hugo Stinnes: Biographie eines Industriellen. C. H. Beck'sche Verlagsbuchhandlung, München 1998, S. 844.

15 Wisotzky, Klaus: Der »Blutige Karsamstag« 1923 bei Krupp. In: Krumeich, Gerd et al. (Hrsg.): Der Schatten des Weltkriegs: Die Ruhrbesetzung 1923. Klartext Verlag, Essen, 2004, S. 265 ff.

16 Feldman, Gerald D.: Hugo Stinnes: Biographie eines Industriellen. C. H. Beck'sche Verlagsbuchhandlung, München 1998, S. 852.

17 o. V.: Konrad Adenauer. Unter https://de.wikipedia.org/wiki/Konrad_Adenauer abgerufen am 30. Januar 2021.

18 Leifeld, Marcus: »Was interessiert den kölschen Funken schon das lächerliche Welttheater« – Ein Kölner Verein zwischen Traditionen und nationalsozialistischer Gleichschaltung. In: Hunold, Heinz-Günther et al. (Hrsg.): Vom Stadtsoldaten zum Roten Funken. Militär und Karneval in Köln. Greven Verlag, Köln 2005, S. 247–282.

19 o. V.: Alliierte Rheinlandbesetzung. Unter https://de.wikipedia.org/wiki/Alliierte_Rheinlandbesetzung abgerufen am 16. Oktober 2020.

20 Leifeld, Marcus: »Was interessiert den kölschen Funken schon das lächerliche Welttheater« – Ein Kölner Verein zwischen Traditionen und nationalsozialistischer Gleichschaltung. In: Hunold, Heinz-Günther et al. (Hrsg.): Vom Stadtsoldaten zum Roten Funken. Militär und Karneval in Köln. Greven Verlag, Köln 2005, S. 247.

21 Eglau, Hans Otto: Mehr Schein als Sein / Als die Mark Kapriolen schlug – Notgeld 1914–1923. Dodos Verlag, Düsseldorf 1997, S. 19 ff.

22 Adenauer, Konrad (in der Staatverordnetenversammlung am 4. April 1922), zitiert nach Henning, Friedrich-Wilhelm: Finanzpolitische Vorstellungen und Maßnahmen Konrad Adenauers während seiner Kölner Zeit (1906 bis 1933). In: Stehkämper, Hugo (Hrsg.): Konrad Adenauer, Festgabe der Stadt Köln zum 100. Geburtstag ihres Ehrenbürgers am 5. Januar 1976. Veröffentlichung des Historischen Archivs Köln. Rheinland-Verlag, Köln 1976, S. 143 f.

23 Kölner Karnevals-Zeitung, 3. Jahrgang, Nr. 3, Köln 1922.

24 Schlott, René: Konrad das Brot. Spiegel, 1. Mai 2015.

25 o. V.: Kölner Wurst. Unter https://de.wikipedia.org/wiki/Kölner_Wurst abgerufen am 29. Mai 2021.

26 o. V.: Zahlen zur Geldentwertung in Deutschland 1914–1923. Statistisches Reichsamt (1925). Zitiert nach: Sonderhefte zu Wirtschaft und Statistik, 5. Jg., Sonderheft 1, Verlag von Reimar Hobbing, Berlin, S. 34.

27 Jung, Alexander: Als die Mark vernichtet wurde. Spiegel, 31. Juli 2009.

28 Taylor, Frederick: Inflation. Siedler Verlag, München 2013, S. 270.

29 Eglau, Hans Otto: Mehr Schein als Sein/Als die Mark Kapriolen schlug – Notgeld 1914–1923. Dodos Verlag, Düsseldorf 1997, S. 81.

30 ebenda, S. 84

31 ebenda.

32 ebenda, S. 83.

33 Knesebeck, Alexandra von dem: Werkverzeichnis der Grafik – Käthe Kollwitz. Verlag Kornfeld, Bern 2002, S. 466 ff.

34 Bohnke-Kollwitz, Jutta (Hrsg.): Käthe Kollwitz – Die Tagebücher 1908–1943. btb Verlag, München 2007, S. 473 + 865.

35 Landmann, Herbert: In Berlin begann der Kampf gegen die Tuberkulose. Edition Luisenstadt, Berlin 1998. Unter https://berlingeschichte.de/bms/bmstext/9812proc.htm. abgerufen am 19. Mai 2022.

36 o. V.: Die Entwicklung des Tuberkulosegeschehens in Deutschland und anderen Ländern

seit der Jahrhundertwende. Statistisches Bundesamt, Wiesbaden, 2. Januar 1951, S. 2 und Tabelle 1. Unter https://www.statistischebibliothek.de/mir/servlets/MCRFileNodeServlet/DEHeft_derivate_00023661/StatBer-8-03-008.pdf;jsessionid=2AB29238E15C9111 7EB4C727EA08D65C abgerufen am 19. Mai 2022.

37 Knesebeck, Alexandra von dem: Werkverzeichnis der Grafik – Käthe Kollwitz. Verlag Kornfeld, Bern 2002, S. 467.

38 Bohnke-Kollwitz, Jutta (Hrsg.): Käthe Kollwitz – Die Tagebücher 1908–1943. btb Verlag, München 2007, S. 462.

39 ebenda, S. 463.

40 Winkler, Heinrich August: Der lange Weg nach Westen – Deutsche Geschichte 1806 bis 1933. Sonderausgabe für die Bundeszentrale und die Landeszentralen für politische Bildung, Bonn 2001, S. 409 ff.

41 Bohnke-Kollwitz, Jutta (Hrsg.): Käthe Kollwitz – Die Tagebücher 1908–1943. btb Verlag, München 2007, S. 463.

42 Bohnke-Kollwitz, Jutta (Hrsg.): Käthe Kollwitz – Die Tagebücher 1908–1943. btb Verlag, München 2007, S. 549.

43 Wenske, Slatomir Joachim: Die Herausbildung urologischer Kliniken in Berlin – Ein Beitrag zur Berliner Medizingeschichte. Dissertation, vorgelegt an der Medizinischen Fakultät, Charité-Universitätsmedizin, Berlin 2008, S. 102.

44 Bohnke-Kollwitz, Jutta (Hrsg.): Käthe Kollwitz – Die Tagebücher 1908–1943. btb Verlag, München 2007, S. 549.

45 o. V.: Dresdner Opernchronik 1922–1933. Unter https://www.rundfunkschaetze.de/1922-1933-dresdner-opernchronik/ abgerufen am 27. April 2020.

46 o. V.: Fritz Busch. Unter https://de.wikipedia.org/wiki/Fritz_Busch abgerufen am 2. Januar 2022.

47 Busch, Fritz: Aus dem Leben eines Musikers. Henschelverlag, Berlin 1971, S. 127 ff.

48 Haider, Christian: »Tanzende Sünde, Anita Berber 1922/23 in Wien. Zur medialen Konstruktion eines ›Stadtskandals‹«, Magisterarbeit, Universität Wien, 2013, S. 72.

49 o. V.: »Die rauflustige Tänzerin«, BZ am Mittag, 17. Januar 1923.

50 ebenda.

51 o. V. Cinema en Theater, Amsterdam Nr. 122, zitiert nach Fischer, Lothar: Anita Berber – Ein getanztes Leben. Hendrik Bäßler Verlag, Berlin 2014, S. 111.
Fischer scheint die Eheschließung anzuzweifeln (»soll Sebastian Droste Anita in Budapest geheiratet haben«, ebenda, S. 111 oder auch Fischer Lothar: Anita Berber – Göttin der Nacht. Edition Ebersbach, Berlin 2006, S. 118: »Wenn überhaupt, so hat diese Verbindung nur kurz gedauert.«).
Dass aber die Zeitgenossen Droste als Anitas Ehemann ansehen, spricht doch eher für die Richtigkeit des Zeitungsberichts über die Hochzeit. Siehe dazu Jenčík, Joe: Anita Berber – Studie. Kieser Verlag, München 2014, S. 17 und Lania, Leo: Der Tanz ins Dunkel – Anita Berber. Adalbert Schultz Verlag, Berlin 1929, S. 183.

52 Fischer, Lothar: Anita Berber – Ein getanztes Leben. Hendrik Bäßler Verlag, Berlin 2014, S. 32 ff.

53 ebenda, S. 82.

54 www.deutschlandfunk.de: Victor Margueritte: »La Garçonne« – Die Zwanzigerjahre in Paris. Gesendet am 24. April 2020, abgerufen am 4. Januar 2022.

55 Fischer, Lothar: Anita Berber – Ein getanztes Leben. Hendrik Bäßler Verlag, Berlin 2014, S. 116 f.

56 Berber, Anita und Droste, Sebastian: Tänze des Lasters, des Verderbens und der Ekstase. Gloriette-Verlag, Wien 1923, S. 55.

57 o. V. Cinema en Theater, Amsterdam Nr. 122, zitiert nach Fischer, Lothar: Anita Berber – Ein getanztes Leben. Hendrik Bäßler Verlag, Berlin 2014, S. 111.

März 1923 – Überleben. Aber wie?

1 Hepp, Michael: Kurt Tucholsky – Biographische Annäherungen. Rowohlt Taschenbuch Verlag, Reinbek 1999, S. 237.

2 Tucholsky, Kurt: Rheinsberg – Ein Bilderbuch für Verliebte. Rowohlt Taschenbuch Verlag, Reinbek 1987, S. 19–73.

3 Tucholsky, Kurt: Brief an Siegfried Jakobsohn, 1. September 1922. Zitiert nach Links, Elfriede und Links, Roland (Hrsg.): Kurt Tucholsky Gesamtausgabe, Band 17: Briefe 1919–1924. Rowohlt Verlag, Reinbek 2006, B 181, S. 208 f.

4 Hepp, Michael: Kurt Tucholsky – Biographische Annäherungen. Rowohlt Taschenbuch Verlag, Reinbek 1999, S. 237 ff.

5 o. V.: Maximilian Harden. Unter https://de.wikipedia.org/wiki/Maximilian_Harden abgerufen am 16. Dezember 2021.

6 Tucholsky, Kurt: Prozess Harden. Weltbühne, 21. Dezember 1922. Unter http://www.zeno.org/Literatur/M/Tucholsky,+Kurt/Werke/1922/Prozess+Harden abgerufen am 8. April 2022.

7 o. V. zitiert nach Hepp, Michael: Kurt Tucholsky – Biographische Annäherungen. Rowohlt Taschenbuch Verlag, Reinbek 1999, S. 234.

8 Tucholsky, Kurt alias Theobald Tiger: Merkt ihr nischt–?. Weltbühne, 11. Mai 1922. Unter http://www.zeno.org/Literatur/M/Tucholsky,+Kurt/Werke/1922/Merkt+Ihr+nischt–? abgerufen am 18. Dezember 2021.

9 Tucholsky, Kurt: Brief an Hans Schönlank vom 10. Januar 1923. Zitiert nach Links, Elfriede und Links, Roland (Hrsg.): Kurt Tucholsky Gesamtausgabe, Band 17: Briefe 1919–1924. Rowohlt Verlag, Reinbek 2006, B 208, S. 224.

10 ebenda, S. 223.

11 Schulz, Klaus-Peter: Tucholsky. Rowohlt Taschenbuch Verlag, Reinbek 1986, S. 150.

12 Hepp, Michael: Kurt Tucholsky – Biographische Annäherungen. Rowohlt Taschenbuch Verlag, Reinbek 1999, S. 38 ff.

13 ebenda, S. 57 ff.

14 Tucholsky, Kurt: Brief an Mary Gerold vom 5. Juni 1922. Zitiert nach Links, Elfriede und Links, Roland (Hrsg.): Kurt Tucholsky Gesamtausgabe, Band 17: Briefe 1919–1924. Rowohlt Verlag, Reinbek 2006, Beilage zum Brief B 241: »Blaues Tagebuch«, S. 239 ff.

15 Jacobsohn, Siegfried: zitiert nach Hepp, Michael: Kurt Tucholsky – Biographische Annäherungen. Rowohlt Taschenbuch Verlag, Reinbek 1999, S. 238.

16 Hepp, Michael: Kurt Tucholsky – Biographische Annäherungen. Rowohlt Taschenbuch Verlag, Reinbek 1999, S. 237.

17 o. V.: Zahlen zur Geldentwertung in Deutschland 1914–1923. Statistisches Reichsamt (1925). Zitiert nach: Sonderhefte zu Wirtschaft und Statistik, 5. Jg., Sonderheft 1, Verlag von Reimar Hobbing, Berlin, S. 34.

18 Tucholsky, Kurt: Brief an Hans Schönlank, 24. Januar 1923. Zitiert nach Links, Elfriede und Links, Roland (Hrsg.): Kurt Tucholsky Gesamtausgabe, Band 17: Briefe 1919–1924. Rowohlt Verlag, Reinbek 2006, B 213, S. 226.

19 Escher, Felix: Simon, Hugo. In: Neue Deutsche Biographie 24. München 2010, S. 435–436. Unter https://www.deutsche-biographie.de/pnd129962317.html#ndbcontent abgerufen am 24. Dezember 2021.

20 Hepp, Michael: Kurt Tucholsky – Biographische Annäherungen. Rowohlt Taschenbuch Verlag, Reinbek 1999, S. 239 ff.

21 Tucholsky, Kurt: Brief an Mary Gerold, 20. Februar 1923. Zitiert nach Links, Elfriede und Links, Roland (Hrsg.): Kurt Tucholsky Gesamtausgabe, Band 17: Briefe 1919–1924. Rowohlt Verlag, Reinbek 2006, B 235, S. 236.

22 Tucholsky, Kurt: Eintragung ins Poesiealbum von Sibylle Schoepf-Witting, Berlin, 1923.

Zitiert nach Hepp, Michael: Kurt Tucholsky – Biographische Annäherungen. Rowohlt Taschenbuch Verlag, Reinbek 1999, S. 244 + 465.

23 o. V.: Tänze des Lasters, des Grauens und der Ekstase. Unter https://www.imdb.com/title/tt0138620/mediaviewer/rm1247348736 abgerufen am 5. Januar 2022.

24 Berber, Anita und Droste, Sebastian: Tänze des Lasters, des Verderbens und der Ekstase. Gloriette-Verlag, Wien 1923.

25 Haider, Christian: Tanzende Sünde – Anita Berber 1922/23 in Wien. Diplomarbeit, eingereicht an der Universität Wien, Wien 2013, S. 19.

26 o. V.: Moderne Tänze. Unter https://www.filmportal.de/film/moderne-taenze_9443fb945a18411aaf73a98e81e61b59 abgerufen am 14. Februar 2021.

27 Fischer, Lothar: Anita Berber – Ein getanztes Leben. Hendrik Bäßler Verlag, Berlin 2014, S. 54.

28 o. V.: Dida Ibsens Geschichte – Ein Finale zum ›Tagebuch einer Verlorenen‹. Unter https://www.filmportal.de/film/dida-ibsens-geschichte-ein-finale-zum-tagebuch-einer-verlorenen-von-margarete-boehme abgerufen am 14. Februar 2021.

29 o. V.: Die Prostitution, 1. Teil – Das gelbe Haus. Unter https://www.filmportal.de/material/die-prostitution. abgerufen am 14. Februar 2021.

30 o. V.: Dr. Mabuse, der Spieler I. Unter https://www.filmportal.de/film/dr-mabuse-der-spieler-i-der-grosse-spieler-ein-bild-der-zeit_ea758362af814a168d562307afc9b882 abgerufen am 14. Februar 2021.

31 Fischer, Lothar: Anita Berber – Ein getanztes Leben. Hendrik Bäßler Verlag, Berlin 2014, S. 74.

32 o. V.: Trotz der Not ging der Humor nicht verloren, Handelsblatt, 14. Oktober 1983.

33 Reinhardt, Simone: Die Reichsbank in der Weimarer Republik: eine Analyse der formalen und faktischen Unabhängigkeit. Peter Lang Verlag, Frankfurt 2000, S. 144 ff.

34 o. V.: Telegraphische Anweisung des Reichsbank-Direktoriums an die Vorstandsbeamten der selbständigen Reichsbankanstalten vom 10. Februar 1923. Zitiert nach Kempner, Franz: Sitzung des Reichsbank-Kuratoriums vom 21. März 1923, Bundesarchiv, R 43 I/632, Bl. 40–41, Fußnote 5, Unter https://www.bundesarchiv.de/aktenreichskanzlei/1919–1933/0000/cun/cun1p/kap1_2/para2_101.html abgerufen am 2. Januar 2021.

35 o. V.: The Ruhr. TIME – the weekly News-Magazine. Jg. 1, Nr. 3, vom 17. März 1923, S. 8.

36 ebenda.

37 ebenda.

38 ebenda.

39 Feldman, Gerald D.: Hugo Stinnes: Biographie eines Industriellen. C. H. Beck'sche Verlagsbuchhandlung, München 1998, S. 615.

40 ebenda, S. 775.

41 ebenda, S. 856.

42 Sinn, Werner: Bericht vom 29. März 1923, Archiv für Christlich-Demokratische Politik der Konrad-Adenauer-Stiftung, St. Augustin bei Bonn, Nachlass Hugo Stinnes, ACDP I-220, 047/5.

43 Humann, Hans: Brief an Hugo Stinnes vom 6. April 1923, Archiv für Christlich-Demokratische Politik der Konrad-Adenauer-Stiftung, St. Augustin bei Bonn, Nachlass Hugo Stinnes, ACDP I-220, 047/5.

44 Feldman, Gerald D.: Hugo Stinnes: Biographie eines Industriellen. C. H. Beck'sche Verlagsbuchhandlung, München 1998, S. 844.

45 Stinnes, Hugo: Brief an Werner Sinn vom 6. April 1923. Zitiert nach Feldman, Gerald D., ebenda, S. 858.

46 Feldman, Gerald D.: Hugo Stinnes: Biographie eines Industriellen. C. H. Beck'sche Verlagsbuchhandlung, München 1998, S. 857.
Bei Feldman ist im Zusammenhang mit dem Vertreter der Garantiekommission der Reparationskommission, der Hugo Stinnes am 6. April 1923 auf dessen Landgut Weißkollm

besuchte, zwar von *Etienne* Haguenin die Rede. Doch ist davon auszugehen, dass es sich bei dem Gast um *Émile* Haguenin gehandelt haben muss.
Siehe: o. V.: Émile Haguenin. Unter https://de.wikipedia.org/wiki/Émile_Haguenin abgerufen am 4. November 2021.

47 Feldman, Gerald D.: Hugo Stinnes: Biographie eines Industriellen. C. H. Beck'sche Verlagsbuchhandlung, München 1998, S. 854.

48 o. V.: The Ruhr. TIME – the weekly News-Magazine. Jg. 1, Nr. 3, vom 17. März 1923, S. 8.

April 1923 – Die Lage an Rhein und Ruhr spitzt sich zu

1 Fischer, Lothar: Anita Berber – Göttin der Nacht. Edition Ebersbach, Berlin 2006, S. 192.

2 Jenčík, Joe: Anita Berber – Studie. K. Kieser Verlag, München 2014, S. 18 ff.

3 Berber, Anita; Droste, Sebastian: Tänze des Lasters, des Grauens und der Ekstase. Gloriette Verlag, Wien 1923, S. 37 ff.

4 Jenčík, Joe: Anita Berber – Studie. K. Kieser Verlag, München 2014, S. 20.

5 Mann, Klaus: Erinnerungen an Anita Berber. Die Bühne, Wien 1930, Heft 275, S. 43.

6 Mann, Klaus: Der Wendepunkt – ein Lebensbericht. Rowohlt Taschenbuch Verlag, Hamburg 2019, S. 170.

7 Zweig, Stefan, zitiert nach Fischer, Lothar: Tanz zwischen Rausch und Tod – Anita Berber 1918–1928 in Berlin. Haude und Spener'sche Verlagsbuchhandlung, Berlin 1996, S. 27.

8 Taylor, Frederick: Inflation. Siedler Verlag, München 2013, S. 280.

9 Doege, Hans-Peter: Hier gab S. M. seine Herrenabende. Edition Luisenstadt, Berlin 1999. Unter https://berlingeschichte.de/bms/bmstxt99/9903prof.htm. abgerufen am 29. November 2020.

10 Teske, Knut: Der Salon des Kaisers ist reisefertig. Welt, 2. März 1996.

11 Marcosson, Isaac F.: Turbulent Years, Dodd, Mead & Company, New York 1938, zitiert nach Feldman, Gerald D.: Hugo Stinnes: Biographie eines Industriellen. C. H. Beck'sche Verlagsbuchhandlung, München 1998, S. 692.

12 Marcosson, Isaac F.: Stinnes, Saturday Evening Post, Philadelphia, 24. September 1921, www.hathitrust.org, abgerufen am 12. November 2021.

13 Feldman, Gerald D.: Hugo Stinnes: Biographie eines Industriellen. C. H. Beck'sche Verlagsbuchhandlung, München 1998, S. 777.

14 Doege, Hans-Peter: Hier gab S. M. seine Herrenabende. Edition Luisenstadt, Berlin 1999. Unter https://berlingeschichte.de/bms/bmstxt99/9903prof.htm. abgerufen am 29. November 2020.

15 Feldman, Gerald D.: Hugo Stinnes: Biographie eines Industriellen. C. H. Beck'sche Verlagsbuchhandlung, München 1998, S. 867.

16 o. V.: Vorläufiger Reichswirtschaftsrat. Unter https://de.wikipedia.org/wiki/Vorläufiger_Reichswirtschaftsrat abgerufen am 6. Januar 2022.

17 Stinnes, Hugo: Mark-Stabilisierung und Arbeitsleistung (Rede vor dem Reichswirtschaftsrat am 9. November 1922). Verlag von Schmidt & Co, Berlin 1922, S. 8 ff.

18 o. V.: Stinnes-Legien-Abkommen. Unter https://www.bundesarchiv.de/19181115_stinnes abgerufen am 6. Januar 2022.

19 Weber, Petra: Gescheiterte Sozialpartnerschaft – Gefährdete Republik? Industrielle Beziehungen, Arbeitskämpfe und der Sozialstaat. Deutschland und Frankreich im Vergleich (1918–1933/39). Oldenbourg Wissenschaftsverlag, München 2010, S. 564.

20 Taylor, Frederick: Inflation. Siedler Verlag, München 2013, S. 198 f.

21 Feldman, Gerald D.: Hugo Stinnes: Biographie eines Industriellen. C. H. Beck'sche Verlagsbuchhandlung, München 1998, S. 760 ff.

22 ebenda, S. 565 f.
o. V.: Sozialisierungskommission. Unter https://de.wikipedia.org/wiki/Sozialisierungskommission abgerufen am 6. Januar 2022.

[23] Feldman, Gerald D.: Hugo Stinnes: Biographie eines Industriellen. C. H. Beck'sche Verlagsbuchhandlung, München 1998, S. 622 ff.

[24] o. V.: Walther Rathenau. Unter https://de.wikipedia.org/wiki/Walther_Rathenau abgerufen am 12. Mai 2022.

[25] Feldman, Gerald D.: Hugo Stinnes: Biographie eines Industriellen. C. H. Beck'sche Verlagsbuchhandlung, München 1998, S. 762 f.

[26] o. V.: Zusammenfassung eines Berichts im NRC (Nieuwe Rotterdamsche Courant) über ein Gespräch mit Hugo Stinnes über Walther Rathenau, angefertigt für Cläre Stinnes am 26. Juni 1922, Archiv für Christlich-Demokratische Politik der Konrad-Adenauer-Stiftung, St. Augustin bei Bonn, Nachlass Hugo Stinnes, ACDP I-220, 041/2.

[27] ebenda.

[28] Loy, Thomas: Limousinen aus Oberschöneweide, Tagesspiegel, 1. Oktober 2017.

[29] o. V.: Historisches Wetter am 24. Juni 1922. Unter https://chroniknet.de /extra/historisches-wetter abgerufen am 14. November 2021.

[30] Taylor, Frederick: Inflation. Siedler Verlag, München 2013, S. 199 ff.

[31] o. V.: Vor 90 Jahren: Der Mord an Walther Rathenau. Wissenschaftlicher Dienst des Bundestags, 15. Juni 2012. Unter https://www.bundestag.de/webarchiv/textarchiv/2012/39498941_kw24_kalender_rathenau-208848. abgerufen am 6. Januar 2022.

[32] Sabrow, Martin: Organisation Consul. Historisches Lexikon Bayerns, 8. Februar 2010. Unter https://www.historisches-lexikon-bayerns.de/Lexikon/Organisation_Consul_(O.C.),_1920–1922, abgerufen am 14. November 2021.

[33] Winkler, Heinrich August: Der lange Weg nach Westen – Deutsche Geschichte 1806 bis 1933. C. H. Beck'sche Verlagsbuchhandlung, München 2000, S. 425.

[34] Stinnes, Hugo: Brief an Max Warburg vom 3. Juli 1922, Archiv für Christlich-Demokratische Politik der Konrad-Adenauer-Stiftung, St. Augustin bei Bonn, Nachlass Hugo Stinnes, ACDP, I-220, 039/2.

[35] o. V., o. T., Times, London, 13. April 1923, zitiert nach der Übersetzung der Deutschen Botschaft, ebenda.

[36] o. V.: Presseschau der deutschen Botschaft in London vom 13. April 1923, Politisches Archiv des Auswärtigen Amtes PAAA_RZ101_028335, S. 254.

[37] Bischof, Erwin: Rheinischer Separatismus 1918–1924 – Hans Adam Dortens Rheinstaatsbestrebungen. Verlag Herbert Lang, Bern 1969, S. 92.

[38] ebenda, S. 27 ff.

[39] ebenda, S. 131.

[40] ebenda, S. 39 f.

[41] o. V.: Hans Adam Dorten. Unter https://de.wikipedia.org/wiki/Hans_Adam_Dorten abgerufen am 8. Januar 2022.

[42] Nach Auskunft des leitenden Archivars der Stadt Wiesbaden, Dr. Peter Quadflieg, vom 29. April 2021 wurde Johanna Dorten am 7. September 1871 in Essen geboren. Sie war die Tochter von Oberlehrer Dr. Franz Geuer, die Witwe von Franz Piekenbrock, die geschiedene Ehefrau von Regierungsrat Clemens Caesar, und sie heiratete Dr. Hans Adam Dorten im Jahr 1910.
Nach Angaben von Cordula Holtermann vom Essener Stadtarchiv vom 27. April 2021 war Johanna Dorten nur knapp zwei Jahre mit ihrem ersten Mann, Franz Piekenbrock, verheiratet. Laut Presseamt war Piekenbrocks Vater Bauunternehmer und galt »neben Krupp als größter privater Grund- und Hauseigentümer« Essens. Johanna Dorten verkaufte nach dem Tod ihres ersten Mannes Franz (1892) diverse Häuser und Grundstücke an die Stadt Essen.

[43] Brief des ersten Staatsanwalts Düsseldorf an den Untersuchungsrichter beim Reichsgericht in Leipzig vom 11. Juli 1919, Zentrales Staatsarchiv der DDR Potsdam C 54/19 Bd. 1, zitiert nach Bischof, Erwin: Rheinischer Separatismus 1918–1924 – Hans Adam Dortens Rheinstaatsbestrebungen. Verlag Herbert Lang, Bern 1969, S. 41.

[44] Dorten, Hans Adam, Rechtfertigungsschrift für das Reichsgericht Leipzig am 12. November 1920, Zentrales Staatsarchiv der DDR, Potsdam C 54/19 Bd 3, zitiert nach Bischof, Erwin: ebenda, S. 42 f.

[45] Bischof, Erwin: ebenda, S. 30.

[46] ebenda, S. 43.

[47] o. V.: Charles Mangin. Unter https://de.wikipedia.org/wiki/Charles_Mangin abgerufen am 7. Januar 2022.

[48] Bischof, Erwin: Rheinischer Separatismus 1918–1924 – Hans Adam Dortens Rheinstaatsbestrebungen. Verlag Herbert Lang, Bern 1969, S. 67.

[49] ebenda, S. 70.

[50] ebenda, S. 49 f.

[51] Dorten, Hans Adam, zitiert nach: Bischof, Erwin: ebenda, S. 51.

[52] Bischof, Erwin: ebenda, S. 81 ff.

[53] Schlemmer, Martin: Los von Berlin. Böhlau Verlag, Köln 2007, S. 117 ff.

[54] Bischof, Erwin: Rheinischer Separatismus 1918–1924 – Hans Adam Dortens Rheinstaatsbestrebungen. Verlag Herbert Lang, Bern 1969, S. 100.

[55] Bohnke-Kollwitz, Jutta (Hrsg.): Käthe Kollwitz – Die Tagebücher 1908–1943. btb Verlag, München 2007, S. 549 f.

[56] Braskén, Kasper: The International Workers' Relief, Communism, and Transnational Solidarity, Willi Münzenberg in Weimar Germany. Palgrave Macmillan, London 2015, S. 80.

[57] McMeekin, Sean: The Red Millionaire – A Political Biography of Willi Münzenberg, Moscow's Secret Propaganda Tsar in the West. Yale University Press, New Haven 2003, S. 146.

[58] Bohnke-Kollwitz, Jutta (Hrsg.): Käthe Kollwitz – Die Tagebücher 1908–1943. btb Verlag, München 2007, S. 508.

[59] Knesebeck, Alexandra von dem: Werkverzeichnis der Grafik – Käthe Kollwitz. Verlag Kornfeld, Bern 2002, S. 502 f.

[60] Gross, Babette: Willi Münzenberg – Eine politische Biografie. In: Schriftenreihe der Vierteljahreshefte für Zeitgeschichte 14/15, Oldenbourg Wissenschaftsverlag, München 1967, S. 125–156. Unter https://www.degruyter.com/document/doi/10.1524/9783486703689/html abgerufen am 16. April 2021.

[61] Bohnke-Kollwitz, Jutta (Hrsg.): Käthe Kollwitz – Die Tagebücher 1908–1943. btb Verlag, München 2007, S. 483.

[62] ebenda, S. 508.

[63] McMeekin, Sean: The Red Millionaire – A Political Biography of Willi Münzenberg, Moscow's Secret Propaganda Tsar in the West. Yale University Press, New Haven 2003, S. 167.

[64] Bohnke-Kollwitz, Jutta (Hrsg.): Käthe Kollwitz – Die Tagebücher 1908–1943. btb Verlag, München 2007, S. 550.

[65] Wagner, E. (Hrsg.): Wechselkurs zum Dollar. Aus: Historisches Album 1914/1923 – Deutsche Zahlungsmittel. Buchhandlung E. Wagner, Mühlhausen (Thüringen) 1924. Unter https://www.moneypedia.de/index.php/Wechselkurs_zum_Dollar abgerufen am 19. November 2021.

[66] Reinhardt, Simone: Die Reichsbank in der Weimarer Republik: eine Analyse der formalen und faktischen Unabhängigkeit. Peter Lang Verlag, Frankfurt 2000, S. 144f.

[67] Kempner, Franz (Protokollant): Sitzung des Reichsbank-Kuratoriums vom 21. März 1923, Bundesarchiv, R 43 I/632, Bl. 40–41, Fußnote 5. Unter https://www.bundesarchiv.de/aktenreichskanzlei/1919–1933/0000/cun/cun1p/kap1_2/para2_101.html abgerufen am 2. Januar 2021.

[68] o. V.: Gesetz über die Ausgabe von Dollarschatzanweisungen vom 2. März 1923, Reichsgesetzblatt, Berlin, 5. März 1923. Unter https://de.wikisource.org/wiki/Deutsches_Reichsgesetzblatt_1923 abgerufen am 3. April 2022.

69 Feldman, Gerald D.: The Great Disorder – Politics, Economics and Society in the German Inflation 1914–1924. Oxford University Press, New York + Oxford 1993, S. 651.

70 Havenstein, Rudolf: zitiert nach Schmidt, Robert, SPD: Bericht des 43. Untersuchungsausschusses zur Prüfung der Wirkung der Maßnahmen zur Stützung der Mark. Berlin 1924, Aktenstück Nr. 6591, S. 7917. Unter https://www.reichstagsprotokolle.de/Band2_w1_bsb00000064.html abgerufen am 20. August 2021.

71 Hermes, Andreas: Brief des Reichsfinanzministers an Hugo Stinnes, 7. März 1923. Archiv für Christlich-Demokratische Politik der Konrad-Adenauer-Stiftung, St. Augustin bei Bonn, Nachlass Hugo Stinnes, ACDP I-220, 026/3.

72 Stinnes, Hugo: Brief an den Reichsfinanzminister Hermes, Andreas, 15. März 1923. ebenda.

73 ebenda.

74 Feldman, Gerald D.: Hugo Stinnes: Biographie eines Industriellen. C. H. Beck'sche Verlagsbuchhandlung, München 1998, S. 868 f.

75 Kludas, Arnold: Die Geschichte der Hapag-Schiffe, Band 3 (1914–1932). Hauschild Verlag, Bremen 2008, S. 154.

76 Feldman, Gerald D.: Hugo Stinnes: Biographie eines Industriellen. C. H. Beck'sche Verlagsbuchhandlung, München 1998, S. 699.

77 Kludas, Arnold: Die Geschichte der Hapag-Schiffe, Band 3 (1914–1932). Hauschild Verlag, Bremen 2008, S. 156.

78 Wagner, E. (Hrsg.): Wechselkurs zum Dollar. Aus: Historisches Album 1914/1923 – Deutsche Zahlungsmittel. Buchhandlung E. Wagner, Mühlhausen (Thüringen) 1924. Unter https://www.moneypedia.de/index.php/Wechselkurs_zum_Dollar abgerufen am 19. November 2021.

79 Reinhardt, Simone: Die Reichsbank in der Weimarer Republik: eine Analyse der formalen und faktischen Unabhängigkeit. Peter Lang Verlag, Frankfurt 2000, S. 145.

80 Havenstein, Rudolf: Die Währungspolitische Lage (Bericht des Reichsbankpräsidenten in der Ministerbesprechung vom 19. April 1923, 10 Uhr). Bundesarchiv BARch R 43 I /1 383, Bl. 134 f. Unter https://www.bundesarchiv.de/aktenreichskanzlei/1919–1933/1100/cun/cun1p/kap1_2/kap2_128/index.html abgerufen am 30. November 2020.

81 o. V.: Zahlen zur Geldentwertung in Deutschland 1914–1923. Statistisches Reichsamt (1925). Zitiert nach: Sonderhefte zu Wirtschaft und Statistik, 5. Jg., Sonderheft 1, Verlag von Reimar Hobbing, Berlin, S. 34.

Mai 1923 – Mütter, Messen und Moneten

1 Frielingsdorf, Volker: Konrad Adenauers Wirtschaftspolitik als Kölner Oberbürgermeister (1917–1933). Edition Gesowip, Basel 2002, S. 29–51.

2 o. V.: Konrad Adenauer. Unter https://de.wikipedia.org/wiki/Konrad_Adenauer abgerufen am 30. Januar 2021.

3 Frielingsdorf, Volker: Konrad Adenauers Wirtschaftspolitik als Kölner Oberbürgermeister (1917–1933). Edition Gesowip, Basel 2002, S. 40 ff.

4 ebenda, S. 76.

5 Schüller, Marcus: Wiederaufbau und Aufstieg der Kölner Messe (1946–1956). Franz Steiner Verlag, Stuttgart 1999, S. 56.

6 ebenda, S. 56, Fußnote 171.

7 o. V.: Baubericht ab Dezember 1921, verfasst am 20. September 1923. Historisches Archiv der Stadt Köln, Bestand 902/184/3,1, Bl. 303–305.

8 Frielingsdorf, Volker: Konrad Adenauers Wirtschaftspolitik als Kölner Oberbürgermeister (1917–1933). Edition Gesowip, Basel 2002, S. 135.

9 Akten des Messebauamtes, Historisches Archiv der Stadt Köln, Bestand 902/184/3, Bl. 199 ff. bzw. 251 ff.

[10] o. V.: Baubericht ab Dezember 1921, verfasst am 20. September 1923. Historisches Archiv der Stadt Köln, Bestand 902/184/3,1, Bl. 304 f.

[11] Taepper, Hermann Josef (Hrsg.): Die Kölner Messe 1924–1949. Im Eigenverlag, Köln 1949, S. 20 + 27.
Wegener, Gertrud Dr. (Hrsg.): 50 Jahre Kölner Messe (1924–1974). Katalog zur gleichnamigen Ausstellung im Historischen Archiv der Stadt Köln. Köln 1974, S. 33.
Beide Publikationen sind Teil der Dokumentation der Koelnmesse GmbH. Sie wurden der Verfasserin freundlicherweise von der Presseabteilung der Messegesellschaft in Kopie zur Verfügung gestellt.

[12] o. V.: 2. Mai 1923. Unter https://www.weimarer-republik.net/themenportal/chronik-1918-bis-1933/1923/mai-1923/ abgerufen am 9. Januar 2022.

[13] Sorge, Kurt et al.: Brief des Reichsverbands der deutschen Industrie an Reichskanzler Wilhelm Cuno. 25. Mai 1923, Bundesarchiv, Akten der Reichskanzlei, BArch R43 I/37, Bl. 208–211, 300–305, Fußnote 1. Unter https://www.bundesarchiv.de/aktenreichskanzlei/1919–1933/0000/cun/cun1p/kap1_2/para2_168.html abgerufen am 7. April 2022.

[14] Feldman, Gerald D.: Hugo Stinnes: Biographie eines Industriellen. C. H. Beck'sche Verlagsbuchhandlung, München 1998, S. 872 ff.

[15] Feldman, Gerald D.: The Great Disorder – Politics, Economics and Society in the German Inflation 1914–1924. Oxford University Press, New York + Oxford 1993, S. 666.

[16] Humann, Hans: Bericht vom 17. Mai 1923, Archiv für Christlich-Demokratische Politik der Konrad-Adenauer-Stiftung, St. Augustin bei Bonn, Nachlass Hugo Stinnes, ACDP I-220, 039/I.

[17] ebenda.

[18] ebenda.

[19] Sorge, Kurt et al.: Brief des Reichsverbands der deutschen Industrie an Reichskanzler Wilhelm Cuno. 25. Mai 1923, Bundesarchiv, Akten der Reichskanzlei, BArch R43 I/37, Bl. 208–211, 300–305. Unter https://www.bundesarchiv.de/aktenreichskanzlei/1919–1933/0000/cun/cun1p/kap1_2/para2_168.html abgerufen am 7. April 2022.

[20] ebenda.

[21] Humann, Hans: Bericht vom 17. Mai 1923, Archiv für Christlich-Demokratische Politik der Konrad-Adenauer-Stiftung, St. Augustin bei Bonn, Nachlass Hugo Stinnes, ACDP I-220, 039/I.

[22] Goebels, Walter: Der Achtzigstundenjob. Fachverband Deutscher Floristen im Eigenverlag, Gelsenkirchen 1993, S. 34 ff.

[23] Knesebeck, Alexandra von dem: Werkverzeichnis der Grafik – Käthe Kollwitz. Verlag Kornfeld, Bern 2002, S. 586 f.

[24] Kollwitz, Karl: Die Unterbrechung der Schwangerschaft. Vorwärts, 3. Januar 1921. Siehe Winterberg, Yury et al.: Ohne Karl wäre das Werk wahrscheinlich nicht möglich gewesen. In: Krenzlin, Kathleen: Käthe Kollwitz und Berlin – Eine Spurensuche. Deutscher Kunstverlag, Berlin 2017, S. 126, Fußnote 31.

[25] Bohnke-Kollwitz, Jutta (Hrsg.): Käthe Kollwitz – Die Tagebücher 1908–1943. btb Verlag, München 2007, S. 484 ff.

[26] ebenda, S. 484.

[27] ebenda, S. 486.

[28] ebenda, S. 504 f.

[29] ebenda, S. 520 f.

[30] ebenda, S. 548.

[31] ebenda, S. 552.

[32] ebenda, S. 548.

[33] ebenda, S. 501.

[34] ebenda, S. 513 + 526.

[35] ebenda, S. 561.

[36] Bienert, Michael: »Erinnerungen füllten alle Räume« – Wohnungen und Nachbarn der Familie Kollwitz in der – 25. In Krenzlin, Kathleen: Käthe Kollwitz und Berlin – Eine Spurensuche. Deutscher Kunstverlag, Berlin 2017, S. 89.
Bohnke-Kollwitz, Jutta (Hrsg.): Käthe Kollwitz – Die Tagebücher 1908–1943. btb Verlag, München 2007, S. 541 + 837.

[37] o. V.: Zahlen zur Geldentwertung in Deutschland 1914–1923. Statistisches Reichsamt (1925). Zitiert nach: Sonderhefte zu Wirtschaft und Statistik, 5. Jg., Sonderheft 1, Verlag von Reimar Hobbing, Berlin, S. 34.

[38] Bienert, Michael: »Erinnerungen füllten alle Räume« – Wohnungen und Nachbarn der Familie Kollwitz in der Weißenburg Straße 25. In Krenzlin, Kathleen: Käthe Kollwitz und Berlin – Eine Spurensuche. Deutscher Kunstverlag, Berlin 2017, S. 89.

[39] Kollwitz, Käthe: Brief an Max Lehrs vom 7. Dezember 1922. Aus dem Briefwechsel zwischen Käthe Kollwitz und Max Lehrs · 1898–1929, Abschrift nach den Beständen des Archivs der Staatlichen Kunstsammlungen Dresden, Bestand Nummer 01/KK 09 Bd. 5, Nr. 127–128, S. 137. Unter http://forschung.skd.museum/fileadmin/user_upload/dokumente/Archiv_SKD._Briefwechsel_Kollwitz_-_Lehrs_4.pdf abgerufen am 17. Januar 2021.

[40] Feldman, Gerald D.: Hugo Stinnes: Biographie eines Industriellen. C. H. Beck'sche Verlagsbuchhandlung, München 1998, S. 12.

[41] o. V.: Heinrich Stinnes. Unter https://de.wikipedia.org/wiki/Heinrich_Stinnes abgerufen am 9. Januar 2022.

[42] Lehrs, Max: Brief an Käthe Kollwitz vom 22. Mai 1923. Aus dem Briefwechsel zwischen Käthe Kollwitz und Max Lehrs · 1898–1929, Abschrift nach den Beständen des Archivs der Staatlichen Kunstsammlungen Dresden, Bestand Nummer 01/KK 09 Bd. 5, Nr. 129–130, S. 138. Unter http://forschung.skd.museum/fileadmin/user_upload/dokumente/Archiv_SKD._Briefwechsel_Kollwitz_-_Lehrs_4.pdf abgerufen am 17. Januar 2021.

[43] Lehrs, Max: Brief an das sächsische Kultusministerium vom 30. Mai 1923. Aus dem Briefwechsel zwischen Käthe Kollwitz und Max Lehrs · 1898–1929, Abschrift nach den Beständen des Archivs der Staatlichen Kunstsammlungen Dresden, Bestand Nummer 01/KK 09 Bd. 5, Nr. 132, S. 140. Unter http://forschung.skd.museum/fileadmin/user_upload/dokumente/Archiv_SKD._Briefwechsel_Kollwitz_-_Lehrs_4.pdf abgerufen am 17. Januar 2021.

[44] ebenda.

[45] ebenda.

[46] ebenda.

[47] o. V.: Der von den Franzosen organisierte Geldraub im besetzten Gebiet im Jahre 1923. Bundesarchiv BArch, R2501/6316, Bl. 231–233.

[48] Reinhardt, Simone: Die Reichsbank in der Weimarer Republik: eine Analyse der formalen und faktischen Unabhängigkeit. Peter Lang Verlag, Frankfurt 2000, S. 92.

[49] Norman, Montagu: Brief an Rudolf Havenstein, London, 6. Februar 1922, Bundesarchiv BArch, R2501/6394, Bl. 158–164 (insbesondere 163f). Übersetzung durch die Verfasserin.

[50] Havenstein, Rudolf: Brief an Montagu Norman, Berlin, 28. Dezember 1921, Bundesarchiv BArch, R2501/6394, Bl. 115–125 (insbesondere 123). Übersetzung durch die Verfasserin.

[51] Vocke, Wilhelm: Memoiren. Deutsche Verlags-Anstalt, Stuttgart 1973, S. 78.

[52] Kromphardt, Jürgen: Die größten Ökonomen: John Maynard Keynes – 1883–1946. UTB Verlag, München 2013, S. 21 ff.

[53] www.deutschlandfunk.de: Dohmen, Caspar: Kursiv Klassiker/John Maynard Keynes: Die wirtschaftlichen Folgen des Friedens von Versailles. Abgerufen am 16. März 2022.

[54] Reinhardt, Simone: Die Reichsbank in der Weimarer Republik: eine Analyse der formalen und faktischen Unabhängigkeit. Peter Lang Verlag, Frankfurt 2000, S. 146.

[55] Feldman, Gerald D.: The Great Disorder – Politics, Economics and Society in the German Inflation 1914–1924. Oxford University Press, New York + Oxford 1993, S. 643.

[56] Stinnes, Hugo: Brief an Rudolf Havenstein, 27. April 1923. Archiv für Christlich-Demokratische Politik der Konrad-Adenauer-Stiftung, St. Augustin bei Bonn, Nachlass Hugo Stinnes, ACDP I-220, 039/1.

[57] Schmidt, Robert, SPD: Bericht des 43. Untersuchungsausschusses zur Prüfung der Wirkung der Maßnahmen zur Stützung der Mark. Berlin 1924, Nr. 6591, S. 7925. Unter https://www.reichstagsprotokolle.de/Band2_w1_bsb00000064.html abgerufen am 20. August 2021.

[58] Feldman, Gerald D.: The Great Disorder – Politics, Economics and Society in the German Inflation 1914–1924. Oxford University Press, New York + Oxford 1993, S. 655 ff.

[59] Schmidt, Robert, SPD: Bericht des 43. Untersuchungsausschusses zur Prüfung der Wirkung der Maßnahmen zur Stützung der Mark. Berlin 1924, Aktenstück Nr. 6591, S. 7925. Unter https://www.reichstagsprotokolle.de/Band2_w1_bsb00000064.html abgerufen am 20. August 2021.

Juni 1923 – Letzte Reserven

[1] Jenčík, Joe: Anita Berber – Studie. K. Kieser Verlag, München 2014, S. 16 f.

[2] o. V.: Leo Lania. Unter https://de.wikipedia.org/wiki/Leo_Lania abgerufen am 12. Januar 2022.

[3] Lania, Leo: Today we are Brothers – The Biography of a Generation. Houghton Mifflin Company, Boston 1942, S. 215–225.

[4] Lania, Leo: Der Tanz ins Dunkel – Anita Berber. Adalbert Schultz Verlag, Berlin 1929, S. 170.

[5] ebenda, S. 174 f.

[6] ebenda, S. 178 f.

[7] o. V.: Leo Lania. Unter https://de.wikipedia.org/wiki/ Leo_Lania abgerufen am 12. Januar 2022.

[8] Arenhövel, Alfons: Arena der Leidenschaften – Der Berliner Sportpalast und seine Veranstaltungen 1910–1973. Verlag Willmuth Arenhövel, Berlin 1990, S. 79.

[9] o. V.: List or Manifest of Alien Passengers for the United States – S. S. Reliance: Passengers sailing from Hamburg, May 13th 1924. Sowie: Arriving at Port of New York, May 24th 1924. Unter www.heritage.statueofliberty.org/passenger/Willy_Knobloch abgerufen am 19. Oktober 2021.

[10] Fischer, Lothar: Anita Berber – Ein getanztes Leben. Hendrik Bäßler Verlag, Berlin 2014, S. 35.

[11] o. V.: Blüthner-Saal: Tanzabend Berber-Droste. Berliner Volkszeitung, 16. April 1924.

[12] Gordon, Mel: The Seven Addictions and Five Professions of Anita Berber. Feral House, Los Angeles 2006, S. 139.

[13] ebenda, S. 119ff.

[14] ebenda, S. 139 ff.

[15] Hildenbrand, Fred: ... ich soll dich grüßen von Berlin: 1922–1932. Ehrenwirth Verlag, München 1966, S. 200.

[16] Ebenda.

[17] Berber, Anita, zitiert nach Fischer, Lothar: Anita Berber – Ein getanztes Leben. Hendrik Bäßler Verlag, Berlin 2014, S. 119.

[18] Bohnke-Kollwitz, Jutta (Hrsg.): Käthe Kollwitz – Die Tagebücher 1908–1943. btb Verlag, München 2007, S. 552 f. (Besuch von Theodor Plievier, den Kollwitz unter Auslassung des ersten »e« bei seinem Künstlernamen »Plivier« nennt).

[19] Knesebeck, Alexandra von dem: Werkverzeichnis der Grafik – Käthe Kollwitz. Verlag Kornfeld, Bern 2002, S. 544–547.

[20] Bohnke-Kollwitz, Jutta (Hrsg.): Käthe Kollwitz – Die Tagebücher 1908–1943. btb Verlag, München 2007, S. 553.

21 ebenda, S. 453.
22 o. V.: Zahlen zur Geldentwertung in Deutschland 1914–1923. Statistisches Reichsamt (1925). Zitiert nach: Sonderhefte zu Wirtschaft und Statistik, 5. Jg., Sonderheft 1, Verlag von Reimar Hobbing, Berlin, S. 34.
23 Schendell, Werner: Nachwort in Tucholsky, Kurt: Na und –? Herausgegeben von Mary Gerold-Tucholsky, Rowohlt Verlag, Hamburg 1960, S. 306.
24 Hepp, Michael: Kurt Tucholsky – Biographische Annäherungen. Rowohlt Taschenbuch Verlag, Reinbek 1999, S. 241.
25 Tucholsky, Kurt alias Ignaz Wrobel: »Morgens um acht«, Weltbühne, 28. Juni 1923, Unter http://www.zeno.org/Literatur/M/Tucholsky,+Kurt/Werke/1923/Morgens+um+acht abgerufen am 8. April 2022.
26 Tucholsky, Kurt: Brief an Mary Gerold vom 7. August 1923. Zitiert nach Links, Elfriede und Links, Roland (Hrsg.): Kurt Tucholsky Gesamtausgabe, Band 17: Briefe 1919–1924. Rowohlt Verlag, Reinbek 2006, Brief 268, S. 266, und S. 701 (zweite Anmerkung zu Brief 268).
27 Jacobsohn, Siegfried: Brief an Kurt Tucholsky im Juli 1923, zitiert nach Hepp, Michael: Kurt Tucholsky – Biographische Annäherungen, Rowohlt Taschenbuch Verlag, Reinbek 1999, S. 243.
28 Hepp, Michael: Kurt Tucholsky – Biographische Annäherungen. Rowohlt Taschenbuch Verlag, Reinbek 1999, S. 241.
29 ebenda, S. 552.
30 Feldman, Gerald D.: Hugo Stinnes: Biographie eines Industriellen. C. H. Beck'sche Verlagsbuchhandlung, München 1998, S. 471 ff.
31 Lüken, Sven: Erster Weltkrieg/Kriegsverlauf/Der U-Boot-Krieg. Deutsches Historisches Museum, Berlin, 1. September 2014. Unter https://www.dhm.de/lemo/kapitel/erster-weltkrieg/kriegsverlauf/u-boot-krieg.html abgerufen am 12. Januar 2022.
32 o. V.: Steaua Română Refinery. Unter https://en.wikipedia.org/wiki/Steaua_Rom%C3 %A2n%C4 %83 abgerufen am 30. Juni 2021.
33 Feldman, Gerald D.: Hugo Stinnes: Biographie eines Industriellen. C. H. Beck'sche Verlagsbuchhandlung, München 1998, S. 452.
34 Tenfelde, Klaus: Ein Welt-Kriegs-Konzern. In Gall, Lothar: (Hrsg.): Krupp im 20. Jahrhundert. Siedler Verlag, Berlin 2002, S. 32–55.
35 Ufermann, Paul + Hüglin, Carl: Stinnes und seine Konzerne. Verlag für Sozialwissenschaft, Berlin 1924, S. 64 ff.
36 Winter, Michael: Stinnes-Söderström, Clärenore. Neue Deutsche Biographie 25, München 2013, S. 357–358. Unter https://www.deutsche-biographie.de/pnd12335868X.html#ndbcontent abgerufen am 1. August 2021.
37 o. V.: »Stinnes's Own Workday Is 18 Hours – Business His Recreation – Daughter Drives His Automobile and Acts as One of His Secretaries«, New York Evening Post, 11. Oktober 1923.
38 Feldman, Gerald D.: Hugo Stinnes: Biographie eines Industriellen. C. H. Beck'sche Verlagsbuchhandlung, München 1998, S. 660.
39 ebenda, S. 689 ff.
40 Stinnes, Edmund H.: Ein Genie in chaotischer Zeit: Edmund H. Stinnes über seinen Vater Hugo Stinnes (1870–1924). Ein Gespräch zwischen Edmund H. Stinnes und dem Zeit-Journalisten Andreas Kohlschütter. Ofdag, Ascona 1979, S. 53 f.
41 Stinnes, Hugo: Brief an Georg von Simson vom 27. Juli 1921, Archiv für Christlich-Demokratische Politik der Konrad-Adenauer-Stiftung, St. Augustin bei Bonn, Nachlass Hugo Stinnes, ACDP I-220, 122/5.
42 Feldman, Gerald D.: Hugo Stinnes: Biographie eines Industriellen. C. H. Beck'sche Verlagsbuchhandlung, München 1998, S. 660.
43 o. V.: AVUS. Unter https://de.wikipedia.org/wiki/ AVUS abgerufen am 5. August 2021.

[44] o.V.: Bericht betreffend Ausbau der Riebeck'schen Montanwerke AG, Halle an der Saale vom Mai 1923, Archiv für Christlich-Demokratische Politik der Konrad-Adenauer-Stiftung, St. Augustin bei Bonn, Nachlass Hugo Stinnes, ACDP I-220, 118–7.
o. V.: A. Riebeck'sche Montanwerke. Unter https://de.wikipedia.org/wiki/A._Riebeck'sche_Montanwerke abgerufen am 19. September 2020.

[45] Feldman, Gerald D.: Hugo Stinnes: Biographie eines Industriellen. C. H. Beck'sche Verlagsbuchhandlung, München 1998, S. 840.

Juli 1923 – Vertrauensverlust

[1] o. V.: Hollywood Sign. Unter https://de.wikipedia.org/wiki/Hollywood_Sign abgerufen am 26. November 2021.

[2] o. V.: Hollywood. Unter https://de.wikipedia.org/wiki/Hollywood abgerufen am 26. November 2021.

[3] Fischer, Lothar: Anita Berber – Ein getanztes Leben. Hendrik Bäßler Verlag, Berlin 2014, S. 76 f.

[4] o. V.: Das keusche Eger. Berliner Volkszeitung, 12. Juli 1923.

[5] Ortner, Eugen: Ein Abend mit Anita Berber. In: Der Drache – eine ungemütliche sächsische Wochenschrift, Jahrgang V, Heft 1, März 1924.

[6] o. V.: Das keusche Eger. Berliner Volkszeitung, 12. Juli 1923.

[7] o. V.: Zahlen zur Geldentwertung in Deutschland 1914–1923. Statistisches Reichsamt (1925). Zitiert nach: Sonderhefte zu Wirtschaft und Statistik, 5. Jg., Sonderheft 1, Verlag von Reimar Hobbing, Berlin, S. 34.

[8] Fawcett, L' Estrange: Die Welt des Films. Amalthea Verlag, Wien 1928, S. 35.

[9] o. V.: Dr. Mabuse. Unter https://de.wikipedia.org/wiki/Dr._Mabuse abgerufen am 21. November 2021.

[10] o. V.: Die Nibelungen (1924). Unter https://de.wikipedia.org/wiki/Die_Nibelungen_(1924) abgerufen am 21. November 2021.

[11] Fischer, Lothar: Anita Berber – Ein getanztes Leben. Hendrik Bäßler Verlag, Berlin 2014, S. 89 + 131.

[12] Dorten, Dr. Jean Adam: Die rheinische Tragödie. W. Münch Verlag, Bad Kreuznach 1979, S. 85 ff.

[13] Bischof, Erwin: Rheinischer Separatismus 1918–1924 – Hans Adam Dortens Rheinstaatsbestrebungen. Verlag Herbert Lang, Bern 1969, S. 102, Fußnote 264.

[14] ebenda, S. 118.

[15] ebenda, S. 120.

[16] o. V.: Josef Friedrich Matthes. Unter https://de.wikipedia.org/wiki/Josef_Friedrich_Matthes abgerufen am 29. Dezember 2021.
Achtung: Wikipedia schreibt den Vornamen »Josef«, da aber die meisten anderen Quellen den Vornamen mit »Joseph« angeben, verwendet die Verfasserin die letztere Schreibweise.

[17] ebenda.

[18] Bischof, Erwin: Rheinischer Separatismus 1918–1924 – Hans Adam Dortens Rheinstaatsbestrebungen. Verlag Herbert Lang, Bern 1969, S. 120.

[19] o. V.: Smeets, Josef. Biografien, Bundesarchiv. Unter https://www.bundesarchiv.de/aktenreichskanzlei/1919–1933/0000/adr/adrsz/kap1_1/para2_372.html. abgerufen am 13. Januar 2022.

[20] Kentenich, Gottfried: Trier und das Trierer Land in der Besatzungszeit 1919–1930: 12 Jahre unter der Geißel der Fremdherrschaft. Volksfreund Verlag, Trier 1930, S. 85 f.

[21] Dorten, Hans Adam: o. T., Der Rheinländer, 5. August 1923, zitiert nach Bischof, Erwin: Separatismus 1918–1924 – Hans Adam Dortens Rheinstaatsbestrebungen. Verlag Herbert Lang, Bern 1969, S. 121 f.

[22] ebenda, S. 121.
[23] Gräber, Gerhard: Rheinisch-republikanische Volkspartei, Historisches Lexikon Bayerns, 9. Oktober 2006. Unter https://www.historisches-lexikon-bayerns.de/Lexikon/Rheinisch-republikanische_Volkspartei_(RRVP) abgerufen am 10. April 2021.
[24] Dorten, Dr. Jean Adam: Die rheinische Tragödie. W. Münch Verlag, Bad Kreuznach 1979, S. 63 + 99.
[25] Bohnke-Kollwitz, Jutta (Hrsg.): Käthe Kollwitz – Die Tagebücher 1908–1943. btb Verlag, München 2007, S. 552 f.
[26] ebenda, S. 873.
[27] ebenda, S. 553.
[28] ebenda, S. 554.
[29] ebenda.
[30] Knesebeck, Alexandra von dem: Käthe Kollwitz. Wienand Verlag, Köln 2016, S. 40 ff + 57.
[31] ebenda, S. 59 f.
[32] Haider, Christian: Tanzende Sünde – Anita Berber 1922/23 in Wien. Diplomarbeit, eingereicht an der Universität Wien, Wien 2013, S. 16, Fußnote 54.
[33] Heller, Hugo, Brief an Käthe Kollwitz im Jahr 1909, zitiert nach Knesebeck, Alexandra von dem: Käthe Kollwitz. Wienand Verlag, Köln 2016, S. 59.
[34] Kollwitz, Karl, Gedicht 1909, zitiert nach Bohnke-Kollwitz, Jutta (Hrsg.): Käthe Kollwitz – Die Tagebücher 1908–1943. btb Verlag, München 2007, S. 834 f.
[35] Bohnke-Kollwitz, Jutta (Hrsg.): Käthe Kollwitz – Die Tagebücher 1908–1943. btb Verlag, München 2007, S. 555.
[36] ebenda, S. 554.
[37] ebenda, S. 557.
[38] McMeekin, Sean: The Red Millionaire – A Political Biography of Willi Münzenberg, Moscow's Secret Propaganda Tsar in the West. Yale University Press, New Haven 2003, S. 150 (Übersetzung durch die Verfasserin).
[39] Gross, Babette: Willi Münzenberg – Eine politische Biografie. In: Schriftenreihe der Vierteljahreshefte für Zeitgeschichte, Oldenburg Wissenschaftsverlag 1967, S. 134 ff. Unter https://www.degruyter.com/document/doi/10.1524/9783486703689/html abgerufen am 16. April 2021.
[40] McMeekin, Sean: The Red Millionaire – A Political Biography of Willi Münzenberg, Moscow's Secret Propaganda Tsar in the West. Yale University Press, New Haven 2003, S. 164.
[41] ebenda, S. 149.
[42] Zekri, Sonja: Der erste Pflegefall der Weltrevolution. Süddeutsche Zeitung, 1. Mai 2010.
[43] Feldman, Gerald D.: The Great Disorder – Politics, Economics and Society in the German Inflation 1914–1924. Oxford University Press, New York + Oxford 1993, S. 676.
[44] ebenda, S. 681.
[45] ebenda, S. 676.
[46] o. V.: Die Bedeutung der Reichsexekution in der Weimarer Reichsverfassung und ihre Anwendung 1923 in Sachsen und Thüringen. Wissenschaftlicher Dienst des Bundestags, Berlin 2006, S. 4 ff.
[47] o. V.: Proletarische Hundertschaften. Unter https://de.wikipedia.org/wiki/Proletarische_Hundertschaften abgerufen am 14. Januar 2022.
[48] Feldman, Gerald D.: The Great Disorder – Politics, Economics and Society in the German Inflation 1914–1924. Oxford University Press, New York + Oxford 1993, S. 673.
[49] o. V.: Was war am 29. Mai 1923. Unter https://chroniknet.de /extra/was-war-am/ereignisdatum abgerufen am 14. August 2021.
[50] Feldman, Gerald D.: The Great Disorder – Politics, Economics and Society in the German Inflation 1914–1924. Oxford University Press, New York + Oxford 1993, S. 687.
[51] ebenda, S. 685 ff.

[52] Habedank, Heinz: Die Reichsbank in der Weimarer Republik. Akademie-Verlag der DDR, Berlin 1981, S. 84 ff.

[53] Wagner, E. (Hrsg.): Wechselkurs zum Dollar. Aus: Historisches Album 1914/1923 – Deutsche Zahlungsmittel. Buchhandlung E. Wagner, Mühlhausen (Thüringen) 1924. Unter https://www.moneypedia.de/index.php/Wechselkurs_zum_Dollar abgerufen am 19. November 2021.

[54] von Glasenapp, Otto: Das Reichsbankdirektorium an den Reichskanzler, 28. Juli 1923, Bundesarchiv, R 43 I/2446, Bl. 62 f. Unter https://www.bundesarchiv/cun/kap1_2/para2_230 abgerufen am 14. Januar 2022.

August 1923 – Hunger

[1] o. V., o. T.: Rheinische Zeitung, 3. August 1923, zitiert nach Eglau, Hans Otto: Mehr Schein als Sein/Als die Mark Kapriolen schlug – Notgeld 1914–1923. Dodos Verlag, Düsseldorf 1997, S. 95.

[2] o. V.: Baubericht ab Dezember 1921, verfasst am 20. September 1923. Historisches Archiv der Stadt Köln, Bestand 902/184/3,1 Bl. 303 ff.

[3] o. V.: Die Königsberger Deutsche Messe. Kölner Stadtanzeiger, 22. August 1923.

[4] ebenda.

[5] Frielingsdorf, Volker: Konrad Adenauers Wirtschaftspolitik als Kölner Oberbürgermeister (1917–1933). Basel 2002, S. 135.

[6] o. V.: Die Kölner Messebauten. Rheinische Volkswacht, 28. August 192.

[7] ebenda.

[8] Frielingsdorf, Volker: Konrad Adenauers Wirtschaftspolitik als Kölner Oberbürgermeister (1917–1933). Basel 2002, S. 55 f. + 76.

[9] Feldman, Gerald D.: Hugo Stinnes: Biographie eines Industriellen. C. H. Beck'sche Verlagsbuchhandlung, München 1998, S. 830.

[10] Stosch-Sarrasani, Hans: Durch die Welt im Zirkuszelt. Schützen Verlag, Berlin 1940, S. 192 f.

[11] ebenda, S. 180–184.

[12] Schönberg, Adolph Theodor: Brief an Hugo Stinnes Jr. vom 9. Dezember 1923, Archiv für Christlich-Demokratische Politik der Konrad-Adenauer-Stiftung, St. Augustin bei Bonn, Nachlass Hugo Stinnes, ACDP I-220, 287/4.

[13] Spethmann, Hans: Zwölf Jahre Ruhrbergbau, Band 4 – Der Ruhrkampf 1923–1925. Das Ringen um die Kohle. Verlag Reimar Hobbing, Berlin 1930, S. 191f. + 196.

[14] Mann, Heinrich: Rede zur Feier der Verfassung, gehalten in der Dresdener Staatsoper am 11. August 1923. Zitiert nach Wende, Peter (Hrsg.): Politische Reden III 1914–1945, Deutscher Klassiker Verlag, Frankfurt am Main 1994, S. 391–400. Unter http://ghdi.ghi-dc.org/pdf/deu/POL_HMannRede_GER.pdf abgerufen am 16. September 2021.

[15] Humann, Hans: Besprechung mit Hugo Stinnes am 7. August 1923, Archiv für Christlich-Demokratische Politik der Konrad-Adenauer-Stiftung, St. Augustin bei Bonn, Nachlass Hugo Stinnes, ACDP, I-220, 39/1.

[16] Tucholsky, Kurt: Brief an Mary Gerold vom 5. August 1923. Zitiert nach Links, Elfriede und Links, Roland (Hrsg.): Kurt Tucholsky Gesamtausgabe, Band 17: Briefe 1919–1924. Rowohlt Verlag, Reinbek 2006, B 266, S. 265 und Anmerkung zu B 266, S. 699.

[17] ebenda, S. 264, B 266.

[18] Tucholsky, Kurt: Brief an Mary Gerold vom 6. August 1923. Zitiert nach Links, Elfriede und Links, Roland (Hrsg.): ebenda, B 267, S. 266.

[19] Tucholsky, Kurt: Brief an Mary Gerold vom 7. August 1923. Zitiert nach Links, Elfriede und Links, Roland (Hrsg.): ebenda, B 268, S. 266.

[20] Tucholsky, Kurt: Brief an Mary Gerold vom 9. August 1923. Zitiert nach Links, Elfriede und Links, Roland (Hrsg.): ebenda, B 270, S. 268 f.

21 Tucholsky, Kurt: Brief an Mary Gerold vom 7. August 1923. Zitiert nach Links, Elfriede und Links, Roland (Hrsg.): ebenda, B 268, S. 266.
22 Tucholsky, Kurt: Brief an Mary Gerold vom 9. August 1923. Zitiert nach Links, Elfriede und Links, Roland (Hrsg.): ebenda, B 270, S. 268 ff.
23 Tucholsky, Kurt: Brief an Mary Gerold vom 10. August 1923. Zitiert nach Links, Elfriede und Links, Roland (Hrsg.): ebenda, B 271, S. 270 f.
24 Tucholsky, Kurt: Antwort. Weltbühne, 30. August 1923. Zitiert nach: Burrows, Stephanie J.; Enzmann-Kraiker, Gisela (Hrsg.): Gesamtausgabe, Band 6, Texte 1923–1924. Rowohlt Verlag, Hamburg 2000, S. 92.
25 o. V.: Historisches Wetter am 10. August 1923. Unter https://chroniknet.de /extra/historisches-wetter abgerufen am 17. September 2021.
26 Fergusson, Adam: Das Ende des Geldes. Finanzbuch Verlag, München 2011, S. 243 f.
27 Hamm, Eduard (Protokollant): Ministerrat beim Reichspräsidenten 10. August 1923 (Politische Lage). R 43 I/ 1386, Bl. 281–283. Unter https://www.bundesarchiv.de/aktenreichskanzlei/1919–1933/1a11/cun/cun1p/kap1_2_244/para3_1.html abgerufen am 7. September 2021.
28 Laut Auskunft der Pressestelle der Bundesdruckerei vom 31. August 2021 beschäftigte der Vorgängerbetrieb, die Reichsdruckerei, im Juli 1914 vor dem Kriegseintritt des Deutschen Reiches 2.989 Arbeitskräfte, darunter 135 Beamte, 399 Angestellte und 2.455 Wochenlöhner. Bis zum November 1923 hat sich die Zahl der Mitarbeiter gut verdreifacht: auf 9.533 (239 Beamte, 1.135 Angestellte, 8.159 Arbeiter).
29 Schacht, Hjalmar: Die Stabilisierung der Mark. Deutsche Verlags-Anstalt, Stuttgart 1927, S. 75 f.
30 Auskunft der Pressestelle der Bundesdruckerei vom 31. August 2021.
31 Stockhausen, Max von (Protokollant): Zustände in der Reichsdruckerei, besprochen in der Kabinettssitzung vom 16. Februar 1923 (außerhalb der Tagesordnung). Bundesarchiv R 43 I/1382 Blatt 319 f. Unter https://www.bundesarchiv.de/aktenreichskanzlei/1919-1933/11a/cun/cun1p/kap1_2/kap2_76/para3_1.html abgerufen am 10. September 2021.
32 o. V.: Ein Tag ohne Geld. Vossische Zeitung, Berlin, 11. August 1923.
33 Vocke, Wilhelm: Memoiren. Deutsche Verlags-Anstalt, Stuttgart 1973, S. 78.
34 Feldman, Gerald D.: The Great Disorder – Politics, Economics and Society in the German Inflation 1914–1924. Oxford University Press, New York + Oxford 1993, S. 679 ff.
35 Havenstein, Rudolf: Das Reichsbank-Direktorium an den Reichsfinanzminister vom 18. August 1923, Bundesarchiv BArch, R 43 I /666 Bl. 17–23, Fußnote 5. Unter https://www.bundesarchiv.de/aktenreichskanzlei/1919–1933/0000/str/str1p/kap1_2/para2_12.html abgerufen am 5. April 2022.
36 o. V.: Zitiert nach https://de.wikipedia.org/wiki/Cuno_Streiks, abgerufen am 9. September 2021.
37 Feldman, Gerald D.: The Great Disorder – Politics, Economics and Society in the German Inflation 1914–1924. Oxford University Press, New York + Oxford 1993, S. 694.
38 Reinhardt, Simone: Die Reichsbank in der Weimarer Republik: eine Analyse der formalen und faktischen Unabhängigkeit. Peter Lang Verlag, Frankfurt 2000, S. 147.
39 o. V.: Zahlen zur Geldentwertung in Deutschland 1914–1923. Statistisches Reichsamt (1925). Zitiert nach: Sonderhefte zu Wirtschaft und Statistik, 5. Jg., Sonderheft 1, Verlag von Reimar Hobbing, Berlin, S. 34.
40 Reinhardt, Simone: Die Reichsbank in der Weimarer Republik: eine Analyse der formalen und faktischen Unabhängigkeit. Peter Lang Verlag, Frankfurt 2000, S. 147.
41 Feldman, Gerald D.: The Great Disorder – Politics, Economics and Society in the German Inflation 1914–1924. Oxford University Press, New York + Oxford 1993, S. 694.
42 o. V.: Denkschrift zur wirtschaftlichen Lage, 27. Juli 1923. Bundesarchiv BArch, R 43 I /1134 Bl. 124–132. Unter https://www.bundesarchiv.de/aktenreichskanzlei/1919–1933/0000/cun/cun1p/kap1_2/para2_229.html abgerufen am 27. August 2021.

[43] ebenda.
[44] ebenda.
[45] Dorten, Dr. Jean Adam: Die rheinische Tragödie. W. Münch Verlag, Bad Kreuznach 1979, S. 171.
[46] Bischof, Erwin: Rheinischer Separatismus 1918–1924 – Hans Adam Dortens Rheinstaatsbestrebungen. Verlag Herbert Lang, Bern 1969, S. 122.
[47] o. V.: Free Rhinelanders Attacked By Mob, New York Times, 27. August 1923.
[48] o. V.: Rheinland Separatist Appeal to Occupation Authorities, New York Times, 28. August 1923.
o. V.: Factional Clash at Munchen-Gladbach, Lewiston Evening Journal, 28. August 1923.
[49] Bohnke-Kollwitz, Jutta (Hrsg.): Käthe Kollwitz – Die Tagebücher 1908–1943. btb Verlag, München 2007, S. 560.
[50] ebenda.
[51] Thoß, Bruno: Brigade Ehrhardt, 1919/20. Historisches Lexikon Bayerns, 27. Juli.2006. Unter https://www.historisches-lexikon-bayerns.de/Lexikon/Brigade_Ehrhardt,_1919/20 abgerufen am 28. Mai 2021.
[52] o. V.: Adolf Hitler. Unter https://de.wikipedia.org/wiki/Adolf_Hitler abgerufen am 20. Januar 2022.
[53] Hoser, Paul: Sturmabteilung (SA). Historisches Lexikon Bayerns, 14. November 2007. Unter http://www.historisches-lexikon-bayerns.de/Lexikon/Sturmabteilung_(SA),_1921–1923/1925–1945 abgerufen am 28. Mai 2021.
[54] o. V.: Benito Mussolini. Unter https://de.wikipedia.org/wiki/Benito_Musollini abgerufen am 20. Januar 2022.
[55] o. V.: Marsch auf Rom. Unter https://de.wikipedia.org/wiki/Marsch_auf_Rom abgerufen am 20. Januar 2022.
[56] o. V.: Faschismus. Unter https://de.wikipedia.org/wiki/Faschismus abgerufen am 20. Januar 2022.
[57] o. V.: Die Bedeutung der Reichsexekution in der Weimarer Reichsverfassung und ihre Anwendung 1923 in Sachsen und Thüringen. Wissenschaftlicher Dienst des Bundestags, Berlin 2006, S. 4 ff.
[58] Albrecht, Joachim: Deutscher Tag, Coburg, 14./15. Oktober 1922. Historisches Lexikon Bayerns, 11. Mai 2006. Unter https://www.historisches-lexikon-bayerns.de/Lexikon/Deutscher_Tag,_Coburg,_14./15._Oktober_1922 abgerufen am 28. Mai 2021.
[59] o. V.: Die Bedeutung der Reichsexekution in der Weimarer Reichsverfassung und ihre Anwendung 1923 in Sachsen und Thüringen, WF XI G – 055/06, Wissenschaftlicher Dienst des Bundestags, 2006, S. 6.
[60] o. V.: Schützinger, Hermann. Biografien, Bundesarchiv. Unter https://www.bundesarchiv.de/aktenreichskanzlei/1919–1933/1000/adr/adrsz/kap1_1/para2_262.html abgerufen am 28. Mai 2021.
[61] Bayerlein, Bernhard et al. (Hrsg.): Der Deutsche Oktober. Aufbau Verlag, Berlin 2003, S. 100.
[62] McMeekin, Sean: The Red Millionaire – A Political Biography of Willi Münzenberg, Moscow's Secret Propaganda Tsar in the West. Yale University Press, New Haven 2003, S. 146.
[63] Bayerlein, Bernhard et al. (Hrsg.): Der Deutsche Oktober. Aufbau Verlag, Berlin 2003, S. 120.
[64] ebenda, S. 121.
[65] ebenda, S. 131.

September 1923 – Männerfreundschaften

[1] Escher, Felix: Simon, Hugo. In: Neue Deutsche Biographie 24. München 2010, S. 435–436. Unter https://www.deutsche-biographie.de/pnd129962317.html#ndbcontent abgerufen am 24. Dezember 2021.

[2] Links, Elfriede und Links, Roland (Hrsg.): Kurt Tucholsky Gesamtausgabe, Band 17: Briefe 1919–1924. Rowohlt Verlag, Reinbek 2006, Anmerkung zum Brief an Dagobert Simon vom 1. September 1923 (B 279), S. 712.

[3] Escher, Felix: Simon, Dagobert. In: Neue Deutsche Biographie 24. München 2010, S. 435–436 Stichwort Simon, Hugo. Unter https://www.deutsche-biographie.de/pnd129962317.html#ndbcontent abgerufen am 24. Dezember 2021.

[4] Tucholsky, Kurt: Brief an Dagobert Simon vom 1. September 1923. Zitiert nach Links, Elfriede und Links, Roland (Hrsg.): Kurt Tucholsky Gesamtausgabe, Band 17: Briefe 1919–1924. Rowohlt Verlag, Reinbek 2006, B 279, S. 281 f.

[5] Links, Elfriede und Links, Roland (Hrsg.): Anmerkungen zum Brief vom 7. August 1923. Kurt Tucholsky Gesamtausgabe, Band 17: Briefe 1919–1924. Rowohlt Verlag, Reinbek 2006, Anmerkung zu B 268, Zeile 10, S. 700.

[6] Ludewig, Anna-Dorothea und Cardoso, Rafael: Die Räume des Hugo Simon. Unter https://www.diegeschichteberlins.de/geschichteberlins/persoenlichkeiten/persoenlichkeitenot/911-die-raeume-des-hugo-simon.html abgerufen am 25. Dezember 2021.

[7] Tucholsky, Kurt: Brief an Gussy Holl und Emil Jannings vom 8. Oktober 1923. Zitiert nach Links, Elfriede und Links, Roland (Hrsg.): Kurt Tucholsky Gesamtausgabe, Band 17: Briefe 1919–1924. Rowohlt Verlag, Reinbek 2006, B 286, S. 287.

[8] Tucholsky, Kurt alias Theobald Tiger: An einen Bonzen. Weltbühne, 6. September 1923. Zitiert nach: Burrows, Stephanie J.; Enzmann-Kraiker, Gisela (Hrsg.): Gesamtausgabe, Band 6, Texte 1923–1924. Rowohlt Verlag, Hamburg 2000, S. 93.

[9] Kollwitz, Käthe: Brief an den Sohn Hans (30. (?) September 1923). Zitiert nach Kollwitz-Bohnke, Jutta (Hrsg.): Briefe an den Sohn 1904–1945. Siedler Verlag, München 1992, S. 187 (Entstehungsmonat wurde von der Herausgeberin ergänzt, beim genauen Entstehungstag war diese sich offenbar unsicher).

[10] o. V.: Zahlen zur Geldentwertung in Deutschland 1914–1923. Statistisches Reichsamt (1925). Zitiert nach: Sonderhefte zu Wirtschaft und Statistik, 5. Jg., Sonderheft 1, Verlag von Reimar Hobbing, Berlin, S. 34.

[11] Kollwitz, Käthe: Brief an den Sohn Hans (30. (?) September 1923). Zitiert nach Kollwitz-Bohnke, Jutta (Hrsg.): Briefe an den Sohn 1904–1945. Siedler Verlag, München 1992, S. 187. (Datum wurde von der Herausgeberin ergänzt, beim genauen Entstehungstag war sie sich offenbar unsicher.)

[12] o. V.: Großes Kantō-Erdbeben 1923. Unter https://de.wikipedia.org/wiki/Großes_Kanto_Erdbeben_1923 abgerufen am 21. Januar 2022.

[13] Gross, Babette: Willi Münzenberg – Eine politische Biografie. In: Schriftenreihe der Vierteljahreshefte für Zeitgeschichte, Oldenburg Wissenschaftsverlag 1967, S. 154. Unter https://www.degruyter.com/document/doi/10.1524/9783486703689/html abgerufen am 16. April 2021.

[14] McMeekin, Sean: The Red Millionaire – A Political Biography of Willi Münzenberg, Moscow's Secret Propaganda Tsar in the West. Yale University Press, New Haven 2003, S. 157.

[15] Bayerlein, Bernhard et al. (Hrsg.): Der Deutsche Oktober. Aufbau Verlag, Berlin 2003, S. 140.

[16] o. V.: »Angehörige der Heilsarmee verteilen Milch an Kinder einer Berliner Volksschule in der Niederwallstraße«, Bildunterzeile zu einem Foto, aufgenommen in Berlin, 1920. Unter https://timelineimages.sueddeutsche.de/heilsarmee-verteilt-milch-an-berliner-schulkinder-1920_00240776 abgerufen am 17. September 2021.

[17] o. V.: »Suppenküche der Heilsarmee in Berlin«. Bildunterzeile zu einem Foto, aufgenommen vor dem Hotel Bavaria, Unter den Linden, Berlin, im September 1923. Unter https://timelineimages.sueddeutsche.de/suppenkueche-der-heilsarmee-in-berlin-september-1923 abgerufen am 17. September 2021.

18 Havenstein, Rudolf: Das Reichsbank-Direktorium an den Reichsfinanzminister vom 18. August 1923, Bundesarchiv BArch, R 43 I /666 Bl. 17–23, Fußnote 5. Unter https://www.bundesarchiv.de/aktenreichskanzlei/1919–1933/0000/str/str1p/kap1_2/para2_12.html abgerufen am 5. April 2022.

19 o. V.: Brief des Reichsbankdirektoriums an den Reichsfinanzminister vom 23. August 1923. Zitiert nach Havenstein, Rudolf: Das Reichsbank-Direktorium an den Reichsfinanzminister vom 18. August 1923, Bundesarchiv BArch, R 43 I /666 Bl. 17–23, Fussnote 5. Unter https://www.bundesarchiv.de/aktenreichskanzlei/1919–1933/0000/str/str1p/kap1_2/para2_12.html abgerufen am 5. April 2022.

20 Reinhardt, Simone: Die Reichsbank in der Weimarer Republik: eine Analyse der formalen und faktischen Unabhängigkeit. Peter Lang Verlag, Frankfurt 2000, S. 150.

21 ebenda, S. 159.

22 o. V.: Besprechung über die Währungssanierung, 18. August 1923, BArch, R 13 I/278 Bl. 204–207, Fußnote 16. Unter https://www.bundesarchiv.de/aktenreichskanzlei/1919–1933/0000/str/str1p/kap1_2/para2_9.html abgerufen am 5. April 2022.

23 Roeper, Hans: Das Wunder der Rentenmark – Zum hundertsten Geburtstag von Karl Helfferich. Frankfurter Allgemeine Zeitung, 22. Juli 1972.

24 o. V.: Besprechung über die Währungssanierung, 18. August 1923. Bundesarchiv BArch, R 13 I/278 Bl. 204–207, Fußnote 16. Unter https://www.bundesarchiv.de/aktenreichs kanzlei/1919–1933/0000/str/str1p/kap1_2/para2_9.html abgerufen am 5. April 2022.

25 Feldman, Gerald D.: The Great Disorder – Politics, Economics and Society in the German Inflation 1914–1924. Oxford University Press, New York + Oxford 1993, S. 720 ff.

26 Beusch, Paul: Währungszerfall und Währungsstabilisierung. Julius Springer Verlag, Berlin 1928, S. 141–147.

27 ebenda, S. 142.

28 ebenda, S. 127–130 und S. 145.

29 Feldman, Gerald D.: The Great Disorder – Politics, Economics and Society in the German Inflation 1914–1924. Oxford University Press, New York + Oxford 1993, S. 730.

30 Feldman, Gerald D.: Hugo Stinnes: Biographie eines Industriellen. C. H. Beck'sche Verlagsbuchhandlung, München 1998, S. 885.

31 o. V.: Gustav von Kahr. Unter https://de.wikipedia.org/wiki/Gustav_von_Kahr abgerufen am 22. Januar 2022.

32 Kolb, Eberhard: Gustav Stresemann. C. H. Beck'sche Verlagsbuchhandlung, München 2003, S. 83 ff.

33 Schnorrenberger Angelika: Der Düsseldorfer »Blutsonntag«, 30. September 1923. In: Krumeich, Gerd, Schröder, Joachim (Hrsg.): Die Schatten des Weltkriegs – Die Ruhrbesetzung 1923. Klartext Verlag, Essen 2004, S. 291.

34 Grützner, Walther (Regierungspräsident) an Conrad Emil Köttgen (Oberbürgermeister), Düsseldorf, 27. September 1923. Zitiert nach: Schnorrenberger Angelika: Der Düsseldorfer »Blutsonntag«, 30. September 1923. In: Krumeich, Gerd, Schröder, Joachim (Hrsg.): Die Schatten des Weltkriegs – Die Ruhrbesetzung 1923. Klartext Verlag, Essen 2004, S. 296.

35 Dorten, Hans Adam: Brief an Charles Mangin vom 1. Oktober 1923, zitiert nach Bischof, Erwin: Rheinischer Separatismus 1918–1924 – Hans Adam Dortens Rheinstaatsbestrebungen, Verlag Herbert Lang, Bern 1969, S. 123 (Übersetzung durch die Verfasserin).

36 Schnorrenberger Angelika: Der Düsseldorfer »Blutsonntag«, 30. September 1923. In: Krumeich, Gerd, Schröder, Joachim (Hrsg.): Die Schatten des Weltkriegs – Die Ruhrbesetzung 1923. Klartext Verlag, Essen 2004, S. 299.

37 ebenda, S. 301 f.

38 o.V.: Aussage eines anonymen Gefängnisbeamten zur Haft des Unternehmers Gustav Krupp von Bohlen und Halbach, 1931, Landesarchiv Nordrhein-Westfalen, Abteilung Rheinland, RW 0007, Nr. 23, S. 2.

[39] Wisotzky, Klaus: Der »blutige Karsamstag« 1923 bei Krupp. In: Krumeich, Gerd, Schröder, Joachim (Hrsg.): Die Schatten des Weltkriegs – Die Ruhrbesetzung 1923. Klartext Verlag, Essen 2004, S. 265–287.

[40] Heinersdorf, Konstantin: Aufzeichnung über seine Tätigkeit als Vorsitzender der Gefangenenfürsorge für die deutschen politischen Gefangenen in Düsseldorf während der Zeit des Ruhrkonflikts, September 1925. Landesarchiv Nordrhein-Westfalen, Abteilung Rheinland, RW 0007, Nr. 3, S. 17.

[41] o. V.: Aufzeichnungen über den Stand der Verhandlungen mit der Firma Krupp mit den Franzosen, 29. Oktober 1923. Die Zeit, 27. Oktober 1923. In: Bundesarchiv BArch R43 I/453, Bl 153–155, Fußnote 4. Unter https://www.bundesarchiv.de/aktenreichskanzlei/1919–1933/0a1/str/str2p/Datei/rtf-str2p-0000005000_rtf/DokumenteNr197AufzeichnungberdenStanddderVerhandlungenderFirmaKruppmitdenFranzosen29Oktober1923.rtf. abgerufen am 26. Juni 2021.

Oktober 1923 – Radikalisierung und Revolution

[1] o. V.: Besprechung mit Vertretern der besetzten Gebiete im Kreishaus in Hagen vom 25. Oktober 1923. Bundesarchiv BArch, R 43 I/216, Bla. 37–176, Fußnote 71. Unter https://www.bundesarchiv.de/aktenreichskanzlei/1919–1933/0000/str/str2p/kap1_1/para2_65.html abgerufen am 5. April 2022.

[2] o. V.: o. D.: Abbruch des passiven Widerstandes und Micum-Verträge. Bundesarchiv, die Kabinette Stresemann I und II, Band 1. Unter https://www.bundesarchiv.de/aktenreichskanzlei/1919–1933/0000/str/str1p/kap1_1/para2_6.html abgerufen am 5. April 2022.

[3] Kolb, Eberhard: Gustav Stresemann. C. H. Beck'sche Verlagsbuchhandlung, München 2003, S. 83 ff.

[4] o. V.: Stahlhof. Unter https://de.wikipedia.org/wiki/Stahlhof abgerufen am 23. Januar 2022.

[5] Besprechung der Sechserkommission mit General Degoutte in Düsseldorf vom 5. Oktober 1923, 17 Uhr. Bundesarchiv: Akten der Reichskanzlei, Kabinette Stresemann I+II, Band 1, Dokument Nr. 111. Unter https://www.bundesarchiv.de/str/str-D263-P6 abgerufen am 2. Oktober 2021.

[6] Feldman, Gerald D.: Hugo Stinnes: Biographie eines Industriellen. C. H. Beck'sche Verlagsbuchhandlung, München 1998, S. 895 f.

[7] o. V.: Alanson B. Houghton. Unter https://de.wikipedia.org/wiki/ Alanson_B._Houghton abgerufen am 31. September 2021.

[8] Feldman, Gerald D.: Hugo Stinnes: Biographie eines Industriellen. C. H. Beck'sche Verlagsbuchhandlung, München 1998, S. 888.

[9] Zelnhefer, Siegfried: Deutscher Tag, Nürnberg, 1./2. September 1923. Historisches Lexikon Bayerns, 28. August 2006. Unter www.historisches-lexikon-bayerns.de abgerufen am 30. September 2021.

[10] Stinnes-Söderstöm, Clärenore, Die Lebensgeschichte eines kleinen Mädchens. Archiv für Christlich-Demokratische Politik der Konrad-Adenauer-Stiftung, St. Augustin bei Bonn, Nachlass Hugo Stinnes, ACDP I-220, 313/1, S. 108.

[11] Winkler, Heinrich August: Der lange Weg nach Westen – Deutsche Geschichte 1806 bis 1933. C. H. Beck' sche Verlagsbuchhandlung, München 2000, S. 439.

[12] Feldman, Gerald D.: Hugo Stinnes: Biographie eines Industriellen. C. H. Beck'sche Verlagsbuchhandlung, München 1998, S. 889 f.

[13] Schmidt, Robert, SPD: Bericht des 43. Untersuchungsausschusses zur Prüfung der Wirkung der Maßnahmen zur Stützung der Mark. Berlin, 1924, Aktenstück Nr. 6591, S. 7903. Unter https://www.reichstagsprotokolle.de/Band2_w1_bsb00000064.html abgerufen am 20. August 2021.

[14] Feldman, Gerald D.: Hugo Stinnes: Biographie eines Industriellen. C. H. Beck'sche Verlagsbuchhandlung, München 1998, S. 691.
[15] ebenda, S. 891 ff.
[16] Norman, Montagu: Brief an Rudolf Havenstein vom 23. Dezember 1921, Bundesarchiv BArch R 2501/6394, Bl. 134. Übersetzung durch die Verfasserin.
[17] Reinhardt, Simone: Die Reichsbank in der Weimarer Republik: eine Analyse der formalen und faktischen Unabhängigkeit. Peter Lang Verlag, Frankfurt 2000, S. 85 ff.
[18] Norman, Montagu: Brief an Rudolf Havenstein vom 3. Oktober 1923, Bundesarchiv BArch R 2501/6394, Bl. 349 f. Übersetzung durch die Verfasserin.
[19] Braskén, Kasper: The International Workers' Relief, Communism, and Transnational Solidarity: Willi Münzenberg in Weimar Germany. Palgrave Macmillan, London 2015, S. 81 f.
[20] Bayerlein, Bernhard et al. (Hrsg.): Der Deutsche Oktober. Aufbau Verlag, Berlin 2003, S. 194.
[21] ebenda, S. 239 f.
[22] o. V.: Zahlen zur Geldentwertung in Deutschland 1914–1923. Statistisches Reichsamt (1925). Zitiert nach: Sonderhefte zu Wirtschaft und Statistik, 5. Jg., Sonderheft 1, Verlag von Reimar Hobbing, Berlin, S. 34.
[23] Flugblatt der Arbeiterhilfe vom Herbst 1923, zitiert nach Braskén, Kasper: The International Workers' Relief, Communism, and Transnational Solidarity: Willi Münzenberg in Weimar Germany. Palgrave Macmillan, London 2015, S. 84.
[24] Stalin, Josef: Brief an August Thalheimer und die deutschen Genossen, veröffentlicht in der Roten Fahne vom 10. Oktober 1923, zitiert nach Bayerlein, Bernhard et al. (Hrsg.): Der Deutsche Oktober. Aufbau Verlag, Berlin 2003, S. 212.
[25] ebenda.
[26] o. V.: Die Bedeutung der Reichsexekution in der Weimarer Reichsverfassung und ihre Anwendung 1923 in Sachsen und Thüringen. Wissenschaftlicher Dienst des Bundestags, Berlin 2006.
[27] Bayerlein, Bernhard et al. (Hrsg.): Der Deutsche Oktober. Aufbau Verlag, Berlin 2003, S. 234.
[28] McMeekin, Sean: The Red Millionaire – A Political Biography of Willi Münzenberg, Moscow's Secret Propaganda Tsar in the West. Yale University Press, New Haven 2003, S. 158.
[29] Bischof, Erwin: Rheinischer Separatismus 1918–1924 – Hans Adam Dortens Rheinstaatsbestrebungen. Verlag Herbert Lang, Bern 1969, S. 124 f.
[30] o. V.: Rheinische Republik. Unter https://de.wikipedia.org/wiki/Rheinische_Republik abgerufen am 6. April 2022.
[31] o. V.: Kurfürstliches Schloss (Koblenz). Unter https://de.wikipedia.org/wiki/Kurfürst liches_Schloss_(Koblenz) abgerufen am 15. Mai 2022.
[32] o. V.: Separatist likely to disappear soon. New York Times, 2. November 1923.
[33] Dorten, Dr. Jean Adam: Die rheinische Tragödie. W. Münch Verlag, Bad Kreuznach 1979, S. 109.
[34] Bischof, Erwin: Rheinischer Separatismus 1918–1924 – Hans Adam Dortens Rheinstaatsbestrebungen. Verlag Herbert Lang, Bern 1969, S. 126.
[35] o.V: Rhein-Gold. Spiegel, 9. April 1948.
[36] o. V.: Der Schwur der Hunderttausend – Deutsch der Rhein! Kölnische Volkszeitung, Ausgabe vom 1. Oktober 1923.
[37] ebenda.
[38] o. V.: Wat kümmert mich ming Jeschwätz von jestern? Unter https://de.wikipedia.org/wiki/Liste _geflügelter_Worte/W abgerufen am 12. Dezember 2021.
[39] Köhler, Henning: Adenauer – eine politische Biographie. Propyläen Verlag, Berlin 1994, S. 158.

40 o. V.: Besprechung mit Vertretern der besetzten Gebiete im Kreishaus in Hagen vom 25. Oktober 1923, Bundesarchiv BArch, R 43 I/216, Bla. 37–176. Unter https://www.bundesarchiv.de/aktenreichskanzlei/1919–1933/0000/str/str2p/kap1_1/para2_65.html abgerufen am 5. April 2022.

41 ebenda.

42 Köhler, Henning: Adenauer – eine politische Biographie. Propyläen Verlag, Berlin 1994, S. 154–188.

43 Erdmann, Karl Dietrich: Adenauer in der Rheinlandpolitik nach dem Ersten Weltkrieg. Ernst Klett Verlag, Stuttgart 1966, S. 49–186.
Schwarz, Hans-Peter: Konrad Adenauer – Der Aufstieg: 1876–1952. Deutsche Verlags-Anstalt, Stuttgart 1986, S. 202–229 und 258–290.

44 o. V.: Besprechung mit Vertretern der besetzten Gebiete im Kreishaus in Hagen vom 25. Oktober 1923, Bundesarchiv BArch, R 43 I/216, Bla. 37–176. Unter https://www.bundesarchiv.de/aktenreichskanzlei/1919–1933/0000/str/str2p/kap1_1/para2_65.html abgerufen am 5. April 2022.

45 Köhler, Henning: Adenauer – eine politische Biographie. Propyläen Verlag, Berlin 1994, S. 168.

46 Knesebeck, Alexandra von dem: Werkverzeichnis der Grafik – Käthe Kollwitz. Verlag Kornfeld, Bern 2002, S. 592 ff.

47 Kollwitz, Käthe: Brief an Erna Krüger vom 13. November 1923, Staatsbibliothek zu Berlin, Handschriftenabteilung, Autogr. I / 1570–4. zitiert nach Schymura, Yvonne: Käthe Kollwitz 1867–2000. Biographie und Rezeptionsgeschichte einer deutschen Künstlerin. Klartext Verlag, Essen 2014, S. 301.
Erna Krüger: siehe Bohnke-Kollwitz, Jutta (Hrsg.): Käthe Kollwitz – Die Tagebücher 1908–1943. btb Verlag, München 2007, S. 856.

48 Bohnke-Kollwitz, Jutta (Hrsg.): Käthe Kollwitz – Die Tagebücher 1908–1943. btb Verlag, München 2007, S. 881.

49 ebenda, S. 561.
In den 2007 herausgegebenen Tagebüchern ist der Tagebucheintrag mit dem Gedenken an den Sohn auf den 22. Oktober 1923 datiert. Das kann nicht korrekt sein, da Peter Kollwitz am 23. Oktober 1914 starb. In einer späteren Neuzusammenstellung von Tagebucheinträgen ist das Datum des Tagebucheintrags entsprechend korrigiert.
Siehe: Kollwitz, Hans (Hrsg.): Ich sah die Welt mit liebevollen Blicken – Ein Leben in Selbstzeugnissen. Marix Verlag, Wiesbaden 2018, S. 214.

50 Bohnke-Kollwitz, Jutta (Hrsg.): Käthe Kollwitz – Die Tagebücher 1908–1943. btb Verlag, München 2007, S. 561.

51 ebenda.

52 Ortner, Eugen: Ein Abend mit Anita Berber. In: Der Drache – eine ungemütliche sächsische Wochenschrift, Jahrgang V, Heft 1, März 1924.

53 Fischer, Lothar: Anita Berber – Ein getanztes Leben. Hendrik Bäßler Verlag, Berlin 2014, S. 137.

54 ebenda, S. 42 f., 156.

55 Gross, Babette: Willi Münzenberg – Eine politische Biografie. In: Schriftenreihe der Vierteljahreshefte für Zeitgeschichte, Oldenburg Wissenschaftsverlag 1967, S. 155 f. Unter https://www.degruyter.com/document/doi/10.1524/9783486703689/html abgerufen am 16. April 2021.

56 Reisner, Larissa: Hamburg auf den Barrikaden. Verlag Haag + Herchen, Hanau 2013, S. 35.

57 ebenda, S. 38.

58 o. V.: Hamburger Aufstand. Unter https://de.wikipedia.org/wiki/Hamburger_Aufstand abgerufen am 12. Dezember 2021.

59 Ortner, Eugen: Ein Abend mit Anita Berber. In: Der Drache – eine ungemütliche sächsische Wochenschrift, Jahrgang V, Heft 1, März 1924.

60 Radek, Karl, zitiert nach: Ortner, Eugen: ebenda.

61 Gross, Babette: Willi Münzenberg – Eine politische Biografie. In: Schriftenreihe der Vierteljahreshefte für Zeitgeschichte, Oldenburg Wissenschaftsverlag 1967, S.155 f. Unter https://www.degruyter.com/document/doi/10.1524/9783486703689/html abgerufen am 16. April 2021.

62 Roze, Valdemar (Militärischer Leiter bei der Zentrale der KPD): Bericht über den »Hamburger Aufstand« vom 26. Oktober 1923, in Bayerlein, Bernhard et al. (Hrsg.): Der Deutsche Oktober. Aufbau Verlag, Berlin 2003, S. 248 f.

63 Fischer, Lothar: Anita Berber – Ein getanztes Leben. Hendrik Bäßler Verlag, Berlin 2014, S. 140.

64 Lania, Leo: Der Tanz ins Dunkel – Anita Berber. Adalbert Schultz Verlag, Berlin 1929, S. 18.

65 o. V.: Charleston. Unter https://de.wikipedia.org/wiki/Charleston abgerufen am 3. Dezember 2021.

66 Jenčík, Joe: Anita Berber – Studie. K. Kieser Verlag, München 2014, S. 43.

67 Gordon, Mel: The Seven Addictions and Five Professions of Anita Berber. Feral House, Los Angeles 2006, S. 39.

68 Braskén, Kasper: The International Workers' Relief, Communism, and Transnational Solidarity: Willi Münzenberg in Weimar Germany. Palgrave Macmillan, London 2015, S. 85.

69 Gross, Babette: Willi Münzenberg – Eine politische Biografie. In: Schriftenreihe der Vierteljahreshefte für Zeitgeschichte, Oldenburg Wissenschaftsverlag 1967, S. 144. Unter https://www.degruyter.com/document/doi/10.1524/9783486703689/html abgerufen am 16. April 2021.

70 ebenda, S. 156.

71 Münzenberg, Willi, zitiert nach Braskén, Kasper: The International Workers' Relief, Communism, and Transnational Solidarity: Willi Münzenberg in Weimar Germany. Palgrave Macmillan, London 2015, S. 86.
(Münzenbergs Einschätzung wird von Braskén in seinem auf Englisch erschienenen Paper nicht vom Deutschen ins Englische übersetzt, sondern in der Originalsprache übernommen.)

November 1923 – Krise und Heilung

1 Winkler, Heinrich August: Der lange Weg nach Westen – Deutsche Geschichte 1806 bis 1933. Sonderausgabe für die Bundeszentrale und die Landeszentralen für politische Bildung, Bonn 2001, S. 444.

2 Vocke, Wilhelm: Memoiren. Deutsche Verlags-Anstalt, Stuttgart 1973, S. 88 f.

3 ebenda, S. 74 f.

4 ebenda, S. 79 f.

5 Winkler, Heinrich August: Der lange Weg nach Westen – Deutsche Geschichte 1806 bis 1933. Sonderausgabe für die Bundeszentrale und die Landeszentralen für politische Bildung, Bonn 2001, S. 444.
o. V.: Hitlerputsch. Unter https://de.wikipedia.org/wiki/Hitlerputsch abgerufen am 26. Januar 2022.

6 o. V.: Zahlen zur Geldentwertung in Deutschland 1914–1923. Statistisches Reichsamt (1925). Zitiert nach: Sonderhefte zu Wirtschaft und Statistik, 5. Jg., Sonderheft 1, Verlag von Reimar Hobbing, Berlin, S. 34.

7 Spethmann, Hans: Zwölf Jahre Ruhrbergbau, Band 4 – Der Ruhrkampf 1923–1925. Das Ringen um die Kohle. Verlag Reimar Hobbing, Berlin 1930, S. 241.

8 o. V.: Overather Kartoffelkrieg. Unter https://de.wikipedia.org/wiki/Overather_Kartoffelkrieg abgerufen am 7. November 2021.

9 Eglau, Hans Otto: Mehr Schein als Sein/Als die Mark Kapriolen schlug – Notgeld 1914–1923. Dodos Verlag, Düsseldorf 1997, S. 94 f.

[10] Beusch, Paul: Währungszerfall und Währungsstabilisierung. Julius Springer Verlag, Berlin 1928, S. 127 ff.

[11] Reinhardt, Simone: Die Reichsbank in der Weimarer Republik: eine Analyse der formalen und faktischen Unabhängigkeit. Peter Lang Verlag, Frankfurt 2000, S. 159f.

[12] o. V.: Anwendung der Beamtenabbauverordnung auf die Reichsbank. Besprochen in der Kabinettssitzung vom 5. November 1923. Bundesarchiv BArch/ Kabinette Stresemann I/II, Band 2/Dokumente Nr. 223, Unter https://www.bundesarchiv.de/aktenreichskanzlei/1919–1933/01a/str/str2p/kap1_1/kap2_109/para3_4.html abgerufen am 5. Oktober 2021.

[13] Feldman, Gerald D.: The Great Disorder – Politics, Economics and Society in the German Inflation 1914–1924. Oxford University Press, New York + Oxford 1993, S. 715.

[14] Reinhardt, Simone: Die Reichsbank in der Weimarer Republik: eine Analyse der formalen und faktischen Unabhängigkeit. Peter Lang Verlag, Frankfurt 2000, S. 160.

[15] Schacht, Hjalmar: Die Stabilisierung der Mark. Deutsche Verlags-Anstalt, Stuttgart 1927, S. 90 (Besuch in Rörchen).
o. V.: Rurka (deutsch: Rörchen). Unter https://de.wikipedia.org/wiki/Rurka_(Choina) abgerufen am 7. Oktober 2021.
o. V.: Georg Erich Otto Modrow. Unter https://myheritage.de/Georg_Erich_Otto_Modrow abgerufen am 7. Oktober 2021 (Gutsherr der Kommende Röschen + Ehemann von Havensteins Tochter Gerda).

[16] o. V.: Chronik von Maria Laach. Eigenverlag der Abtei Maria Lach, Glees 1923, S. 2 f.

[17] o. V.: Rheinische Republik. Unter https://de.wikipedia.org/wiki/Rheinische_Republik abgerufen am 26. Januar 2021.

[18] Dorten, Hans Adam, zitiert nach Bischof, Erwin: Rheinischer Separatismus 1918–1924 – Hans Adam Dortens Rheinstaatsbestrebungen. Verlag Herbert Lang, Bern 1969, S. 127.

[19] Köhler, Henning: Adenauer – eine politische Biographie. Propyläen Verlag, Berlin 1994, S. 168.

[20] Wienstein, Richard (Protokollant): Sitzung von Reichskabinett, beteiligten Ländern und Fünfzehnerausschuss über Fragen der besetzten Gebiete am 13. November 1923 um 20:30 Uhr. Bundesarchiv BArch R43 I/189 Bl. 339–341. Unter https://www.bundesarchiv.de/aktenreichskanzlei/1919–1933/1000/str/str2p/kap1_1/para2_135.html abgerufen am 6. April 2022.

[21] Köhler, Henning: Adenauer – eine politische Biographie. Propyläen Verlag, Berlin 1994, S. 170–181.

[22] Feldman, Gerald D.: Hugo Stinnes: Biographie eines Industriellen. C. H. Beck'sche Verlagsbuchhandlung, München 1998, S. 911.

[23] Bohnke-Kollwitz, Jutta (Hrsg.): Käthe Kollwitz – Die Tagebücher 1908–1943. btb Verlag, München 2007, S. 563.

[24] ebenda.

[25] ebenda, S. 562.

[26] ebenda, S. 563.

[27] Fuchs, Sabine: Hugo Heller (1870–1923) – Buchhändler und Verleger in Wien. Diplomarbeit, eingereicht an der Universität Wien 2004, S. 66.

[28] ebenda, S. 31.

[29] Bohnke-Kollwitz, Jutta (Hrsg.): Käthe Kollwitz – Die Tagebücher 1908–1943. btb Verlag, München 2007, S. 564.

[30] Braskén, Kasper: The International Workers' Relief, Communism, and Transnational Solidarity: Willi Münzenberg in Weimar Germany. Palgrave Macmillan, London 2015, S. 89 f.

[31] Eckart, Wolfgang U.: Kino, Hunger, »Rassenschmach« — Exemplarische Dokumentar- und Propagandafilme aus dem Nachkriegsdeutschland, 1919–1924. In Osten, Philipp: Das Vorprogramm. Verlag A25 Rhinfilm, Heidelberg + Strasbourg 2015, S. 329.

[32] McMeekin, Sean: The Red Millionaire – A Political Biography of Willi Münzenberg, Moscow's Secret Propaganda Tsar in the West. Yale University Press, New Haven 2003, S. 164 f.
[33] ebenda, S. 159.
[34] Knesebeck, Alexandra von dem: Werkverzeichnis der Grafik – Käthe Kollwitz. Verlag Kornfeld, Bern 2002, S. 597.
[35] ebenda, S. 600.
[36] ebenda, S. 598.
[37] McMeekin, Sean: The Red Millionaire – A Political Biography of Willi Münzenberg, Moscow's Secret Propaganda Tsar in the West. Yale University Press, New Haven 2003, S. 162.
[38] Braskén, Kasper: The International Workers' Relief, Communism, and Transnational Solidarity: Willi Münzenberg in Weimar Germany. Palgrave Macmillan, London 2015, S. 96.
[39] ebenda, S. 90.
[40] Braskén, Kasper: Willi Münzenberg und die IAH 1921–1933. Jahrbuch für Forschungen zur Geschichte der Arbeiterbewegung, Heft III/2012, S. 82.
[41] Braskén, Kasper: The International Workers' Relief, Communism, and Transnational Solidarity: Willi Münzenberg in Weimar Germany. Palgrave Macmillan, London 2015, S. 90–97.
[42] Schacht, Hjalmar: Die Stabilisierung der Mark. Deutsche Verlags-Anstalt, Stuttgart 1927, S. 70.
[43] Reinhardt, Simone: Die Reichsbank in der Weimarer Republik: eine Analyse der formalen und faktischen Unabhängigkeit. Peter Lang Verlag, Frankfurt 2000, S. 170.
[44] Hanke, Steve H. + Krus, Nicholas: World Hyperinflations. Working Paper. Cato Institute, Washington 2012, S. 12.
[45] Holtfrerich, Carl-Ludwig: Die deutsche Inflation 1914–1923. Walter de Gruyter, Berlin + New York 1980, S. 105 f.
[46] Reinhardt, Simone: Die Reichsbank in der Weimarer Republik: eine Analyse der formalen und faktischen Unabhängigkeit. Peter Lang Verlag, Frankfurt 2000, S. 69 ff.
[47] Holtfrerich, Carl-Ludwig: Die deutsche Inflation 1914–1923. Walter de Gruyter, Berlin + New York 1980, S. 178.
[48] Reinhardt, Simone: Die Reichsbank in der Weimarer Republik: eine Analyse der formalen und faktischen Unabhängigkeit. Peter Lang Verlag, Frankfurt 2000, S. 161.
[49] Havenstein, Rudolf: Der Reichsbankpräsident an den Reichspräsidenten, 19. November 1923. Bundesarchiv, BArch R 43 I/962 Blatt 38–45. Unter https://www.bundesarchiv.de/aktenreichskanzlei/1919–1933/v1a/str/str2p/kap1_1/para2_156.html abgerufen am 8. August 2021.
[50] o. V.: Reichsbankpräsident Havenstein tot. Weserzeitung, 20. November 1923.
[51] Vocke, Wilhelm: Memoiren. Deutsche Verlags-Anstalt, Stuttgart 1927, S. 89.
[52] o. V.: Ein Meseritzer wurde Präsident der Reichsbank: Rudolf Havenstein 1857–1923. Unter https://www.heimatkreis-meseritz.de/4_27.htm abgerufen am 14. Februar 2020.
[53] Schacht, Hjalmar: Die Stabilisierung der Mark. Deutsche Verlags-Anstalt, Stuttgart 1927, S. 67 ff.
[54] Vocke, Wilhelm: Memoiren. Deutsche Verlags-Anstalt, Stuttgart 1973, S. 88 f.
[55] Schacht, Hjalmar: Die Stabilisierung der Mark. Deutsche Verlags-Anstalt, Stuttgart 1927, S. 76.
[56] Reinhardt, Simone: Die Reichsbank in der Weimarer Republik: eine Analyse der formalen und faktischen Unabhängigkeit. Peter Lang Verlag, Frankfurt 2000, S. 172.
[57] Schacht, Hjalmar: Die Stabilisierung der Mark. Deutsche Verlags-Anstalt, Stuttgart 1927, S. 100 ff.

Dezember 1923 – Blick in die Zukunft

1 Stosch-Sarrasani, Hans: Durch die Welt im Zirkuszelt. Schützen Verlag, Berlin 1940, S. 184 ff.
2 Schönberg, Adolph Theodor: Brief an Hugo Stinnes Jr. vom 9. Dezember 1923, Archiv für Christlich-Demokratische Politik der Konrad-Adenauer-Stiftung, St. Augustin bei Bonn, Nachlass Hugo Stinnes, ACDP I-220, 287/4.
3 Schönberg, Adolph Theodor: Brief an Hugo Stinnes Jr. vom 19. Januar 1924, ebenda.
4 Feldman, Gerald D.: Hugo Stinnes. Biographie eines Industriellen 1870–1924. C. H. Beck'sche Verlagsbuchhandlung, München 1998, S. 840.
5 Kolb, Eberhard: Gustav Stresemann, Verlag C. H. Beck, München 2003, S. 89 ff.
6 Feldman, Gerald D.: Hugo Stinnes: Biographie eines Industriellen. C. H. Beck'sche Verlagsbuchhandlung, München 1998, S. 906.
7 Stinnes, Hugo: Brief an Hugo Stinnes Jr. vom 16 November 1923, Archiv für Christlich-Demokratische Politik der Konrad-Adenauer-Stiftung, St. Augustin bei Bonn, Nachlass Hugo Stinnes, ACDP I-220, 300/7.
8 Stinnes, Hugo: Reparationsdenkschrift vom 6. Dezember 1923, Archiv für Christlich-Demokratische Politik der Konrad-Adenauer-Stiftung, St. Augustin bei Bonn, Nachlass Hugo Stinnes, ACDP I-220, 021/2.
9 ebenda.
10 Mann, Heinrich: Brief an Kurt Tucholsky vom 12. März 1924, zitiert nach: Haupt, Jürgen: Heinrich Mann. Sammlung Metzler, Stuttgart 1980, S. 80.
11 Mann, Heinrich: Kobes. Propyläen-Verlag, Berlin 1925, S. 10 + 13.
12 Köhler, Henning: Adenauer – eine politische Biographie. Propyläen Verlag, Berlin 1994, S. 184 f.
Schwarz, Hans-Peter: Konrad Adenauer – Der Aufstieg: 1876–1952. Deutsche Verlags-Anstalt, Stuttgart 1986, S. 282 ff.
13 Feldman, Gerald D.: Hugo Stinnes: Biographie eines Industriellen. C. H. Beck'sche Verlagsbuchhandlung, München 1998, S. 928 ff.
14 o. V.: Dawes-Plan. Unter https://de.wikipedia.org/wiki/Dawes_Plan abgerufen am 28. Januar 2022.
15 Feldman, Gerald D.: Hugo Stinnes: Biographie eines Industriellen. C. H. Beck'sche Verlagsbuchhandlung, München 1998, S. 931 f.
16 Roggenkamp, Viola: Eine skandalöse Tochter. Zeit, 26. Juni 1981.
17 Bohnke-Kollwitz, Jutta (Hrsg.): Käthe Kollwitz – Die Tagebücher 1908–1943. btb Verlag, München 2007, S. 564.
18 ebenda, S. 564.
19 McMeekin, Sean: The Red Millionaire – A Political Biography of Willi Münzenberg, Moscow's Secret Propaganda Tsar in the West. Yale University Press, New Haven 2003, S. 167.
20 o. V.: Zahlen zur Geldentwertung in Deutschland 1914–1923. Statistisches Reichsamt (1925). Zitiert nach: Sonderhefte zu Wirtschaft und Statistik, 5. Jg., Sonderheft 1, Verlag von Reimar Hobbing, Berlin, S. 34.
21 Bohnke-Kollwitz, Jutta (Hrsg.): Käthe Kollwitz – Die Tagebücher 1908–1943. btb Verlag, München 2007, S. 873, Anmerkung zum 9. November 1921, Stichwort »Else«.
22 Knesebeck, Alexandra von dem: Käthe Kollwitz. Wienand Verlag, Köln 2016, S. 83 f.
23 o. V.: Zur Person Käthe Kollwitz. Unter https://www.adk.de/de/akademie/sektionen/bildende-kunst/preise_stipendien/kaethe-kollwitz-preis/kaethe-kollwitz.htm abgerufen am 11. Dezember 2021.
24 Knesebeck, Alexandra von dem: Käthe Kollwitz. Wienand Verlag, Köln 2016, S. 91.
25 Eckart, Wolfgang U.: Kino, Hunger, »Rassenschmach«- Exemplarische Dokumentar- und Propagandafilme aus dem Nachkriegsdeutschland, 1919–1924. In Osten, Philipp: Das Vorprogramm. Verlag A25 Rhinfilm, Heidelberg + Strasbourg 2015, S. 330 f.

[26] Eckart, Wolfgang U.: Medizin und Krieg, Deutschland 1914–1924. Verlag Ferdinand Schöningh, Paderborn 2014, S. 407.
[27] Braskén, Kasper: The International Workers' Relief, Communism, and Transnational Solidarity, Willi Münzenberg in Weimar Germany. Palgrave Macmillan, London 2015, S. 96.
[28] Eckelmann, Susanne; Meiners, Antonia: Willi Münzenberg. Deutsches Historisches Museum Berlin, 10. März 2021. Unter https://www.dhm.de/lemo/biografie/willi-muenzenberg abgerufen am 11. Juni 2021.
[29] o. V.: Willi Münzenberg. Unter https://de.wikipedia.org/wiki/ Willi_Münzenberg abgerufen am 10. Juni 2021.
[30] Mann, Klaus: Erinnerungen an Anita Berber. Die Bühne, Wien 1930, Heft 275, S. 43 ff.
[31] o. V.: Willi Münzenberg. Unter https://de.wikipedia.org/wiki/ Willi_Münzenberg abgerufen am 10. Juni 2021.
[32] Hepp, Michael: Kurt Tucholsky – Biographische Annäherungen. Rowohlt Taschenbuch Verlag, Reinbek 1999, S. 251 ff.
[33] Tucholsky, Kurt: Parc Monceau. Weltbühne, 15. Mai 1924. Zitiert nach: Burrows, Stephanie J.; Enzmann-Kraiker, Gisela (Hrsg.): Gesamtausgabe, Band 6, Texte 1923–1924. Rowohlt Verlag, Hamburg 2000, S. 141 f.
[34] o: V.: Parc Monceau. Unter https://de.wikipedia.org/wiki/Parc_Monceau abgerufen am 30. Dezember 2021.
[35] Tucholsky, Kurt: Brief an Mary Gerold vom 22. April 1924. Zitiert nach Links, Elfriede und Links, Roland (Hrsg.): Kurt Tucholsky Gesamtausgabe, Band 17: Briefe 1919–1924. Rowohlt Verlag, Reinbek 2006, B 306, S. 315.
[36] Hepp, Michael: Kurt Tucholsky – Biographische Annäherungen. Rowohlt Taschenbuch Verlag, Reinbek 1999, S. 552 ff.
[37] ebenda, S. 130 ff.
[38] Tucholsky, Kurt alias Ignaz Wrobel: Für Joseph Matthes. Weltbühne, 13. August 1929, Unter http://www.zeno.org/Literatur/M/Tucholsky,+Kurt/Werke/1929/F%C3%BCr+Joseph+Matthes abgerufen am 8. April 2022.
[39] o. V.: Josef Friedrich Matthes. Unter https://de.wikipedia.org/wiki/ Josef_Friedrich_Matthes abgerufen am 29. Dezember 2021.
Achtung: Wikipedia schreibt den Vornamen »Josef«, da ihn aber die meisten anderen Quellen mit »Joseph« angeben, verwendet die Verfasserin die letztere Schreibweise.
[40] Tucholsky, Kurt alias Ignaz Wrobel: Der bewachte Kriegsschauplatz. Weltbühne, 4. August 1931. Unter http://www.zeno.org/Literatur/M/Tucholsky,+Kurt/Werke/1931/Der+bewachte+Kriegsschauplatz abgerufen am 8. April 2022.
Hepp, Michael: Kurt Tucholsky – Biographische Annäherungen. Rowohlt Verlag, Reinbek 1993, S. 327 ff.
[41] Schwarz, Hans-Peter: Konrad Adenauer – Der Aufstieg: 1876–1952. Deutsche Verlags-Anstalt, Stuttgart 1986, S. 343 ff.
[42] ebenda, S. 416.
[43] Dorten, Dr. Jean Adam: Die rheinische Tragödie. W. Münch Verlag, Bad Kreuznach 1979,
[44] ebenda, S. 124 f.
[45] Bischof, Erwin: Rheinischer Separatismus 1918–1924 – Hans Adam Dortens Rheinstaatsbestrebungen. Verlag Herbert Lang, Bern 1969, S. 41.
[46] Laut Auskunft von Cordula Holtermann vom Essener Stadtarchiv vom 27. April 2021 war Hans Adam Dortens erste Frau, Johanna Dorten (geb. Geuer), zuvor mit Franz Piekenbrock (geboren am 12. Oktober 1854 in Essen) verheiratet. Dessen Vater, Johann Piekenbrock, war Bauunternehmer und galt »zeitweilig neben Alfred Krupp als größter privater Grund- und Hauseigentümer der Stadt Essen«. Johanna Geuer (geboren am 7. September 1971 in Essen) heiratete Franz Piekenbrock am 28. Januar 1891. Der Ehemann verstarb bereits im folgenden Jahr, nämlich am 11. November 1892, und hinterließ seiner Witwe Immobilienbesitz in Essen.

[47] o. V. »Rhein-Gold«. Spiegel, 9. April 1948. Unter www.spiegel.de abgerufen am 27. März 2021.
Laut Auskunft von Dr. Peter Quadflieg, Leiter des Wiesbadener Stadtarchivs, vom 29. April 2021 hat Hans Adam Dorten am 21. Januar 1926 in Nizza Madeleine Sauvan (geboren 4. Juli 1896 in Nizza) geheiratet und dabei »glaubhaft gemacht«, am 8. Juli 1925 in Wiesbaden geschieden worden zu sein.
Laut Auskunft von Cordula Holtermann vom Essener Stadtarchiv vom 27. April 2021 teilte Dortens erste Frau, Johanna Dorten, (geborene Geuer, geboren am 7. September 1871 in Essen), am 31. März 1926 mit, ihren Mädchennamen wieder angenommen zu haben, was die Vermutung einer Scheidung nahelegt.
Allerdings schien die Verlassene den Beweis für ihren veränderten Familienstand schuldig geblieben zu sein. In der Sterbeurkunde vom 9. April 1962 findet sich daher laut Auskunft des Stadtarchivs Wiesbadens der Hinweis, dass die Verstorbene »angeblich geschieden« gewesen sei.
Möglicherweise hat sich also Hans Adam Dorten, dem ja zumindest bis zum Inkrafttreten der Amnestiebestimmung des Londoner Abkommens vom 31. August 1924 eine Anklage wegen Landesverrats drohte, also in Frankreich wiederverheiratet, ohne vorher eine Scheidung in Deutschland zu erwirken.
[48] Bischof, Erwin: Rheinischer Separatismus 1918–1924 – Hans Adam Dortens Rheinstaatsbestrebungen. Verlag Herbert Lang, Bern 1969, S. 14, Fußnote 16.
[49] Fischer, Lothar: Anita Berber – Ein getanztes Leben. Hendrik Bäßler Verlag, Berlin 2014, S. 141.
[50] Jenčík, Joe: Anita Berber – Studie. K. Kieser Verlag, München 2014, S. 41 ff.
[51] Fischer, Lothar: Anita Berber – Ein getanztes Leben. Hendrik Bäßler Verlag, Berlin 2014, S. 131 ff.
[52] Dix, Martha, zitiert nach Fischer, Lothar: Anita Berber – Ein getanztes Leben. Hendrik Bäßler Verlag, Berlin 2014, S. 131.
[53] Fischer, Lothar: Anita Berber – Ein getanztes Leben. Hendrik Bäßler Verlag, Berlin 2014, S. 136.
[54] Mann, Klaus: Erinnerungen an Anita Berber. Die Bühne, Wien 1930, Heft 275, S. 43 ff.
[55] Fischer, Lothar: Anita Berber – Ein getanztes Leben. Hendrik Bäßler Verlag, Berlin 2014, S. 160 ff.
[56] ebenda, S. 156.
[57] ebenda, S. 161.
[58] o. V.: Tänzerin von gestern. Berliner Volkszeitung, 13. November 1928.
Geyer, Siegfried: Der Tod einer exzentrischen Tänzerin. Die Bühne, Wien 1928, Heft 165, S. 23 + 33.
[59] Meyerinck, Hubert von: Meine berühmten Freundinnen. Econ Verlag, Düsseldorf und Wien 1967, S. 108.
[60] Berber, Anita, zitiert nach Meyerinck, Hubert von: ebenda.
[61] Keynes, John Maynard, zitiert nach Holtfrerich, Carl-Ludwig: Die deutsche Inflation 1914–1923. Walter de Gruyter, Berlin + New York 1980, S. 115, Fußnote 1.